예배·교육·목회

예배
목회 교육

임영택·나형석 지음

kmc

신학은 그리스도의 신비한 몸된 교회의 자기 이해이다. 교회가 이해를 추구하는 것은 (faith seeking understanding) 하나님 사역의 실체적 열매인 자신을 들여다봄으로써 기억과 기다림의 전폭에서 삼위 하나님께 감사와 찬양과 간구를 드릴 수 있기 위함이다. 신학은 교회를 자신의 존재이유 앞에 깨어 있게 한다. 신학은 교회가 자신의 전 존재를 기울여 기쁨으로 드리는 영광송이며 (doxology) 피 없는 제사이다.

그렇게 신학은 교회를 섬겨 왔다. 교회는 이해를 추구하기 위해 다양한 언어들을 통합적으로 배열하여 계시와 접촉하는 수단으로 이용해 왔다. 주일 예배를 보라! 공간(건물), 시간(계절과 하루의 때), 빛, 색, 모양, 소리, 철학, 스토리, 제의, 자연 소재들(돌, 나무, 유리), 참여하는 회중의 생물학적, 사회적, 역사적, 경제적, 정치적 연관들이 언어로써 함께 모여 하나님 앞에서의 교회의 자기 이해와 그것에 대한 응답의 스타일을 만들어가지 않는가? 계시의 감응 소재로서의 신학적 언어들은 본래 통합적으로 그분의 존재와 사역에 반응하게 되어 있다.

19세기와 20세기 근대세계에서 일어난 학문 분화과정에 맞추어 신학도 수많은 세부영역으로 분가하게 되었다. 그리고 각자 나름의 연구영역, 과제, 개념과 시스템, 연구방법론 그리고 자기 세계만의 성인들을 (saints) 양

산해 가며 독립적인 일가를 이루게 되었다. 구약신학, 신약신학, 교회사상사, 조직신학, 기독교윤리, 선교학, 기독교교육, 목회학, 예배학, 설교학, 디아코니아, 교회음악과 같은 신학의 세부 영역은 그런 시대의 자녀들이다. 이런 과학적이고 해부학적인 연구영역과 과제 그리고 방법론의 분화로 인해 지식이 홍수를 이루게 되었다. 그러나 문제는 이 학문들이 저마다 자신의 게토에 파묻히고 숨어들어가 안주하는 바람에 신학으로서 본래 추구해야 할 과제와 방법을 잊어가게 되었다는 것이다. 즉 신학의 과제가 교회 섬김에 있으며, 교회에 대한 이해를 추구하는 데 통합적, 간학문적 접근방법이 신학의 적절한 방법론이라는 사실을 잊어가고 있다.

단편적 분석의 틀로는 살아 움직이는 교회와 목회의 실체를 현실적으로 파악하거나 그것에 접근하기 힘들다. 신학이 그들만의 리그에 갇히게 된다면 그 안에서 교회와 목회현장은 소외되고 고사되고 말 것이다. 신학은 그 세부 영역의 안락한 동굴에서 나와 둘씩 셋씩 짝을 이루어 그리스도의 제자로 그분의 몸이 있는 곳에서 그분의 몸을 섬겨야 할 것이다. 최근 간학문적 혹은 통합적 연구가 신학교육의 방법론으로 자리 잡아 가고 있는데, 이는 교회를 위해 다행스러운 일이라고 생각한다.

이 책은 신학의 과제는 목회현장에서 살아 움직이는 교회를 섬기는 것이며, 이 섬김은 세부 영역 간의 통합적, 간학문적 틀 안에서 보다 실제적이고 효과적으로 이루어질 수 있다는 인식 하에 기획되었다. 또한 기독교교육학과 예배학이 교실에서 나와 주님을 따라 교회학교라는 현장을 거닐고, 그곳에서 피차 접촉 가능한 점과 면을 살피며 함께 제3의 경험에 들어갈 수 있도록 하기 위해 기획되었다. 그러기 위해 서로의 이야기를 내어놓고, 때로 동감하거나 의심하면서 하나의 과제를 위해 시선을 모으려 한다. 이런 통합적 접근을 통해 특정 세부 영역의 외길에서는 가질 수 없었던 시야가 확보되고, 숨겨졌던 것들이 눈에 띌 수 있게 되길 바란다. 이것이 기독교교육학과 예배학에게 이 수줍고 불편하며 어설픈 동행을 강요하게 된 이유이다.

이 책은 총 3부로 구성되었다. 제1부에서는 예배와 교육과 목회의 상호 관계를 밝힌다. 예배란 그 자체가 목적이지 본질적으로 교육의 자리는 아니라는 주장이 있다. 그러나 예배 행위 자체가 참여자의 세계관과 자기이해에 영향을 끼치고 의미 있는 변화를 일으킨다는 점에서 예배가 가지고 있는 교육적 차원을 부인할 수 없다. 반대로, 교육의 과제가 예배를 준비시키는 데 있다는 주장은 최근의 기독교교육 내에서 들어볼 수 없었다. 그러나 초기 교회의 모든 교육이 세례준비교육이거나 혹은 세례 후 교육이었다는 역사적 기록을 떠올리게 되면, 본디 교육의 과제가 성례나 예배와 무관하다고는 할 수 없다는 것도 사실이다. 예배와 교육은 효과적으로 교회를 섬기기 위해 서로 필요한 관계임이 분명하다고 본다.

제2부에서는 예배 사건의 장으로서의 성례(세례와 성찬)가 가지는 교육적 기능을 살펴본다. 또한 의미 있는 예배-교육 사건을 위해 예배가 전통적으로 사용해 온 언어 소재들을 (교회력, 공간, 음악, 예술 매체들) 그 종류와 특징에 따라 교육적 차원에서 살펴본다.

제3부에서는 의미 있는 예배를 위한 예배교육 방법론과 실천론을 다룬다. 그리고 어린이나 청소년들을 위한 예배 기획의 방법과 모델을 제시한다.

각 장이 끝날 때마다 주제들의 개념과 관련을 일견할 수 있도록 요약표를 두어 이해에 보탬을 주려 했다. 요약표 뒤에는 "생각과 실천을 위한 질문"을 제시했다. 이는 독자들이 자신의 목회현장에서 주제의 함의를 선명히 드러내고 개진하여 현장에 적용할 수 있도록 돕기 위함이다. 그룹이 함께 책을 읽는 독자들은 이 질문을 나누는 중에 혼자서는 결코 경험할 수 없는 통찰을 갖게 될 것이다.

이 책을 읽다 보면 섞이지 않은 두 자료층의 전시회 같다는 인상을 받을 수 있다. 같은 학교 그러나 다른 층, 다른 입구와 출구 그리고 다른 강의시간대에 자리 잡고 이제까지 독점적으로 관심을 끌며 살아오던 교육과 예배, 두 친구가 이제 비로소 한 공간에 나와 처음 서로 마주해 앉게 되었다는 사실을 감안해 주시기 바란다. 옆에 앉긴 했는데 좋은 친구인지 아직 확인되지 않았고, 여전히 제 장난감 가지고 혼자 노는 것이 더 편한 시점인 듯하다. 책을 읽다 보면 때로 이 두 친구가 소유욕과 자기주장이 발동하여 장난감을 서로 빼앗으려 작은 폭력을 행사하고, 혹은 자신의 게임의 룰 안으로 상대를 끌어들이려 신경전을 벌이는 모습을 볼 수도 있을 것이다. 그런가 하면 두 친구 모두 소심해 상처를 입지 않으려고 피차를 등 뒤에 둔 채 섞이지 않고 놀거나, 논란이 될 만한 주제는 덮고 가려는 모습을 보기도 할 것이다. 정리되지 않은 정보의 나열이라는 인상은 이 두 친구가 한 곳에 모였으나 아직 서로 낯설고 어떻게 서로 말을 주고받아야 할지 게임의 룰이 정해지지 않았기 때문이리라. 그래도 때가 되면 친구와 함께 노는 법을 익히지 않겠는가? 해가 떨어져도 이제 집으로 돌아오라 이름을 불러도 배고픈지 모르고 함께 친구와 노는 아이들을 본 적이 없으신가? 그런 아이들이신 적 없으신가? 혼자 노는 재미가 친구와 노는 재미에 비교할 수 있을까? 그날을 기대해 본다.

요약표를 만들고 생각과 실천을 위한 질문을 구상하며, 교육과 예배라는 두 아이의 만만치 않은 간학문적 화해 프로젝트에 참여해 궂은 일을 마다하지 않은 협성대학교 신학대학원 양승준 박사에게 감사를 표한다. 교정과 편집을 통해 세심하게 이 책을 돌보아 준 기독교대한감리회 출판국(도서출판 kmc)에 감사를 드린다. 기독교교육과 예배학이 함께 교제하는 모습을 보지 못한 채 학교를 떠난 모든 학생들에게 이 동행 프로젝트를 바친다.

2014년 7월
임영택 · 나형석

III
교육목회적 예배방법과 모델

예배와
교육목회

제1장

예배·교육·목회의 관계

예배와 교육 그리고 목회는 어떠한 상관관계가 있을까? 많은 사람들이 교육과 목회를 구분한다. 교육은 목회의 한 부분이고 목회는 교회 전체의 기능으로 본다. 교육은 주일날 평신도가 교육관에서 어린이들을 가르치는 일이라면, 목회는 목회자가 어른을 상대로 예배하고 심방하고 돌보는 일이라고 생각한다. 그러나 교육을 양육의 차원에서 보면 가르치고 배우는 관점이 달라진다.[1] 교육목회는 합성어지만, 서로 분리된 의미가 아닌, 상호의존적이며 밀접한 관계를 포함한다는 말이다. 왜냐하면 목회의 기능에 가르치는 일(교육)이 필요하고, 교육의 기능에 돌봄의 차원(목회)이 필요하기 때문이다.

교육의 목회화

1980년대에 들어서면서 기독교교육은 교육목회라는 용어로 확대되었다. 교육목회는 두 가지 개념으로 나누어 생각할 수 있다. '교육의 목회화'(educational ministry)는 교육을 목회하는 마음으로 실천하는 것이다. 교육

현장에 있는 교사들은 '교육은 잘 가르치면 된다.'는 생각을 갖고 있다. 그렇다면 잘 가르친다는 의미가 무엇인가? 잘 가르친다는 것은 교사가 어느 목적에 의해 준비된 내용을 학습자에게 지식적으로 전달하는 것만이 아니라, 돌봄도 해야 한다는 의미다. 교육의 행위 속에 목회가 필요하다는 것이다.[2] 여기서는 교육(education)이라는 말보다 양육(nurture)이라는 표현을 즐겨 사용한다. 예를 들어 어린이들은 주일날 무엇을 하는가? 대부분 예배하고 분반학습과 다양한 활동을 한다. 이러한 교육 활동을 양육이라고 할 수 있는가? 어린이들에게도 신앙 성장을 위한 목회가 필요하다. 처음 예루살렘 교회가 그러하였듯이 어린이들에게도 말씀이 선포되고, 가르침을 받고, 영적 교제를 하고, 세상에 나아가 봉사하고 섬기는 일을 하게 해야 한다. 다시 말해서 케리그마(Kerygma), 디다케(Didache), 코이노니아(Koinonia), 디아코니아(Diakonia)가 이루어져야 한다. 그리고 이것을 하나로 묶는 레이트루기아(Leitourgia)를 경험하고 배워야 한다.[3] 교육목회에서 레이트루기아는 예배하고 기도하는 목회적 소명에 따른 교회생활이다. 레이트루기아(Leitourgia)에서 파생된 예전(liturgy)은 공적인 예배를 나타내는 희랍어 단어에서 유래했다. 이 단어는 '백성들의 활동'(the work of the people)을 의미한다.[4] 그러므로 목회에서의 예배는 이 세상 속에서 그리스도를 좇아 살며 그분과 그분의 나라에 대해 증언하는 사역과 소명을 갖고 있다.[5]

따라서 '교육의 목회화'는 한 백성처럼 함께하는 하나의 몸으로서 교회의 예배행위는 물론 교육과 목회행위에도 연관성을 지니고 있기 때문에, 학습의 행위를 넘어 돌보고 양육하는 전인적인 목회의 마음이 요구된다. 그러므로 목회로서의 교육은 첫째, 보살핌의 공동체 안에서 학습자에게 확신의 관계를 설정하게 하는 일, 둘째 예배와 예술을 통해 복음과 생의 의미를 축하하게 하는 일, 셋째 학습자에게 탐구하고 연구하고 배우는 일들을 지도하는 일, 넷째 목회를 실천하고 훈련하는 일이다.[6]

목회의 교육화

'목회의 교육화'(education for ministry)는 목회(ministry)를 계획적, 단계적, 교육적으로 해야 한다는 의미로서, 돌보는 일(caring)을 교육의 차원에서 시행하는 일이다. 돌봄은 돌보는 이에 의해서 무조건 먹이고 입히는 일이 아니다. 성장발달에 따라 단계적으로 각자에게 알맞은 돌봄이 필요하다. 특히 급격하게 성장하고 감수성이 예민한 어린이들과 청소년 시기에는 세밀하고 과학적인 양육이 필요하다. 그렇다고 어린이와 청소년에 국한되어서는 안 되고 어른들에게도 교육이 필요하다.

인생을 네 계절로 구분할 때 어른은 세 계절을 차지한다. 돌봄은 어느 한 계절만이 아니라 모든 계절의 통합이다. 봄에 씨 뿌리고 가꾸지 않으면 가을에 열매를 맺을 수 없듯, 성장과 돌봄이 조화되지 않으면 성숙할 수 없다. 따라서 어른들에게도 다양한 삶의 경험을 노출하며 나누는(sharing) 교육이 필요하다. 목회의 교육화는 어린이, 청소년뿐만 아니라 어른들에게도 가르침과 공동체의 교제를 통한 지속적인 배움을 제공하는 것이다. 목회를 위한 교육적 행위는 목회를 보다 세심하고 성숙한 목회로 이끌게 한다. 그러므로 예배를 교회학교의 중심적 위치로 회복시켜, 프로그램 중심의 교회교육을 예배 중심으로 바꾸어야 한다. 교사와 어린이, 젊은이들의 신앙경험과 배움의 중심에 예배를 놓아야 한다. 신앙을 형성하기 위해 교회교육의 장(場)으로 예배에 대한 경험과 더불어, 교회교육의 필수적인 요소인 예배를 위해 보다 의도적인 교육과정이 중요하다. 이를 위해 예배를 통한 교육, 예배를 위한 교육이 교육목회의 핵심이 되어야 한다.

마틴 루터(Martin Luther)는 자신의 글 「독일미사」(1526년)에서 "예배를 통해 우리가 사람들을 그리스도인이 되도록 도울 수 있어야 하는데 먼저 하나님에 대한 자의식을 일깨우고 신앙을 강화시켜 주며, 믿음을 돕는 역할로 표현되어야 할 것이다."라고 말했다.[7] 루터는 예배에 대한 이해와 개념에 대해 명확하게 교육적 기능을 수행할 수 있다고 정의했다. 이와 같이 예배는 교육적 기능을 갖고 있다. 다시 말해서, 예배 자체에서 배울 수 있는 교육적인 기능과 예배를 위해 배워야 하는 교육과정이 필요하다. 전자는 예배를 통한 교육, 후자는 예배를 위한 교육으로 나누어 생각해 볼 수 있다. 예배·교육·목회는 서로 분리와 구분이 아닌 상호의존성과 관계성을 지니며 통합을 이루어야 하는 일임에 틀림없다.

1. 예배를 통한 교육목회

예배와 신앙공동체

예배가 교육 자체라고 말할 수 없으나 신앙공동체 안의 예배에서 자연히 신앙형태와 삶의 스타일을 배우게 됨으로 예배 경험은 교육적 의미를 가진다.[8] 사회학습이론에서 보면, 대부분의 사회생활을 위한 행동학습들은 모델의 관찰이나 모방을 통해서 혹은 공동체의 분위기 속에서 자연스럽게 이루어진다. 예배라는 의식 가운데서 신앙 공동체의 고백과 삶의 스타일을 자연히 배워간다. 그러므로 예배와 교육은 불가분의 관계성을 지닌다. 이런 의미에서 교회교육은 가르침에서 시작하지 아니하고 오히려 예배에서 시작해야 한다.

예배는 그 자체에 목적이 있다. 예배는 다른 어떤 것을 위한 수단이 아닌 순수하게 하나님의 영광을 위해서만 존재한다. 칼 바르트(Karl Barth)는 "예배는 그 자체를 위하여 수행하는 하나님의 일이다. 따라서 우리가 어떤 유익을 위하여 예배하려 할 때에 그 행위는 이미 예배 본질의 기능을 상실하게 된다."고 하였다. 예배는 본질상 신앙의 사건이며 경험이기에 예배 그 자체는 일차적으로 교육적 행위라고 정의할 수 없다. 그러나 예배 경험과 이에 참여하는 사람들의 신앙적 경험이 예배 가운데 자연스럽게 배움의 경험으로 이루어지는 것을 발견할 수 있다.

이러한 예배의 교육적 의미는 예배를 통한 교육(Education in Worship)이라고 할 수 있다. 이것은 온 회중이 드리는 예배의 경험을 통하여 신앙형태와 삶의 스타일을 형성한다는 것이다. 모든 예배 과정마다 하나님과 인간의 만남과 경험이 이루어진다. 이 만남의 경험은 참여자로 하여금 신앙공동체가 고백하는 신앙인의 모습으로 변화하게 하며 성장시키는 교육적 의미를 가진다. 어린이와 어른들은 예배의식과 분위기에 참여함으로써 신앙공동체의 신앙을 배운다. 세례예식, 결혼예식, 장례 예배, 성례전 등을 통해서 회중은 하나님과 만날 뿐 아니라 특수한 예배가 주는 신앙적 의미를 배우게 된다.

예배를 통한 배움을 위해서 어린이와 청소년들을 직접 예배 인도자로 임명하고 예배의 응답자로 참여하게 하여 직접적인 예배경험을 갖도록 할 필요가 있다. 청년이나 어른들에게는 찬양, 고백, 성경봉독, 기도, 설교, 봉헌, 그리고 축도의 깊은 경험과 의미를 알도록 교육하는 것이 좋다. 예배를 통해 배운다고 할 때 세례, 결혼, 음악, 장례식이 가지는 신앙적 의미와 경험을 알게 하는 것도 중요하다. 이럴 때 회중은 예배의 경험을 통하여 공동체로 형성된다. 그러므로 예배가 가지고 있는 경험과 의미는 회중을 하나의 공동체로 묶어 준다.

신앙공동체 교육학자들은 신앙공동체가 행하는 모든 것이 곧 교육이며 일차적인 교육과정이라고 제시한다. 이것은 신앙교육에서 신앙공동체를 강조하는 것이다. 신앙공동체 개념에 영향을 많이 받은 기독교교육학자는 넬슨(Ellis C. Nelson), 웨스터호프(John H. Westerhoff III), 포스터(Charles R. Foster) 등이 있다. 이들은 "인간은 자신이 속한 환경과의 상호작용을 통해 자신의 자아정체성(Self-Identity)을 형성하며, 그것을 지속시키기 위해 공동체를 필요로 한다."고 주장한다. 특히 공동체를 공동체 되게 하는 것은 예배의식이라고 말한다. 예배의식은 공동체 생활의 중심에 있으면서 현재의 삶을 성찰하게 하며 개혁할 수 있게 한다. 이런 관점에서 보면 예배의 영향은 매우 강력하기 때문에 배움과 예전을 통합함으로써 교회교육은 강화될 수 있다.

교회교육에서 예배를 강조하는 웨스터호프는 교육의 장을 신앙공동체라고 보고, 이 신앙공동체에서 경험되는 종교사회화가 곧 기독교교육이라고 해석한다. 이런 점에서 웨스터호프는 신앙과 종교의식(Ritual)을 분리시키지 않는다. 종교의식과 예배는 언제나 교회의 중심이 되어 왔다. 종교의식의 생활은 공동체의 자기 이해와 신앙의 방법을 유지하려고 전달하기 때문이다. 여기서 예배는 하나님과 인간, 인간과 세계의 관계 속에 숨겨진 사람들의 경험과 의미를 표현한다. "그들의 종교의식을 통하여 그들이 누구인가를 안다."라는 말은 사람들의 생활과 종교의식이 매우 밀접하게 연관되어 있음을 보여준다. 그러므로 신앙공동체 안에서 신앙은 상징적인 이야기(거룩한 이야기)들과 상징적인 행위(종교의식과 제의)들을 통하여 집합적으로 표현된다.9) 이러한 점에서 종교의식은 셋으로 구분하여 설명할 수 있다.10)

종교의식으로서의 예배

(1) 종교의식(Ritual)

종교의식은 사람들의 신앙을 상호 소통하고 강화하기 위한 신앙공동체의 의도적인 시도이다. 종교의식을 통하여 사람들은 유산과 전통, 신앙에 대한 기억과 희망을 축하한다. 종교의식의 행위, 노래와 춤에 적극적으로 참가함으로 인해 사람들은 살아가는 의미와 가치, 존재의 이유, 행동하는 동기들을 알게 된다. 그러므로 삶의 이해와 방법 속에 나타나는 변화는 곧 종교의식 속에 나타나는 변화이며 또한 종교의식의 변화는 삶의 질과 의미 심장한 경험의 변화를 가져다준다. 예를 들어 기독교 역사 가운데 가장 중요한 혁명적 사건은 모두 교회의 종교의식과 연관되어 영향을 주었다. 사람들의 신앙이 잘못되었다고 판단되었을 때 예언자들은 참된 종교의식(신앙)으로 돌아오라고 촉구하였음을 성서가 증거한다.[11] 그러나 '종교의식이 축복의 도구가 되고 삶을 지나치게 신비주의화하는 것은 위험한 것'이다. 실제로 모든 문화는 그들의 종교기관에 충성심을 요구하고 그 요구가 종교의식을 통하여 이루어지기를 기대한다. 너무 많은 종교적 생활이 세상을 등지게 하거나 혹은 세상에서 안정적으로 살도록 도와주고 있다. 교육 프로그램들도 사람들에게 그와 같은 종교의식을 무비판적으로 받아들이고 참여하도록 인도하고 있다.

그리스도인은 '하나님이 교회를 신앙공동체가 되도록 부르시고, 그 신앙공동체가 문화에 영향을 준다.'는 사실을 믿는다. 교회의 종교의식들은 사람들에게 세상을 판단하는 데 비판적이 되도록 도와주고 하나님이 창조하신 세상에서 그 뜻대로 살도록 지혜를 제공한다. 그러므로 종교의식이 상징적 행위이기에 예언자적 행동과 연합된다. 만일 우리가 책임 있는 그리스도인이라면, 우리의 종교의식은 사람들과 신앙공동체가 사회변혁에 참여하도록 동기를 부여해야만 한다. 사회적 행동은 의미 있는 종교의식을 통하여 유지되는 그리스도인의 신앙과 삶에 의하여 내용이 제공되고 용기를 부여해야 한다. 따라서 그리스도인의 예배생활은 상징적 행위(종교의식)와 예언자적 행위(사회행동)를 연합하려는 노력이 필요하다.

(2) 연대적 제의와 통과의례

종교의식은 사람들의 신앙과 삶을 전수하고 유지하는 데 도움을 주며, 또한 그리스도인의 삶 속에서 체험하는 의미 있는 위기와 발전(Transition)을 맞이하게 한다. 이러한 종교의식은 제의 혹은 의례의 형태로 나눌 수 있다. 하나는 연대성의 제의(Rites of Solidarity)이고, 다른 하나는 통과의례(Rites of Passage)이다. 연대성의 제의는 드라마틱한 성격을 지닌 종교의식으로 공동체가 지닌 삶의 의미와 목적에 대한 이해, 공동체의 감각과 정체성이 포함된다. 이러한 제의는 주일날 드리는 예배, 성례의식, 교회력에 따른 예배들, 이를테면 대강절부터 이어지는 삼위일체 주일예배 등이다.[12] 제의의 역할은 기독교 신앙의 이야기들을 함축시키며 공동적인 정체성을 설립하는 역할을 감당한다.

통과의례는 개인과 공동체의 삶이 변화되어 그들의 위치나 장이 바뀌는 과정을 축하하는 일이다. 이러한 의례 혹은 제의들은 사람들에게 삶의 변화를 의미 있게 만든다. 개인과 공동체에게 삶을 재조정하고 변화에 대하여 적응하도록 돕는 일을 한다. 따라서 통과의례는 세 단계, 즉 분리-변화 혹은 발전-재조정의 단계를 거치는데, 이 셋은 늘 협력적인 과정이다. 첫째 단계는 낡은 위치와 역할로부터 분리되는 구조화된 경험이다. 그 다음은 죽음과 재탄생의 구조화된 경험으로 발전과 변화의 기점을 가져온다. 마지막 단계는 새로운 위치와 역할에 대한 적응과 새 사람으로서 공동체에 다시 들어가는 구조화된 경험을 의미한다. 여기서 제의의 세 번째 단계가 완성될 때 개인은 공동체 속으로 다시 결합하게 되며 새로운 삶의 위치를 세우게 된다.[13]

개인에 관한 제의(Rites of Life Crisis)는 생일, 질병, 성취, 학교 입학, 졸업, 결혼, 새로운 사업의 시작, 새집 마련, 죽음 등과 연관된다. 개인의 새로운 변화는 신앙공동체 안에서 서로 의사소통되어야 한다. 왜냐하면 모든 사람은 보편적이며 공동적인 신앙 안에서 연결되기 때문이다. 공동체에 관한 제의(Rites of Community)도 마찬가지로 신년주일, 국가독립기념일, 교회의 창립기념, 교회의 신축봉헌, 현충일 그리고 학문의 새로움을 다짐하는 대학 입학식 등이 이에 속한다. 이와 같은 통과 제의를 통한 축하식은 그들 모두 서로 한 부분이 되었음을 알리는 경험이다. 이러한 제의는 사람들에게 현재를 준비하게 하고 협력해야 할 미래의 생활과 활동을 도와주는 역할을 한다. 그러므로 기독교교육자들은 사람들이 제의에 참여하도록 준비하고, 이 제의들을 통하여 개인의 신앙과 순례의 길에 놓여있는 단계 단계마다 발전적인 경험을 하도록 도와주어야 한다. 기독교 신앙의 순례에 대하여 세례예식, 처음 성찬, 계약의식, 입교식, 안수식, 임종식에 대한 통과의례의 실시와 교육적 노력이 필요하다.[14]

(3) 예배(Liturgy)

예배는 상징적 행동인 종교의식과 사회행동을 연합하기에 두 행동은 예배에 의하여 협력한다. 그것은 예배행위에 종교의식을 통하여 이루어지는 신앙공동체의 제자훈련과 세상에서 이루어지는 개인적 혹은 사회적 행동을 통한 제자훈련 모두를 수용하기 때문이다. 진정으로 기독교교육자들이 종교의식을 강조하였다면 동시에 사회변화를 위한 사회적 행동도 잘 감당하였을 것이다. 만일 우리가 종교의식과 사회개혁 사이의 고리를 연결하는 중요성을 이해하지 못하였다면 예배의 역할을 강조해야 할 것이다.[15] 기독교교육과 예배는 점진적인 개혁의 과정을 통한 개인의 영적 성장과 사회변화를 강조할 필요가 있다. 그러므로 예배는 기독교교육의 주요 부분이 되어야 한다. 그러나 기독교교육에 종교의식과 제의가 어떠한 성격으로 적절하게 적용 가능한가는 반드시 물어야 할 사항이다. 웨스터호프는 예배와 배움 사이를 연결하려는 노력을 '카테케시스'(Catechesis)라고 불렀다. 카테케시스는 교회가 예배적인 삶을 위해 신앙적 요구를 추구하는 일이며, 신앙의 관점으로 그 예배를 평가하고 개혁하며, 더 나아가 예배의 신앙적 참여로 공동체를 준비하게 하는 의미를 지닌다. 웨스터호프에게 가장 큰 쟁점은 예배와 교육을 함께 말하는 것이다.[16] 이 관계는 복음에 의해서 교회가 예배하는 삶을 끊임없이 점검해야만 한다. 예배적인 삶의 평가와 재해석은 기독교교육 측면에서도 또한 중요한 일이다. 다른 중요한 측면은 교회 공동체 안에서 예배를 어떻게 의미 있게 참여하여 생활 속으로까지 이끄는가를 준비시키는 일이다. 기독교교육에는 예배의 준비를 위해서 책임 있게 준비하는 일이 필요하다. 그러나 기독교 교육자들이 그들의 종교의식에 대하여 교육적 노력을 할 때, 너무나 많이 그들과 예배 인도자들의 관계가 제대로 형성되어 있지 않음을 보게 된다. 교회 안에서의 예배와 종교의식의 측면들은 기독교 교육의 중요한 차원이기에 종교의식은 기독교 교육의 심장의 역할이라고 표현한다. 웨스터호프는 "교회교육은 가르침에서 시작하지 않고 오히려 예배에서 시작해야 하며, 그동안 너무 오랫동안 예배는 기독교교육자의 시야에서 소외되었기 때문에, 이제 예배는 계획적인 기독교교육을 위한 터를 제공해 주는 곳으로서 재발견되어야 한다."고 말한다.

예배에서 사람들은 그들의 신앙이 갖고 있는 희망과 기억을 축하하고 예배 행위에 능동적으로 참여함으로 삶의 의미와 가치, 존재의 이유, 행동의 동기를 깨닫게 된다는 이유를 들어 예배는 그리스도인을 형성하는 첫 번째 교육의 장(場)임을 강조한다.[17]

2. 예배를 위한 교육목회

의도적인 회중교육

예배의 교육적 의미는 예배를 위하여 의도적으로 회중 교육을 실시하는 일이다. 이것을 예배를 위한 교육(Education for Worship)이라고 부른다. 예배가 온 회중의 행위라면, 모든 사람에게 예배에 어떻게 참여하고 또 무엇을 배워야 하는가를 가르쳐야 한다. 예를 들면 명절에 어른에게 인사를 하러 갈 때, 그 어른이 누구신지, 그리고 어떻게 인사해야 하며, 어른과 대화할 때 기억해야 할 것은 무엇인지 알아야 한다. 예배(禮拜)의 한자는 '예를 갖추어 절하다'는 의미를 지니고 있다. 즉 하나님의 은혜에 대해 감사와 찬양을 드리며 예를 갖추어 절하기 위해 여러 가지 순서의 의미와 유의할 점들을 배우고 기억해야 한다.

예배가 교회교육의 한 요소가 된다는 것은 필수적인 교육과정에 포함된다는 것이다. 이러한 고찰은 교회교육에 중요한 과제를 부여해 준다. 즉 예배자가 신령과 진리로 예배하고 예배를 통해 하나님과의 인격적인 만남이 지속적으로 이루어지기 위해서는 예배를 위한 교육을 해야 한다. 특히 예배를 통하여 예수 그리스도를 통한 구원계시로의 부르심과 그에 대한 인간의 응답이 이루어지는 과정에서 하나님에 대한 자의식이 일깨워지고, 신앙이 강화되며, 그리스도인의 정체성을 확립할 수 있다. 그러므로 예배는 그 자체만으로도 교육적 기능을 할 뿐만 아니라 예배에서 얻게 되는 교육적 유익으로 인하여 필수적인 기독교교육과정이 된다.

교육목회자는 회중의 모임을 중요한 교육적 효과를 기대할 수 있는 것으로 생각하고 예배를 교육적 전략으로 생각한다. 예배는 개인과 그리스도의 몸을 이루는 회중과의 관계에서 하나님의 임재와 능력을 깊이 의식하고, 예수 그리스도의 인격에 자신들의 삶을 구축한다는 점에서 교육적으로 중요하다. 예배는 친교를 통한 개방성과 정직성, 생활을 공유하므로 회중의 상호 관계적 차원에서 중요한 교육전략이 될 수 있다.[18] 또한 예배는 전 회중의 행위이기에 한 사람 한 사람이 예배에 어떻게 참여하는지를 가르쳐야 한다. 예배할 때 서고, 앉고, 아멘으로 응답하고, 찬양을 드리는 것을 교육해야 한다. 회중이 한자리에 모이면 첫째, 새신자를 환영하고, 서로 친교를 나눔으로 각자의 문제의 필요성을 알아 도와주며 공동체의 생활을 높여 가야 한다. 그리고 찬송가 이해, 교독문, 기타 예배에 대한 준비를 하며 예배 참여를 보다 의미 있게 이끌어야 한다. 나아가 성경공부에서 세대를 초월한 교육적 경험과 토의를 나누게 된다면 예배를 보다 증진시키게 되고 교육과 예배는 통일되어 교회교육이 매우 증진될 수 있을 것이다.

교육의 핵심인 예배

로렌스 리처드(Lawrence O. Richards)는 최대의 교육적 효과를 주기 위한 예배를 위해 다섯 가지 제안을 하였다. 첫째, 하나님께 초점을 두되 그가 본질상 어떤 분인가에 초점을 맞춰야 한다. 둘째, 예배의 모든 요소들이 하나님께 집중되도록 공동으로 노력해야 한다. 셋째, 하나님에 관하여 말하지 않게 하고, 하나님께 말하도록 인도해야 한다. 넷째, 하나님의 말씀과 회중의 화답으로 구성해야 한다. 다섯째, 계획과 준비과정부터 예배인도까지 회중들을 참여시켜야 한다.[19]

폴 비스(Paul Vieth)는 예배 자체에 대한 교육과 예배의 인도자들을 훈련시키는 것을 우선으로 한다.[20] 교회교육의 한 요소로서의 예배교육에는 훈련을 위한 준비, 종교적 언어와 예배의 의미를 가르치는 것, 의식의 해석, 찬송가 지도, 음악, 기도, 헌금, 예배당 시설에 대한 교육 등을 들고 있다. 이외에도 예배인도를 책임지는 사람들에게 그 역할의 의미와 수행과정을 교육시키는 일, 즉 성가대의 역할, 성경봉독자, 기도인도자, 헌금위원과 안내위원의 역할들이 예배 안에서 어떤 의미를 가지는가를 교육하는 일이 교회교육의 한 요소에 포함된다. 따라서 개인이 직접 참여함으로 얻어지는 배움의 경험도 교회교육에서 중요한 시사점을 제공하지만, 교육과 예전에 의해서 수반되는 경험은 교육적으로 보다 더 효과적이다.

표 1. 예배의 교육적 의미

	예배를 통한 교육	예배를 위한 교육	교육의 핵심인 예배
의미	예배 경험을 통해 신앙 형성	예배를 위한 의도적인 교육	프로그램 중심이 아닌 예배 중심
실천	직접적인 예배 경험을 갖도록 하라	예배에 어떻게 참여하고 무엇을 해야 하는지 가르치라	최선을 다해 예배를 준비하고 적극적으로 참여하도록 하라

표 2. 예배와 교육현장의 분류

	종교의식	연대적 제의와 통과의례	예배
의미	사람들의 신앙을 소통, 강화하기 위한 의도적인 시도	기독교 신앙 이야기 함축 공동적 정체성 설립 역할 개인과 공동체의 삶이 변화하여 위치, 장(場)이 바뀌는 과정을 축하	그리스도인을 형성하는 제1의 현장 종교의식과 사회행동을 연합 교육과의 협력적 방안 필요
	세상을 비판적으로 성찰하게 함, 하나님의 창조의 뜻대로 살도록 인도	삶의 변화에 의미를 둠	종교교육과 예배를 통해 영적성장과 사회변화를 강조
과제	상징적 행위(종교의식)+예언자적 행동(사회행동)	통과의례의 지속적인 실시	예배와 배움의 연결 카테케시스(계획적인 교육이 이루어지는 터가 예배)

생각과 실천을 위한 질문 ✐

- 예배와 교육목회는 어떤 관계인가?

- 종교의식으로서의 예배의 3가지 특징은 무엇인가?

- 예배에서 최대의 교육적 효과를 주기 위한 리처드의 다섯 가지 제안에 대해 토론해 보라.

- 예배에서 회중의 적극적인 참여를 위한 의도적인 교육과 훈련을 하고 있는가?

주

1) Wayne R. Rood, *Understanding Christian Education* (Nashville: Abingdon Press, 1970), p.25; Horace Bushnell, Christian Nurture (New Heaven: Yale University Press, 1967), pp.4~22.
2) 임영택, 「교육목회실천」(서울: kmc, 2006), p.20.
3) 은준관, 「신학적 교회론」(서울: 연세대학교출판부, 1995), pp.113~115; 김재은, 「교육목회」(서울: 성서연구사, 1998), pp.86~91. 신앙공동체의 교육과정으로 존 웨스터호프는 예배의 삶, 윤리적 삶, 영성의 삶, 목회적 보살핌의 삶, 가르침의 삶을 카테케시스화하여 제시한다. Westerhoff, *Building God's People* (New York: The Seabury Press, 1983). 그리고 마리아 해리스는 코이노니아(koinonia)의 영역, 레이트루기아(Leitourgia)의 영역, 디다케(Didache)의 영역, 케리그마(Kerygma)의 영역, 디아코니아(Diakonia)의 영역을 제시한다. Maria Harris, *Fashion Me a People* (Westminster: John Knox Press, 1997)
4) Maria Harris, *Fashion Me a People*, 고용수 옮김, 「교육목회 커리큘럼」(서울: 한국장로교출판사, 1997), p.114.
5) '레이투르기아'(Leitourgia)라는 말은 본래 일단의 사람들이 개인들의 단순한 집합체 이상의 무엇이 되도록 - 즉, 부분들의 총계 이상의 합이 되도록 해 주는 공동의 활동을 뜻했다. 또한 전체 공동체

의 유익을 위해 한 사람 혹은 몇몇 사람들이 행하는 기능 또는 '사역'을 의미하기도 했다. 그래서 고대 이스라엘에서는 선택된 소수의 사람들이 메시아의 오심에 대비해 세상을 준비시키는 공동의 일이 바로 '레이투르기아'였다. 그들은 그러한 준비 행위를 통해 그들이 되도록 부름 받은 그것, 즉 하나님의 이스라엘, 그분의 목적을 위해 택함 받은 도구가 되었다. Alexander Schmemann, *For the Life of the World*, 이종태 역, 「세상에 생명을 주는 예배」(서울: 복 있는 사람, 2008), p.35.

6) General Board of Education of the United Methodist Church, ed., *Work Book: Developing Your Educational Ministry*(Nashville: GBE, 1975), 오인탁 역, 「교육목회 지침서」(서울: 장로회신학대학 출판부, 1980), p.46.

7) 윤용진, 「예배와 교육」(서울: 대한예수교장로회 총회, 1999), p.108.

8) 은준관, 「기초교육」(서울 : 대한기독교서회, 1988), pp.118~119.

9) Gwen Kennedy Neville and John H. Westerhoff III, *Learning through Liturgy*(New York: The Seabury Press, 1978), p.94.

10) 임영택, 「기독교 신앙과 영성」(서울 : 도서출판 솔로만, 1995)에 게재한 논문인 "신앙공동체 교육모형에서의 영성 훈련"에서 웨스터호프의 종교의식을 셋으로 구분하여 제시한 것을 요약, 정리하였다.

11) John H. Westerhoff Ⅲ, *Will Our Children Have Faith?* (NY: The Seabury Press, 1976), pp.55.

12) John H. Westerhoff Ⅲ, "A Socialization Model", A Colloquy on Christian Education (Philadelphia: Pilgrim Press Book, 1972). pp.85~86.

13) John H. Westerhoff Ⅲ, "The Liturgical Imperative of Religious Education", *The Religious Education We Need*, Micheal J. Lee, ed. (Birmingham: Religious Education Press, 1977), pp.89~90.

14) John H. Westerhoff Ⅲ, "A Socialization Model", pp.86~87.

15) John H. Westerhoff Ⅲ, "The Liturgical Imperative", p.82.

16) John H. Westerhoff Ⅲ, *Will Our Children Have Faith?* pp.56~57.

17) 은준관, 「기독교교육 현장론」(서울 : 대한기독교출판사, 1988), p.169.

18) Lawrence O. Richard, *A Theology of Christian Education*, 문창수 역, 「교육신학과 실제」(서울: 정경사, 1991), pp.343~344.

19) Lawrence O. Richard, *A Theology of Christian Education*, p.347.

20) Paul Vieth, 「기독교교육과 예배」, 김소영 역(서울: 대한예수교장로회총회 교육국, 1983), p.24.

제2장

예배의 신학적·제의적 구조

1. 예배의 신학적 구조

예배의 신학적 의미에 대한 정의는 학자들마다 약간씩 다르다. 예배의 주체자에 따라 크게 세 가지로 나누어질 수 있다. 예배의 주체자를 하나님으로 보는 것과 인간으로 보는 것, 그리고 하나님과 인간의 만남으로 보는 것이다.

하나님의 계시

계시적 이해가 강조되는 차원으로 예배의 주체자를 하나님으로 보는 차원이다. 이러한 관점으로 예배를 해석하면 예배는 전적으로 하나님의 구원과 그 재현의 과정이다.[1] 이 차원에서 예배는 예수 그리스도 안에 나타나신 하나님의 계시에 입각한다. 즉 예배는 우리의 목적에서 시작되는 것이 아니라 하나님의 목적에서부터 시작되는 것이다.[2] 예배의 본질이 하나님의 계시적 차원에서 우선함을 강조하는 것이다.

인간의 응답

예배의 주체자를 인간으로 보는 차원이다. 예배를 드릴 때 하나님의 계시보다는 하나님께 경배하는 인간의 응답을 강조하는 견해이다. 이러한 관점으로 예배를 해석하면 예배는 전적으로 하나님께 드리는 겸손의 행위인 인간의 응답이다.[3] 이 차원에서는 하나님의 계시에 상관없이 인간이 하나님께 드리는 의무적인 행위가 바로 예배라고 보는 것이다. 그러므로 이 관점에서 예배는 인간의 반응이 강조되고 중요하다.

하나님의 계시와 인간의 응답

예배의 주체자를 하나님과 인간으로 보는 차원이다. 하나님의 계시와 인간의 응답을 동시에 강조하는 견해이다. 이 차원은 예배의 교육목회적 의미를 끌어내는 중요한 단서를 제공한다. 이에 대하여 은준관은 '예배는 하나님의 계시에 대한 인간의 응답'으로 표현한다.[4] 예배의 형태와 강조점은 공동체에 따라 달리 표현되었지만, 기본적 의미는 본질적으로 하나님의 계시적인 오심과 인간의 신앙적인 응답으로 표현되었다. 신앙공동체의 특성에 따라 다양한 형태와 강조점을 가진 모든 예배는 계시와 응답 사이에서 생겨나는 만남의 사건이라는 핵심에서 통일성을 가진다. 하나님의 계시적인 오심과 인간의 신앙적인 응답 사이의 만남은 예배 안에서 이루어진다. 그 만남 사건의 경험은 신앙적 경험이 되며, 동시에 배움의 사건이다.

예배는 공동체의 행위이다. 예배를 통해서 공동체의 전통과 의미가 전수된다. 바로 이 공동 행위 속에서 사람들은 하나님을 배우고, 세계를 배우고, 자아와 그 책임을 배우게 된다. 그렇기 때문에 신앙공동체의 구성원들은 신앙공동체의 예배 속에서 자연히 자신들의 신앙 형태와 삶의 스타일을 배우게 되는 것이다. 이러한 관점에서 예배는 종교 사회화 과정으로 교회교육의 중요한 방법이다. 교회교육으로서의 예배는 하나님의 계시적인 오심과 인간의 신앙적인 만남의 사건인 예배의 경험을 구체적인 교육경험으로 유도해야 한다.

이러한 관점에서 예배가 하나님의 계시적인 오심과 인간의 신앙적인 응답으로서의 만남의 사건이 아니라 사변주의 내지는 경험주의로 전락한 느낌을 준다. 교회교육으로서의 예배를 살펴볼 때에 오늘의 예배를 반성해야 한다. 하나님의 계시적인 오심과 인간의 신앙적인 응답으로서의 만남의 사건인 예배, 신앙공동체의 삶의 스타일을 형성하는 중요한 배움의 사건으로서의 예배의 본질은 예배 경험의 회복에서 그 의미를 찾아야 한다.

예배의 신학적 구조는 예수 그리스도를 통한 하나님의 계시와 예수 그리스도를 통한 하나님에 대한 인간의 응답으로 이루어진다. 예배는 예수 그리스도의 성육신의 삶을 통해, 그분의 삶을 오늘에 증거하고 그분의 구원적 사건을 우리 안에 현재화시키는 성령의 도우심 안에서 하나님과의 사귐과 교제에 참여하는 것이다. 신령과 진정으로 드리는 예배란 바로 이러한 성육신의 사건에 근거해서, 성령의 교제하게 하시는 능력으로 말미암아, 피조물이 하나님과의 화해와 사귐(예배)에 들어가게 되는 구원의 사건이요, 만남의 사건을 말한다. 그 외에 예배의 본질과 기능을 조명할 수 있는 용어와 신학적 정의들이 있으나[5] 이 모든 용어들이 한결같이 밝히고 있는 것은, 예배란 하나님의 계시적인 오심과 인간의 신앙적인 응답 사이에서 생겨나는 만남의 사건으로 하나님의 계시와 그 계시에 대한 인간의 응답을 두 축으로 한다는 것이다.

표 3. 예배의 신학적 구조

	하나님의 계시	인간의 응답	하나님의 계시와 인간의 응답
주체자	하나님	인간	하나님 - 인간
예배해석	하나님의 구원과 그 재현 과정	하나님께 드리는 겸손의 행위	계시와 응답 사이에서 생기는 만남
예배와 교육의 관계	예배를 위한 가르침		가르침 = 예배

2. 예배의 제의적 구조

예배의 본질은 무엇인가? 예배의 신학적 구조는 '계시'와 '응답'이다. 다양한 해석에도 불구하고 여러 신학자들의 견해는 계시와 응답이라는 구조에 대해 일치한다.

주일예배의 구조는 '예배로의 부름-말씀-(세례)성찬-세상으로 파송'으로 구성되어 있다. 이 구조를 뒷받침할 수 있는 성서적 이미지를 출애굽과 엠마오로 가는 두 제자들의 이야기에서 찾아볼 수 있다.

성서적 이미지

예배학자 제임스 화이트는 그의 책 「예배의 소개」(Introduction to Christian Worship)에서 여러 신앙 전통들이 제시하는 다채로운 모습의 예배 이해를 소개한다.[6] 비록 개괄적이기는 하나 예배의 본질과 전모를 조망할 수 있는 개념들을 제공하고 있다. 피터 부르너에 따르면 예배란 독일어로 'Gottesdienst'이다.[7] 이 독일어는 영어로 'Service of God'인데, 이것은 '우리의 하나님에 대한 섬김과 봉사' 그리고 '우리를 향한 하나님의 섬김과 봉사'라는 이중적 의미를 가지고 있다. 부르너는 이러한 이중성에서 예배의 신학적 구조를 확인한다. 흔히 예배를 하나님을 향한 인간의 경배로 이해한다. 예배의 한 면을 본 것임에 틀림없으나 여기서 멈추게 될 경우 이것은 기독교적 예배의 이해라 할 수 없다.

기독교 예배의 본질은 인간을 향한 하나님의 섬김과 봉사가 그분을 향한 우리의 섬김과 봉사, 즉 하나님의 계시가 선행되며, 그 계시에 대한 인간의 응답이 만나는 장으로 연결될 때 그것이 기독교적 예배 이해이다. 인간을 향한 하나님의 계시가 그분을 향한 응답으로서의 우리의 예배를 시작하게 하고 완성시킨다. 한 예를 예수의 발에 향유를 부은 여인 이야기와 세족식의 예수를 통해서 찾을 수 있다.

한 여인이 예수 앞에 무릎을 꿇는다. 향유를 그분의 발에 붓고 자신의 긴 머릿결로 닦는다. 예수께서는 복음이 전파되는 곳에 이 여인의 섬김의 이야기도 함께 전해질 것이라고 말씀하신다. 무릎 꿇고 몸을 굽히고 깨뜨린 진리의 향유로 세상의 발을 닦는 자신의 성육신의 신비를 한 여인의 섬김의 모습 속에 담아 두신 것이다. 식사 후 허리에 수건을 동이시고 제자들의 발을 씻으실 때 베드로는 말한다. "주여 주께서 내 발을 씻으시나이까? 내 발을 절대로 씻지 못하시리이다."(요 13:6, 8) 예수께서는 대답하신다. "내가 하는 것을 네가 지금은 알지 못하나 이 후에는 알리라 … 내가 너를 씻어 주지 아니하면 네가 나와 상관이 없느니라."(요 13:7~8)

매주일 예배에서 향유를 깨뜨려 우리의 발에 부으시고 자신이 준비한 물로 우리의 발을 닦으시는 부활의 그리스도를 목격한다. 'Service of God'은 이러한 기독교적 예배 경험을 가리키고 있다.

초대 교회 이후 예배는 'Paschal Mystery'로 이해되었다.[8] 'Paschal'은 영어로 'pass-over'(건너뜀) 혹은 'cross-over'(건너감), 한글 성서에서는 '유월'(逾越) 혹은 '유월절'(유월을 기념하는 절기)로 번역된다. 'Paschal'이란 용어는 찢긴 어린 양의 피를 통해 이스라엘이 죽음을 건너뛰어(paschal, pass-over, 유월) 생명으로 넘어가는 것과 갈라진 홍해를 통해 이스라엘이 자유의 땅으로 건너가는(paschal, cross-over, 유월) 출애굽 사건의 두 극적 장면을 압축적으로 지시한다. 즉 'Paschal'은 생명과 자유를 향한 이스라엘의 탈출 사건을 말한다. 후에 이 용어는 죽음을 이기고 생명으로 부활하신 예수 그리스도의 고난과 부활 사건을 뜻하기도 한다. 이 같은 맥락에서 초대 교회는 주님께서 부활하신 부활일을 일컬어 'Christian Pascha'(Christian Passover)라 하였다. 예수 그리스도는 죽음을 건너뛰셨을 뿐 아니라 자신의 죽음과 부활을 통해 우리에게 죽음을 건너뛸 수 있는 길이 되신다. 예수 그리스도가 십자가에서 창에 찔리셨을 때 그 옆구리에서 물과 피가 흘렀다고 성서는 증거한다. 초대 교회는 물을 홍해와 세례의 상징으로, 피를 어린 양과 성찬의 상징으로 이해한다. 찢긴 예수 그리스도의 몸, 찢긴 어린 양과 찢긴 홍해 안에 하나님께 이르는 길이 열린다. 예수 그리스도는 아버지 하나님께 이르는 홍해와 어린 양이다. 누구든지 그분을 건너지 않는다면(passover) 하나님과의 사귐에 들어갈 수 없다. 따라서 물과 피, 즉 세례와 성찬이 놓여 있는 매주 예배는 하나님과의 사귐의 유월이 일어나게 되는 자리가 된다. 하나님이 시작하시고 진행하시며 마무리 지으실 이 구원 사역의 총체적 실체를 유월신비라 부른다. 예배란 세계를 자신과의 사귐 속으로 끌어들이시려는 하나님의 사랑과 우리가 그분과 교제하게 되는 역동적 사건이 발생하는 곳으로 유월 신비(Paschal Mystery)의 자리이다.

폰 알멘은 예배의 본질을 총괄갱신(recapitulation), 현현(epiphany), 심판(judgement)의 세 기능에서 확인한다.[9] 인간 삶의 전 경험 영역이 영원한 현재이신 예수 그리스도의 죽음과 부활 사건을 통해 총체적으로 재해석, 재구성, 재창조, 갱신되는 해석의 틀이고, 현장이 된다는 점에서 예배는 총괄갱신의 자리이다. 구원 역사의 제시와 그 속으로의 초대를 통해 역사적 교회의 자기 정체성을 형성시켜 준다는 점에서 예배는 교회 현현(Epiphany of the Church)의 자리이다. 초월적, 종말론적 세계 비판의 근거가 되고 새로운 약속과 소망의 출처가 된다는 점에서 예배는 심판의 자리가 된다.

예배를 지칭하는 용어 중에 'liturgy'가 있다. 희랍어 'leitourgia'가 어원인데 일(ergon)과 사람(laos)의 합성어이다. 고대 희랍에서는 이 용어로 세금을 내는 일 혹은 시나 국가를 위해 용역을 제공하는 일들을 지칭했다. 타 존재의 이익을 위한 공동체적 봉사행위를 뜻하는데 기독교적 의미에서는 사제 공동체로서의 교회가 전 세계를 위해 하나님 앞에서 공동적으로 행사하는 사제적 봉헌 행위를 뜻한다. 중세를 지나며 회중을 위해 드리는 성직자 공동체의 사제적 봉헌 행위에 국한되어 사용되기도 했다. 하지만 종교개혁 이후 전 그리스도인들이 그리스도의 사제직에 참여하여 함께 전 피조세계를 아버지께 봉헌하는 회중적, 공동체적, 참여적 예배 행위를 지칭한다.

표 4. 예배를 의미하는 용어

- Gottesdienst : Service of God
  우리의 하나님에 대한 섬김과 봉사
  우리를 향한 하나님의 섬김과 봉사
- Paschal Mystery : 출애굽 사건의 두 극적 장면
  1) 찢긴 어린양의 피를 통해 이스라엘의 죽음을 건너 뛰어(paschal, pass-over, 유월) 생명으로 넘어가는 것
  2) 갈라진 홍해를 통해 이스라엘이 자유의 땅으로 건너가는 것(paschal, pass-over, 유월)
- Liturgy(=leitourgia) : 일(ergon) + 사람(laos)
  전 피조세계를 하나님께 봉헌하는 회중적, 공동체적, 참여적 예배행위

예배순서의 구조: 예배로의 부름, 말씀, 성찬, 세상으로 파송

주일예배는 예배로의 부름, 말씀, 성찬, 세상으로 파송으로 구성된다. 이러한 주일예배 구조는 성서적, 역사적 근거를 가지며 역사적 종교로서의 교회의 신학적 자기 이해를 반영하고 성례 신학적 함의를 가진다. 주일예배의 성서적 근거는[10] 출애굽 사건과 부활 현현을 경험한 엠마오 도상의 제자들 이야기이다. 이 이야기들은 '예배로의 부름-말씀-성찬-세상으로 파송'이라는 주일예배 구조와 그 구조의 의미를 조명해 준다.

(1) 출애굽 사건

애굽 땅 이스라엘의 신음 속에서 하나님이 먼저 탄식하신다. 무수한 영아들의 죽음과 어머니들의 눈물을 타고 바로의 등 뒤 그림자 속에 웅크리신 하나님께서 이스라엘의 자유와 해방의 때를 준비하신다. 시내 산에서 돌아온 모세는 광야의 불타는 가시나무 바로 앞에 서 있다. 그리고 떨기나무 불꽃 모세의 메마르고 초라한 언어를 통해 하나님은 바로에게 선포하신다. "내 백성을 보내라. 그들이 광야에서 내 앞에 절기를 지킬 것이니라."(출 5:1) 사흘 길쯤 광야에 나가 자신께 희생의 예배를 드리게 하라(출 5:3)는 것이었다(**예배로의 부름**). 어린양의 피와 홍해를 건너(pass-over, 유월) 시내 산에 들어간 이스라엘은 사십 주야 첩첩이 쌓인 거룩한 어둠 속에서 율법을 받는다(**말씀**). 만나와 메추라기를 먹으며(**성찬**) 이스라엘은 그 안에서 복의 근원으로서 전 세계와 더불어 하나님의 은총을 함께 나누고 증거하게 될 자신의 본래적 모습, 즉 약속의 땅으로 진입해 들어간다.(**세상으로의 파송**)

이스라엘의 탈출은 단순히 애굽에서의 도피가 아니다. 출애굽은 애굽을 포함한 전 세계를 자신과 화해시키려는 하나님의 선행적 사랑의 행진에 참여하기 위해 세상으로 배어드는 일종의 파송식이다. 이런 식으로 기독교적 삶의 근원을 해석하는 틀이 되는 유월절 이야기는 주일예배 구조가 지니는 드라마적 구성과 내용을 확증해 준다.

(2) 엠마오 도상의 제자들 이야기

안식 후 첫날 자신들의 삶의 비밀이 숨겨져 있는 십자가와 예수 그리스도를 떠나 초점 없는 여정에 오른 두 제자들에게 부활하신 그리스도께서 찾아오셔서 동행하신다. 길과 진리와 생명이신 그분이 저들 옆에 계시나 저들에게 이 부활의 그리스도는 아직 낯선 얼굴, 낯선 이야기, 낯선 길이다. 눈먼 자들처럼 자신들의 주변에서 일어났던 일의 의미를 담아보려고 깨어진 언어를 피차 주고받는다. 그러나 구원의 결정적 사건은 제자들의 배반과 부인, 무지와 의심, 그리고 도주와 방황의 등 뒤에서 이미 시작되었다. 지금 부활의 그리스도께서 저들을 찾아오셨고 동행하시며 질문하신다. "너희가 길 가면서 서로 주고받는 이야기가 무엇이냐? 무슨 일이뇨?"(눅 24:17, 19) 이 질문을 통해 예수 그리스도는 제자들이 가진 세상의 이야기들을 찢고 태워서 하나님의 예배적 삶의 이야기 속으로 부르고 초대하신다.(예배로의 부름)

그분이 성경을 풀어 말씀하실 때 그분의 사랑의 숨결, 거룩한 바람, 연민의 불길이 두 제자들을 재창조하여 그 속으로부터 영적 뜨거움을 일으켜 자신들의 삶을 다시 체험하게 한다(말씀). 말씀을 열어 놓으신 거룩한 밤의 식탁에서 그분이 떡을 들어 축사하시고 떼어 두 제자들에게 주실 때 제자들의 눈을 열리고 그 낯선 나그네의 모습 속에서 부활의 주님, 자신들이 걸어야 할 길, 진리와 생명의 길을 보게 된다(성찬). 그분은 홀연히 사라지시고 부활의 주님의 현현에 사로잡혀 있던 제자들은 즉시 예루살렘으로 되돌아가 다락방의 다른 제자들과 함께 자신들의 삶의 전모가 얽혀 있는 이 죽음과 부활의 신비를 이야기하기 시작한다. 그리고 전 세계의 삶을 이 신비한 이야기로 초대하고, 이 이야기를 따라 풀어내고 재창조하기 시작한다.(세상으로 파송)

표 5. 출애굽 사건을 통해 본 예배의 구조

- **예배로의 부름** : 내 백성을 보내라. 그들이 광야에서 내 앞에 절기를 지킬 것이니라(출 5:1)
- **말씀** : 시내 산에 들어간 이스라엘은 사십 주야 첩첩이 쌓인 거룩한 어둠 속에서 율법을 받는다.
- **성찬** : 만나와 메추라기를 먹으며
- **세상으로 파송** : 복의 근원으로서, 전 세계와 함께 하나님의 은총을 나누고 증거할 본래적 모습, 즉 약속의 땅으로 진입해 들어간다.

표 6. 엠마오 도상의 제자들 이야기를 통해 본 예배의 구조

- **예배로의 부름** : 너희가 주고받은 이야기가 무엇이냐? 무슨 일이뇨?(눅 24:17, 19) – 제자들의 세상의 이야기를 찢고 태워서 하나님께 예배하는 삶으로 부르고 초대하신다.
- **말씀** : 성경을 풀어 말씀하시며 제자들을 재창조하신다.
- **성찬** : 떡을 들어 축사하시고 제자들에게 주실 때 부활의 주님, 걸어가야 할 길을 보게 됨.
- **세상으로 파송** : 예루살렘으로 돌아가 예수님의 죽음과 부활의 신비를 이야기. – 전 세계의 삶을 그 이야기로 초대하고 재창조하기 시작하신다.

역사적 근거 : 회당예배와 예수의 식탁사역

말씀과 성찬이라는 주일예배 구조의 역사적 근거는 회당예배와 예수의 식탁사역, 특히 유월절 마지막 만찬에서 찾는다. 예수와 제자들은 안식일이 되면 회당에 들어가 기도하였으며 이와는 별도로 식탁을 중심으로 메시아적 사역을 전개해 나갔다. 회당예배는 율법과 예언의 낭독, 기도(쉐마), 찬양으로 이루어져 있다. 율법과 예언을 들으며 회중은 이스라엘을 위해 시작하신 하나님의 구원사역을 감사함으로 회상하고, 구원의 현재적 경험을 간구했으며, 찬양 중에 사역의 종말론적 완성의 때(메시아의 때)를 기다렸다. 예수께서는 "이 일이 너희에게 이루어졌다."고 하심으로써 율법과 예언, 간구와 기도가 메시아로서의 자신에 대한 증거이며 자신은 회당예배의 완성이심을 선포했다. 메시아를 예언하고 기다리는 곳으로서의 율법과 예언(말씀)은 이후 주일예배 구조의 한 부분을 이루게 된다.

예수 그리스도의 사역 중심에는 식탁이 있다. 식탁에서 함께 떡을 떼고 나누는 먹는 행위 속에 예수 그리스도는 자신의 성육신의 신비에 대한 해석의 열쇠를 숨겨 놓았다. 그리고 이 식탁에 어린이와 대중, 바리새인과 율법

학자, 죄인과 세리, 창녀와 이방 여인 등 모든 삶들을 초대했다. 세례 요한의 사역이 금식과 회개와 기다림이었다면, 예수의 사역은 성육신 신비의 나눔과 기쁨으로 표현된다. 먹고 마시기를 탐한다는 바리새인의 예수 비판은 예수 그리스도의 메시아적 사역과 식탁의 밀접한 관계를 잘 묘사하고 있다. 특히 예수 그리스도는 유월절 마지막 식사 자리에서 떡을 뗄 때마다 자신을 기억하라고 말씀했다. 부활하신 후에도 그리스도는 식탁을 중심으로 제자들에게 나타나게 된다.

예수 그리스도의 죽음과 부활 그리고 승천 이후 예수 그리스도의 제자들의 예배생활은 이원적이었다. 안식일이 되면 회당에 참석하여 율법과 예언의 말씀을 듣고 쉐마를 기도하며 찬양과 간구를 한다. 물론 그리스도인들은 이미 오신 메시아, 부활의 그리스도 체험, 그리스도에 대한 성령의 내적 증거라는 기독교적 체험과 시각을 관점으로 안식일 회당예배에 참석했다. 유대인들이 안식일에 오실 메시아를 기다렸다면, 같은 회당에 참여한 그리스도인들은 이미 임마누엘하신 메시아에 대한 감사와 찬양을 올렸다. 유대인들에게 율법과 예언은 오실 분에 대한 예언의 말씀이었으나, 그리스도인들에게는 오신 분의 내적 사역과 그 능력을 확인하고 확증하는 위로의 말씀이었다.

회당예배를 마친 다음 날, 즉 안식 후 첫날(주께서 부활하신 날) 그리스도인들은 함께 떡을 떼며 그리스도의 신비를 나누었다. 이런 식으로 말씀과 성찬은 시각적으로(안식일/안식 후 첫날), 공간적으로(회당/그리스도인 가정) 서로 분리된 채 각기 흩어져 있는 자리에서 예수 그리스도의 성육신적 사역과 신비의 의미를 제 나름의 색깔로 조명하고 있었다. 1세기 초부터 4세기 초에 이르러 유대교와 기독교 공동체 사이에 분리가 이루어진다. 이때부터 기독교 공동체는 더 이상 안식일 회당예배에 참석하지 않게 되었으며, 자연스럽게 회당 전통에서 기인한 말씀은 예수의 식탁사역과 시간, 공간적으로 조합되어 말씀과 성찬이라는 기독교적 예배의 근간을 형성하게 되었다.

말씀과 성찬이라는 주일예배의 두 중심축의 각각의 기능과 관계에 대한 이해와 실천은 초대 교회 이후 중세와 종교개혁 그리고 오늘에 이르기까지 여러 신앙과 예배 전통들에 의해 다양하게 해석되었다. 오늘날의 기독교 예배 회복을 위해 주목해야 할 것은 초대 교회에서 주일예배의 구성적 구조로 자리매김했던 말씀과 성찬 사이의 균형 감각이 중세 이후 종교개혁기의 논쟁적 시대를 거치면서 왜곡되고 깨어져 그런 상태로 지난 500년간 기독교의 다양한 예배 전통들을 규정해 왔다는 역사적 사실이다.

로마 가톨릭에서는 말씀의 선포와 주석이 없는 눈과 입의 성찬예배를, 종교개혁 전통의 공동체들은 개혁자들의 의도와는 달리 성찬 없는 들음(귀)의 말씀예배만을 논쟁적으로 부각시키고 발전시켜왔다. 신비를 입체적으로 조명하는 이 두 해석의 조화가 깨지면서 하나님의 구원사역의 풍성한 신비와 그것이 빚어내게 될 기독교 영성의 탄력성은 제한되고 편협해졌고 왜곡되었다. 그러나 20세기가 몰고 온 영적 도전 앞에서 기독교 전통들은 과거의 논쟁적 자세를 버리고 편견 없는 연구와 대화를 통해 다시 한 번 말씀과 성찬을 주일예배의 두 축으로 확인하고 그 균형의 회복을 위해 노력하고 있다.

교회의 신학적 자기이해

주일예배는 교회의 삶이 하나님의 계시에 대한 감사와 찬양의 회중적 응답 행위라는 교회의 신학적 자기이해를 반영하고 있다. 주일예배 구조는 아담과 하와, 노아와 아브라함을 통해 부르시고(예배로의 부름), 예언자를 통해 말씀하시고(말씀), 아들 예수 그리스도의 십자가 죽음과 부활을 통해 세상을 당신의 품에 안으시고(성찬), 성령의 도우심 가운데 아들 예수 그리스도 안에서 피조물을 자신과 화해시킴으로 만유를 자신의 영광과 생명과 거룩함으로 충만케 하시고자 하는 세상을 향한 하나님의 사랑의 사역(세상으로 파송)을 표현하고 있다. 주일예배 구조는 이러한 하나님의 사역에 대한 회중의 응답적 삶을 표현한다. 계시에 대한 응답의 표현으로서 주일예배는 대화적 구조(예배로의 부름과 아멘-말씀과 아멘-성찬과 아멘-세상으로 파송과 아멘)를 갖게 된다.

하나님은 아들 예수 그리스도와 함께 성령 안에서 세상을 부르시고, 세상에 말씀하시고, 세상을 위해 자신을 주시고 화해하신다. 인간은 대제사장 예수 그리스도를 통해 성령의 도우심 가운데 세상을 향한 아버지의 사역에 참여한다. 회중적 아멘을 통해 그리스도인들은 하나님에 대한 아멘으로서의 예수 그리스도의 삶에 연합하게 되고, 예수 그리스도를 통해 하나님과의 화해에 동참한다. 예배는 회중적 아멘으로 가득 차야 한다. 예배는 세상으로부터 도피를 위한 입구가 아니라 세상을 향한 하나님의 사랑의 사역에 그리스도인들을 초대하고, 입구인 동시에 파송하는 출구가 된다.

표 7. 예배 구조의 네 단계

예배로의 부름	창조의 세계를 신비한 사건으로 초대	"아멘" 으로 응답
말씀	의미가 조명되는 곳	
(세례) 성찬	성례의 신비를 설명, 재해석, 참여 하나님의 은총이 주어지는 자리	
세상으로 파송	피조세계를 신비한 사건으로 끌어들이기 위한 삶의 시작	

생각과 실천을 위한 질문

• 예배가 신앙적 사건과 만남이라는 말은 어디에 근거하는가?

• 예배 순서의 구조는 무엇인가?

• 예배 순서의 4단계는 어느 성서와 관련 있는가?

• 우리 교회의 예배순서를 예배구조에 의해 비교해 보자.

1) 은준관, 「기초 교육」 (서울 : 대한기독교서회, 1989), p.116.
2) Raymond Abba, 「기독교 예배의 원리와 실제」, 허경삼 역 (서울 : 대한기독교서회, 1974), p.114.
3) Paul H. Vieth, 「기독교교육과 예배」, 김소영 역 (서울 : 대한예수교장로회총회 교육국, 1983), p.24.
4) 은준관, 「기독교교육 현장론」 (서울 : 대한기독교출판사, 1988), pp.165~167.
5) 제임스 화이트는 *Introduction to Christian Worship*에서 위에 열거한 학자들 외에 Paul W. Hoon("계시와 응답으로서의 예배", 17), Evelyn Underhill("영원하신 분을 향한 피조 세계의 응답", 19)을 소개하고 있으며, 로마 가톨릭의 또 다른 흐름의 예배 이해("하나님께 영광을 돌림, 인간의 성화", 20)와 예배에 대한 다음과 같은 명칭들을 소개하고 있다: cult(재배, 경작, 비옥하게 함과 같은 농경 문화적 경험에 근거, 24); worship(누군가에게 존경과 가치를 돌리다, 25); proskunein ("무릎을 꿇다", 요 4:23); thusia/prosphora("봉헌하다", 롬 12:1, 히 13:15)
6) James F. White, *Introduction to Christian Worship*, pp.16~28.
7) Ibid., pp.17~18.
8) Ibid., p.21. 초대 교회부터 사용된 이 용어는 20세기 중반 가톨릭 신학자 Odo Casel에 의해 예배 신학적 이슈로 부상했다. Paschal Mystery에 대한 Odo Casel의 이해에 대한 비판적 시작들에도 불구하고 이 용어 자체는 이후 개신교와 로마 가톨릭에서 예배를 지칭하는 주요 개념이 되었다.
9) Ibid., pp.18~19.
10) 구약의 레위기는 이스라엘 백성의 예배 법규집이다. 신약은 기독교 예배에 대한 그런 성격의 명시적 규정적 혹은 계시적 법규에 대해 침묵한다. 따라서 예배 법규와 관련하여 주일예배 구조의 성서적 전거를 찾고자 하는 일은 불가능하다. 더 나아가 예수 그리스도와 그분의 몸으로서의 변화된 그리스도인들의 삶 속에서 계시적 사건과 예배의 본질을 찾고자 하는 신약적, 복음적 시각에 비추어 성서에서 계시로서의 예배 법규를 확인하려는 일은 불필요한 시도가 될 것이다. 그렇다면 어떤 의미에서 주일예배 구조의 성서적 전거를 찾으려 하는가? 주일예배 구조는 어떤 계시적 율법으로 순종의 대상으로 주어진 것이 아니라 그것을 통해 이미 주어진 복음인 계시사건에 스스로를 노출시키고 사로잡히며 그 계시 사건의 일부로서 자신의 삶을 서술하고 조명하고자 하는 역사적 기독교의 자기 해석의 자리와 틀로 만들어진 것이다. 주일예배 구조에는 세계를 향한 삼위 하나님의 구원사역과 그분의 사랑의 에너지에 휘말려 들어가게 되는 인간의 응답인 이야기들이 극적 형식으로 반영되어 있다. 따라서 주일예배 구조의 성서적 전거를 찾는다는 것은 그 안에서 하나님의 구원 사역과 인간의 응답이 함께 축을 이루어 움직여 나가는 계시 사건을 그 전모에서 이해하고 서술해 내고자 하는 해석의 틀로 성서적 이야기들을 찾아보겠다는 뜻이다.

예배의
교육목회적
구조

```
┌        ┐

제3장

└        ┘
```

교육목회적 구조로서의 성례

1. 기독교 입교식(Christian Rite of Initiation)

한 자연인이 그리스도인이 되기 위해 거쳐야 할 성례는 세례와 견진 그리고 첫 성찬이었다. 3~4세기 교회에서 이 세 가지 예식은 부활절 비질(Easter Vigil, 부활 전야로부터 부활일 새벽까지 깨어 기도하는 일)에 행했다. 이세 예식은 하나를 이루어 각각의 독특한 이야기와 상징으로 그리스도인 됨의 의미를 입체적으로 조명해 주었다. 세례는 물, 견진은 안수와 기름(성령의 상징)을 중심으로 진행되었는데 이 두 예식은 물과 성령으로 거듭나라는예수 그리스도의 말씀에 근거해 있다.

입교예식은 세례 받은 자가 그리스도의 몸을 함께 나누는 첫 성찬에서끝나게 된다. 역사적으로 후에 각기 분리되어 집례되었지만 3~4세기에는세례, 견진, 그리고 성찬이 입교를 위한 예식에서 상호 분리될 수 없는 구성요소로 함께 묶여 있었다. 최근 세례 예식문은 이 옛 전통을 다시 살려 세례, 견진, 성찬을 통합한 형식을 취하는 경향을 보인다. 기독교 입교의식은다음과 같은 절차를 통해 이루어진다.

① 세례 예비자 교육(pre-baptismal catechesis) ② 세례(baptism) ③ 견진 (chrismation) ④ 성찬 ⑤ 세례 후 교육(mystagogy)[1]

세례 예비자 교육

(1) 세례 예비자(Catechumen)

세례 받을 자는 대개 두 단계의 세례 예비자 교육과정을 거치게 된다. 카 테큐멘(catechumen, '말씀을 듣는 자: hearer')과 세례후보자. 먼저 카테큐멘의 자격으로 2년에서 3년에 걸쳐 세례를 예비한다. 카테큐멘으로 등록된 후 세 례 받기까지의 교육과정을 일컬어 카테큐메네이트(catechumenate)라 불렀 으며 세례 예비자에 대한 가르침을 카테케시스(catechesis)라 하였다. 카테 큐멘이 되기 위해 처음 나온 자는 먼저 자신의 신앙적 동기와 자세, 삶의 모 습(직업)을 주제로 감독과 면담을 하게 되어 있다. 3세기 감독 히폴리투스의 「사도전승」(Apostolic Tradition)은 카테큐멘으로 받아들여지는 과정을 다음 과 같이 소개한다.[2]

처음 말씀을 듣기 위해 온 자는 예배 전 교사에게 인도되어 저가 신앙에로 나 오게 된 동기에 대해 질문을 받아야 하며 저들을 인도한 자는 저들이 말씀을 들 을 수 있는지에 관한 증거를 해야 한다. 저들은 삶의 질에 관해 질문 받는다. 교 육을 받기 위해 온 자는 자신의 직업에 관해 말해야 한다. 매음굴을 운영하는 자라면 그 생활을 청산하든지 교육에서 제외되어야 한다. 조각하는 자, 화가는 저들의 주업인 우상제작과 관계해서 그 직을 버리든지 교육에서 제외되어야 한다. 연기자나 배우는 그 직을 버리든지 교육에서 제외되어야 한다. 마차 경 기에 출전하는 자, 검투사나 저들을 가르치는 자들은 그 직을 버리든지 교육에 서 제외되어야 한다. 이방사제나 우상 섬기는 자는 그 일에서 전적으로 떠나든지 교육에서 제외되어야 한다. 군인은 살인을 해서는 안 된다. 한다면 저는 세례 예비자 과정에서 제외되어야 한다. 칼의 권세를 가진 자 혹은 자색 옷을 걸친 시 행정관은 그 직을 버리든지 교육에서 제외되어야 한다. 군인이 되고자 하는 예비자들은 교육에서 제외되어야 한다. 창녀, 난봉꾼, 환관, 마술사, 점술가, 복술가, 해몽가, 협잡꾼, 부적 만드는 자, 첩을 둔 자는 그 직업을 버리든지 교육에서 제외되어야 한다.

카테큐멘의 희랍어 어원은 '메아리' 혹은 '울림'이라는 의미를 가지고 있다. 가르침은 철저히 내면화되어 마음에서 뿐 아니라 구체적 삶의 구조와 실천을 통해서 반향되고 되울려 퍼져야 한다는 뜻이다. 그러기 위해서 저들은 먼저 신앙의 들음을 가로막는 삶의 환경을 바꾸어야 했다. 직업을 포기하도록 요청받았다. 그리스도의 가르침이 뿌리내릴 수 없는 삶의 터, 직업은 포기해야 했다. 예수를 따라 하나님의 세계로 가려는 자는 본토와 친척을 떠나고, 그물과 배부터 버려야 했다. 옛 터전은 흔들려야 했고 옛 집은 돌 위에 돌 하나 남지 않고 무너져 내려야 되었다.

일반 카테큐멘들에게 가르침은 주로 교회에서 매일 열리는 기도회와 말씀과 성찬으로 이루어진 주일예배의 말씀 시간을 통해 이루어졌는데 주로 성서를 주석하였다. 교부 오리겐이 있었던 가이사랴(이집트)에서는 3세기 중반 경 구약과 신약이 부분적으로 읽히고 해석되었다. 이에 덧붙여 축귀를 위한 기도(exorcism)가 수시로 예비자를 위해 행해졌다. 카테큐메네이트(Catechumenate) 기간 내 말씀을 듣는 일과 축귀의식은 교육의 두 축이었다.

(2) 후보자
예비자 중에서 그 해 부활일에 세례를 받고자 하는 자는 세례후보자 등록의식을 거쳐 사순절기 동안 제공되는 보다 통제되고 집중된 훈련을 거치게 된다. 후보자로 인정되고 등록된 자는 '후보자'(applicant), '선택받은 자'(chosen), 혹은 '계시 받을 자'로 불린다.

모든 예비자들이 세례를 결심하는 것도 아니었고 세례를 결심했다고 모든 예비자들이 후보자로 선택될 수 있는 것도 아니었다. '후보자'로서의 등록을 위해 2~3년의 기간이 필요하나 여기서 핵심은 기간이 아니라 예비자가 과연 세례에 합당한 자로 변화되어 가고 있는가라는 점이었다.

암브로우스의 밀란 전통에서는 사순절의 초입이 아니라 현현일에 등록의식을 시행하여 후보자 이름을 생명책에 올렸다. 밀란의 등록의식은 요한복음 9장 7절(실로암으로 보냄 받은 맹인 거지의 눈뜸)에 근거한바 눈에 진흙을 바르는 상징적 행위가 포함되어 있다.[3]

부활일 미명의 어두운 물에 잠기기 전까지 후보자가 통과해야 할 과정에는 기독교 상징과 신경들의 전수, 축귀를 위한 기도, 회심과 신앙으로의 대전환, 교리적 지식보다는 세례에 합당한 삶의 구조, 자세, 정서를 틀 잡고 빚어내는 일들이 포함되어 있었다.

사순절 초입에 시행되는 후보자 등록의식은 스크루티니(scrutiny), 축귀를 위한 기도(exorcism), 등록으로 구성되어 있다. 스크루티니는 엄밀한 관찰, 시험, 조사, 진찰, 심리, 검토의 뜻을 가지고 있는데 이 의식의 목적은 불꽃같은 눈으로 세례신청자의 회심과 폭과 깊이를 살피는 데 있다. 삶의 어느 구석에 악한 영의 흔적과 자취가 남아 있는가를 조사하는 것이다. 개인적으로 혹은 공개적으로 회중 앞에서 행해지는 스크루티니는 예비자들이 세례를 받기 위해 통과해야 할 중요하고 대단히 어려운 시험이었다. 모든 자들이 다 이 스크루티니를 통과하지 못했으리라는 것은 어렵지 않은 추측이다.

감독의 질문은 '후보자'로 등록하여 세례 받고자 하는 자의 내면, 그의 감추어진 동기와 의지의 형편을 샅샅이 훑어낸다. 세례 받을 자를 결정함에 있어 교부들은 결코 저들이 가지고 있는 종교적 정보와 지식의 양이나 순간의 종교적 감정을 보려 하지 않는 듯하다. 눈물이 믿음의 증거가 될 수도 있으나 눈물처럼 또 빨리 마르는 것도 없으며 장차 그리스도를 죽음으로써 증거하는 일에 지식과 감정처럼 무기력한 것도 없기 때문이다. 감독들의 질문은 예비자들이 카테큐멘으로서 살아온 기간 중의 구체적, 신앙적, 윤리적 삶의 의지와 실천에 집중되어 있다. 「사도전승」에 소개되어 있는 스크루티니 내용의 일부는 다음과 같다.

> 누가 세례를 받을 것인가? 저들이 예비자로 있었을 때 선한 생활을 했는가? 과부를 선히 대접했는가? 병든 자를 돌보았는가? 모든 종류의 선한 행위를 했는가? 저들을 데려온 자들이 그 사실을 증거한다면 저들로 복음을 듣게 하라.[4)]

에게리아는 자신의 순례일기에서 시릴의 예루살렘 교회가 어떻게 스크루티니를 진행시키는지 보여준다.[5)] 감독이 각 후보자와 저들의 영적 보호자들(sponsor, guardian)에게 다음과 같은 말로 질문한다. "그가 선한 생활을 영위하고 있는가? 그의 부모를 존경하는가? 술 취함과 거짓에 찌들어 있지는 않은가?"

후보자가 이의 없이 증인들에 의해 받아들여진다면 감독은 그의 이름을 생명부에 기록한다. 그렇지 않을 경우 감독은 말한다. "너의 삶을 바로 잡으라. 그 후에 세례로 나아오라!"

스크루티니에 이어 축귀를 위한 기도가 이어진다. 축귀를 위한 기도는 예비자가 사탄의 압도적 힘에서 해방되어 스스로 그리스도에 대한 충성을 고백하고 그리스도의 죽음에 함께 몸을 던지기 위해 필요한 최소한의 자유를 확보하기 위한 처방이라 할 수 있다. 현재 그리스 정교회(Greek Orthodox) 세례예문에 삽입되어 있는 축귀를 위한 기도문(prayer for exorcism)은 다음과 같다.[6)]

주께서 너를 추방하신다 너 마귀여! / 세상의 깊음 속으로 내려가 앉으시고 당신의 거처를 인간 중에 잡으신 분 / 너의 압제를 타도하시고 인간을 해방시키신 분 / 해가 빛을 잃고 대지가 몸을 떨고 무덤들이 갈라지고 성도의 몸이 일어날 때 나무 위에서 당신께 거스른 모든 세력들을 궤멸시키신 분 / 죽음의 힘으로 죽음을 거세시키시고 죽음의 힘으로 왕 노릇하던 너 마귀를 거꾸러뜨리신 분 / 생명나무를 만드시고 체루빔과 화염검으로 빙 둘러 울타리를 만드시고 그것을 지키시는 하나님의 명으로 엄명하노니 "너는 떠나라! 바다의 파도를 마른 땅처럼 거니시던 분 / 바람처럼 속삭이던 유혹자를 추방하셨던 분 / 한 시선으로 깊음의 바닥을 드러내시고 심판의 말씀으로 산들의 본체를 용해시키시는 분 / 그분의 이름으로 엄명하노라. 그분이 지금 우리를 통해 너를 추방하노라. 두려워하라 썩 물러서라. 이 피조물에게서 떠나 다시는 결코 되돌아오지 말지어다. 밤이나 낮, 아침이나 한 낮 그 어느 곳에도 숨어들지 말지어다. 너의 집, 심연, 무저갱으로 떠나라. 오게 될 그 대심판의 날까지 그곳에 있을지어다. / 체루빔 위에서 깊음들을 꿰뚫어보시고 그분 앞에서 천사들 대천사들 능력들 체루빔과 여섯 날개 세라핌도 전율하는 그분 / 하늘과 땅도 혼비백산하는 하나님을 두려워하라. / 물러가라, 떠나라. 인침 받고 새로 생명부(book of life)에 오른 하나님의 전사로부터 / 바람 날개로 다니시고, 맹렬한 화염을 부리시는 그분의 이름으로 엄명하노라. 물러가라! 떠나라! 이 피조물(후보자)에게서! 너의 모든 힘들과 함께!

이 기도문 뒤에 후보자를 위한 간구의 기도가 이어진다.

당신의 종을 보시옵소서. 그를 속속들이 살피시고 이리저리 더듬으시옵소서. 악마의 모든 기운들을 뿌리째 뽑으시옵소서. 부정한 영들을 꾸짖으시고 추방하시옵소서. 당신의 손으로 빚으신 이 피조물들을 정하게 하시고 당신의 통렬한 힘을 행사하시옵소서. 속히 당신의 발밑에서 사탄을 분쇄하시옵소서. 당신으로부터 은혜를 받아 당신의 천상의 신비에 참여하게 하소서. 그를 당신의 하늘 왕국에 받아들이시옵소서. 그에게 이해의 눈을 열어 주시고 당신의 복음의 빛이 그 안에(후보자) 밝게 스며들게 하옵소서.[7]

마귀적 힘으로부터의 해방이 인간해방의 시작임을 뜻하며 세례의 끝은 하늘왕국, 약속의 땅, 그리스도와의 연합임을 보여 준다. 이 두 기도문을 통해 후보자는 이제 마귀와 그리스도 앞에서 삶을 건 투쟁이 시작되었음을 알게 된다. 극도의 긴장과 결단의 심각성을 요청하는 기도문이다. 애굽 탈출 전야의 긴장된 상황들, 즉 허리띠, 신발끈, 누룩을 넣지 못하고 급조한 떡, 불안과 기대로 충혈된 눈을 떠올리게 된다. 후에 세례소에서 있게 될 마귀에 대한 부인과 그리스도에의 충성의 서약을 위한 심각한 결단을 준비시키는 기도로, 이 축귀의 기도는 마치 천사가 겟세마네의 예수의 기도를 돕듯 후보자를 돕는다.

이 의식 내내 예비자는 염소 털로 만든 깔개 위에 맨발로 서 있어야 한다. 얼굴을 베일로 가리고 머리는 숙인 채 두 손을 하늘로 뻗친다. 그의 옷이 벗겨지고 성직자는 그를 위해 기도하고 그에게 숨을 불어넣는다. 맨발, 숙인 머리, 가려진 얼굴은 그가 사탄의 영적 노예임을 상징하거나 그의 참회의 모습을 상징한다. 숨은 그에게 불어오는 창조의 바람, 자유의 바람을 뜻한다.

등록의식은 보통 마티리움(martyrium)이라 불리는 순교자 기념 교회의 제단 앞에서 이루어진다. 당시 교회는 제단 밑에 순교자의 유골을 안치해 놓았다. 등록의식의 공간적 배경으로 순교자의 무덤을 택한 것은 이제 저들이 초대받고 들어가고자 하는 삶이 순교자, 그리스도의 증인들의 무덤, 결국 그리스도 예수의 무덤임을 알게 하기 위한 목회적 배려라 생각된다. 저들은 세례가 바로 삶의 새로운 조망점인 그리스도의 십자가 위에 오르는 일임을 알게 된다.

예비자로서 말씀을 들었으나 용기를 잃고 세례를 연기하려는 자들을 향해 니사의 그레고리는 세례를 향한 구체적 결단의 첫걸음인 등록이 갖는 의미를 다음과 같이 말한다.

"너의 이름을 말하라. 내가 잉크로 적으리라. 그러나 주께서는 썩지 않을 판에 새기시리라. 히브리인을 위해 돌판에 법을 새기셨듯이 직접 당신의 손으로 너희들의 이름을 당신의 손으로 쓰시리라."[8]

테오도르는 교회 세례등록부에 보이는 기록을 하늘 서판 위에 기록될 선택된 자들의 기록에 유비시킨다. 그에 따르면 세례의식은 예비자가 자신의 주인이었던 마귀로부터 탈출하는 출애굽의 대 탈주 드라마이다. 이 드라마는 바로 등록에서부터 시작된다. 테오도르는 이 후보자가 겪게 될 사탄과의 투쟁, 격돌, 충돌, 대립, 알력, 전투의 가혹한 날들을 떠올리면서 후보자가 사순절을 통해 받게 될 유혹을 아담과 그 후 그리스도가 받았던 유혹에 비유한다.[9]

에게리아가 보고한 시릴의 예루살렘 교회 사순절 후보자 교육은 축귀의 기도와 세례 전 예비자교육으로 이루어져 있다. 다니엘루의 분석에 따르면 축귀를 위한 기도의 목적은 영혼을 조금씩 점진적으로 악마가 행사하던 권력과 힘으로부터 해방시킴에 있다. 시릴의 예루살렘 교회에서 축귀를 위한 기도회의 내용은 성경읽기, 시편송, 기도, 사제들의 기도, 그리고 후보자의 얼굴에 사제들이 숨을 불어넣는 상징적 행위들로 이루어져 있다. 시릴은 축귀의식의 목적을 정화에 두고 있다.

"그것이 '숨을 불어넣는 일' 혹은 기원이든 간절한 마음으로 축귀의 기도를 받으라. 이 모든 일이 다 너희를 위한 것이라. 여러분이 불순한 금이라 생각해 보라. 금이 불을 통과하지 않고서는 불순물로부터 정화될 수 없듯 영혼은 성경에서 뽑은 하나님의 말씀인 축귀의 기도 없이는 순결해질 수 없다. 금 세공인이 불 위를 불어 금과 원석을 구별시키듯 축귀의 기도는 하나님의 영으로 두려움을 날려 보내고 원석 같은 몸속으로부터 영혼을 일어서게 한다. 영생의 소망만을 남겨둔 채, 대적 마귀는 도주하게 될 것이다."[10]

교육의 내용은 지역에 따라 차이가 있다. 밀란의 암브로우스는 구약에 근거한 윤리적 질문들을 다루고 있으며 예루살렘의 시릴은 그의 열여덟 개의 카테키즘(가르침)에서 성경을 근거로 성경, 부활, 신앙의 문제들을 다루고 있다. 이 사순절 후보자 교육은 신앙의 기초가 세워지고 영혼이 정화되는 기간이다. 에게리아의 일기에 따르면 시릴의 예루살렘 교회에서는 사순절 기간 내 매일 아침 축귀기도 후 세례 전 예비자 교육이 진행된다. 이 교육의 대상은 후보자뿐 아니라 이미 세례 받은 자 중에서도 다시 듣기를 원하는 자를 포함한다. 사십 일간 감독은 창세기부터 시작하여 성경의 구석구석을 살피고 설명하게 된다. 이 교육은 부활일 전 주일 회중 앞에서 교육 기간 내 전수되었던 언어 상징들(주기도문, 주요 신경들)을 암송(redditio symboli: the recitation of the Creed)함으로써 끝나게 된다.[11]

세례는 언제 베풀었는가? 사순절의 잿빛 어둠이 거룩한 고난의 자색 빛으로 깊어가는 부활의 전야, 회중은 주의 전에 모여 일상을 꿰뚫고 저들을 압도해 오는 카이로스, 부활의 시간을 기다린다. 깨어 기다린다 하여 이 부활 전야의 밤으로부터 부활의 미명에 이르는 긴장된 기다림을 일컬어 비질(vigil, 기다림)이라 칭했다. 온 회중이 부활절 비질을 금식과 기도로 준비하는 동안 본당 옆 세례소(baptistry)에서는 사순절 기간의 마지막 의식들이 진행된다. 이 비질은 날 중의 날(Day of days), 밤 중의 밤(Night of nights)이라 불리어졌다. 거룩한 재창조의 시원이 되기 때문이다.

서방교회에서는 이때 '에바다' 라는 예식이 베풀어지기도 한다. 부활 비질이 끝나갈 무렵 세례소 밖에서 이제 곧 세례 받을 자들에게 행해진다. 이 의식은 마가복음 7장 31~35절에 근거한 의식으로 감독이 후보자의 코와 귀에 안수하는 의식이다.

밀란의 암브로우스에 따르면 사제는 후보자가 사제의 훈계, 권면, 가르침에 열려 있으라는 뜻으로 그의 귀에 안수한다. 또한 신적 사크라멘트(세례)의 신비를 말할 수 있는 힘을 얻고 또한 깊고 넉넉한 신앙과 헌신의 향이 후보자의 삶 속에 배어 있으라는 뜻으로 코에 안수한다고 말한다.[12] 3~4세기 교회 세례 예비자 교육의 특징은 다음과 같이 정리해 볼 수 있다.

첫째, 예비자 교육은 세례의 심각성에 의해 채색되어 있었다. 당대 교회에서 세례 받는다는 것은 구원의 문턱을 넘는 것이요, 실낙원 곧 예수 그리스도의 몸에 참여하는 것이며, 중생의 순간 성화의 험난한 여정을 출발하게 되는 사건이었다. 신앙생활의 결정적 사건인 세례는 기다림과 간절함 그리고 책임적 자세를 요청했다. 세례를 받겠다는 결심은 박해시절에는 곧 순교자가 되겠다는 선언이기도 했다. 로마의 국교화 이후 하나의 행정적, 사회적 관계로 변질되어가기 시작했으나 적어도 3~4세기 교회에서는 세례가 생명의 피를 걸고 참여해야 할 가장 심각한 삶의 결단으로 간주되었다. 3세기 로마의 문서인 「사도전승」은 피의 세례에 대해 다음과 같이 말한다.

> 만일 세례 예비자(catechumen)가 주의 이름을 위해 체포된다면 그는 한결같은 마음으로 증거해야 할 것이다. 만일 그가 죄의 용서를 위해 그에게 주어지는 박해의 폭력을 받아들이고 죽는다면(세례 받기 전에) 그는 자신의 피로 세례를 받았으므로 죄의 용서를 받은 것이니라.[13]

세례 받는다는 것은 말 그대로 주의 고난의 잔에 참여하고, 그분의 십자가 옆에 달리고, 그분과 함께 일어나겠다는 신앙고백으로 한 개인과 세례공동체인 교회의 삶에 핵심적 사건이었다. 죽음과 삶의 신앙의 신비가 바로 이 세례 속에 잠겨 있었던 것이다. 세례는 단지 교회학교 교사, 성가대원,

집사가 되기 위한 교회행정적 절차가 아니었다. 저들은 교회 제단 밑의 순교자 무덤 앞에서 자신의 미래를 보았으며, 자신과의 끈질긴 신앙적 투쟁을 거쳐 마귀와 맞대면하는 두려움을 경험했으며, 무덤, 홍해, 노아의 홍수 속에 자신을 묻었고, 나일 강 세례의 물속에 어린 모세처럼 자신의 전 미래를 띄워 보내야만 했다. 이러한 결단의 심각성을 조성하고 이끌어냈던 것이 당대 예비자 교육의 목적이었다. 골프장 멤버십, 콘도 멤버십, 직업을 위한 각종 자격증보다 따기 쉬운 것이 세례증서인 오늘의 현실에 비추어 보면 시사하는 바가 크다.

둘째, 예비자 교육은 삶의 틀을 빚어내는 일에 관심을 가졌다. 초대 교회에서 교육은 어떤 거룩하고 신비스런 지식과 정보의 전달이 아니라 기독교적 삶의 재형성에 더 초점을 맞추었다. 세례 예비자와 후에 세례 후보자의 자격심사에서 교회의 관심은 그들의 직업, 구체적 삶의 행위와 모양새에 있었다. 교육, 축귀기도, 금식, 스크루티니는 기독교적 삶의 윤리적 틀을 빚어내는 데 관심을 가졌다.

셋째, 예비자 교육은 교회의 공동행위였다. 세례 후보자 준비과정에서 특이한 것은 이 모든 과정에 내재하는 공동체적 차원이다. 이미 세례 받은 성찬 공동체, 그리스도의 몸으로서의 교회가 전적으로 세례 준비과정에 관여한다. 저스틴은 말한다.

> "우리가 가르친 것을 믿고 그대로 살겠다고 약속한 자들은(예비자) 저들 자신의 죄 용서함을 받기 위해 금식함으로 매달려야 될지니라. 우리도 저들과 함께 기도해야 할지니라."14)

2세기 초기의 문서 디다케는 이미 세례 예비자의 준비과정에 공동체 전체가 깊이 개입하고 있음을 보여 주고 있다. "세례 전에 세례를 베푸는 자와 세례 받을 자 그리고 할 수 있는 한 다른 회중도 함께 금식해야 한다."15)

넷째, 예비자 교육은 삶을 위한 새로운 해석의 틀을 제공한다. 세례는 그리스도인과 교회가 유래하게 되는 창조의 물이다. 출생의 내력이 담겨 있는 신비스런 이야기와 상징의 영역이다. 세례와 관계해서 기독교 공동체는 자신의 과거, 현재, 그리고 미래의 의미세계를 구축해 나가게 된다. 세례는 예배, 교육, 선교, 헌신을 통해 끝없이 재해석되어야 할 기독교 삶의 아키타입(archetype), 핵심적 상징이 된다. 예비자 교육은 이러한 시각교정의 거룩한 소용돌이 속으로 예비자들을 끌어 들인다.

생각과 실천을 위한 질문 ✎

- 세례가 무엇인가? 그냥 받으면 좋은 것인가? 3~4세기 교회는 세례를 생명의 피를 걸고 참여해야 할 가장 심각한 삶의 결단으로 간주했는데, 오늘은?

- 세례 전 교육(catechesis)을 교회의 상황에 맞게 디자인하여 보라.

세례

(1) 옷을 벗음

세례소의 세례대 앞에서 후보자는 먼저 옷을 벗도록 되어 있다. 실제 목적은 편리한 도유와 침수를 위한 것이나 세례의 의미와 관계하여 후보자의 나신성에 대한 해석이 다양하다. 나신으로 오셔서 나신으로 떠나신 그리스도에의 참여 혹은 옛 사람을 벗고 낙원의 순수함을 회복한다는 의미로 '옷을 벗음'으로 해석한다(시릴, 암브로우스). 만일 첫 아담의 후손들이 나무, 숲,

바벨, 도시, 문명으로 옷 입고 하나님으로부터 자신을 숨겨 왔다면 구원받은 자의 장자인 둘째 아담 그리스도는 나신으로 두 팔을 벌려 아버지 앞에 자신을 노출시킨다.

하나님 앞에 나신으로 서 있음이 구원의 이미지라면 이제 후보자는 자신의 옷을 벗어 스스로 온전히 그분 앞에 드러냄으로 구원의 이미지에 참여한다. "아담아! 네가 어디 있느냐?"(창 3:9) 후보자는 지난 2~3년 예비의 긴 회심과 40일 사순절을 지나며 결국은 자신이 숨어 있던 숲에서 나와 화염검이 불타오르고 우리가 도망쳤던 실낙원의 경계에 선다. 그리고 그곳에서 우리의 이름을 부르는 그분의 음성 앞에 나신으로 서 있다.

(2) 도유

사제는 후보자의 몸에 올리브기름을 바른다. 이 기름은 마지막으로 그 안에 거처하는 모든 악령 추방을 위해 혹은 이제부터 시작될 진정한 마귀와의 싸움으로부터 후보자를 보호하기 위해 그의 온몸에 바른다.

(3) 마귀에 대한 부인과 예수 그리스도에 대한 충성의 선언

금식, 기도, 축귀의 기도, 후보자를 위한 성도의 기도 등 카테큐멘과 세례 후보자로서 거쳐 온 모든 세례 준비과정 끝에는 마귀에 대한 부인과 그리스도에 대한 충성의 선언이 기다리고 있다. 지금 후보자는 숨이 멎는 듯한 선택의 기로에 서 있다. 벗은 몸으로 후보자는 서쪽을 향해 마귀를 맞대면 한다. "사탄을 부인하고 떠나겠는가?" 세 번의 질문에 세 번 후보자는 떠나겠다고 대답한다. "숨을 크게 쉬고 그에게 침 뱉으라!" 데오도르는 마귀를 부인하는 의식에 대해 다음과 같이 말한다.

"다시 한 번 너는 양가죽 위에 맨발로 서 있으라. 네 겉옷을 벗고 손을 기도 관례를 따라 하나님을 향해 내 뻗으라. 그리고 네 몸을 바로 세운 채 무릎을 꿇으라. 그리고 말하라. '내가 사탄, 그의 천사들, 그의 일들, 그에 대한 예배, 그의 무상함, 모든 언어의 실수를 거부하노라! 아버지, 아들, 성령의 이름으로 세례 받기를 원합니다.'"[16] "네 처음 조상 때부터 복종해 온 마귀가 네게 수만 악의 근원이었다. 너는 그를 등지겠다고 약속해야 한다. 하나님이 네게 자유를 약속하셨다. 따라서 이제 너는 감히 말할 수 있게 되었다. '내가 사탄을 부인합니다.'"[17]

예비의 긴 기간을 숨차게 달려온 그 끝은 이 영생을 위한 전투의 최전선이었다. 사탄의 얼굴과 움직임, 그 감미롭고 두려운 사탄의 현존을 처음으로 직시하는 용기를 가지고 후보자는 사탄에 침을 뱉음으로써 그를 도발하고 자신의 미래를 십자가 위로 던져 올린다. 동방정교회의 종교적 상상력에 따르면 천상의 천사들과 먼저 간 성도와 땅의 성도가 숨죽이고 이 첫 대면에 기도로 참여한다. 이 일 후 동쪽을 향해 몸을 돌려 그리스도께 충성을 다짐한다. 동쪽으로 몸을 돌리는 이유에 대해 시릴은 다음과 같이 설명한다.

"사탄을 부인하고 하데스와의 옛 계약을 부수면 하나님의 낙원이 네 앞에 열릴 것이다. 그가 동쪽에 세워놓으신 낙원, 거기서 우리의 첫 아버지가 불순종으로 인해 쫓겨났던 곳. 이 빛의 땅 동쪽으로 네 몸을 돌리라. 그리고 '아버지, 아들, 성령, 회개의 세례를 믿습니다.'라고 말하라!"[18]

니사의 그레고리는 다음과 같이 이 행위를 설명한다.

"마치 우리 안에 아담이 살아 있는 듯 매번 우리는 동쪽을 향한다. 단순히 그곳에 거처하시는 하나님을 관상하기 위함이 아니다. 그곳에 우리의 첫 고향, 우리가 내몰린 낙원이 있기 때문이다. 그래서 우리는 탕자처럼 기도한다. 우리의 죄를 용서해 주시옵소서."[19]

실낙원은 어디 있는가? 예루살렘은 어디 있는가? 영원한 의의 태양(그리스도 예수)은 어디서 떠오르는가? 메뚜기 떼를 몰고 왔으며 홍해를 가른 구원의 거룩한 기운과 바람은 어디에서 일기 시작했는가? 동쪽이 아니었던가? 동쪽으로 몸을 돌려 후보자는 귀를 기울인다. "네가 그리스도와 연합하겠는가?" 세 번의 질문에 세 번 후보자는 충성을 다짐한다. 온 우주가 후보자의 입술의 고백에 마른 침을 삼킨다. 한 영혼이 구원받으면 하늘에 영광송이 울려 퍼진다고 전해진다. 그리스도를 사랑하고 그분께 충성하겠다는 후보자의 고백은 그대로 하늘에 올리는 영광송, 예배가 된다. 이제 후보자는 세상에서 그리스도의 증거자(martyer: 순교자)가 되기로 그 뜻을 밝힌 것이다. 이로써 침수를 위한 준비과정은 절정에 이르게 된다. 그리고 이 후보자들을 위한 중보기도가 이어진다.

당신의 종을(후보자) 당신에 대한 거룩한 깨달음으로 부르셨나이다(Thy Holy Illumination). 그에게 당신의 거룩한 세례의 은총을 허락하셨나이다. 그에게서 낡은 인간을 벗기시고 영생으로 그를 새롭게 하옵소서. 그를 성령의 능력으로 채우시고, 그리스도와 연합하게 하옵소서. 그가 육체의 자녀가 아니라 당신 나라의 자녀가 되게 하옵소서.[20]

(4) 물에 대한 축복

이후에 물에 대한 축복(blessing of the baptismal water)이 이어지며 후보자에 대한 침수의식이 시작된다. 성찬의 떡과 포도주가 감사의 기도를 통해 성별되듯이 세례의 물도 감사의 기도를 통해 성별된다. 특별히 물을 통한 하나님의 구원사역들이 타이폴로지를 따라 하나님께 감사와 찬양 중에 바쳐지게 된다. 이 물에 대한 감사의 기도를 통해서 이 물은 성령과 하나님의 약속을 품은 거룩한 말씀이 되며 이곳에 몸을 담근 자들을 새롭게 빚어낼 것이다. 성령의 임재를 기원함으로써 이제 이 물은 구원의 성례가 된다.

이 물은 첫 창조의 물이다. 이 혼돈과 깊음의 물 위에 하나님의 신이 운행하시고 말씀과 더불어 수세자가 몸을 담글 때 그는 재창조의 우주적 사건에 휩싸이게 된다. 이제 이 물은 노아의 물이다. 40주야 하늘의 창이 열리고 쏟아져 내린 이 대홍수의 물은 그의 세계의 문지방을 넘고 기초를 흔들고 울타리를 무너뜨리게 될 것이다. 거짓 약속의 터 위에 세워졌던 그의 낡은 세례는 해체되고 그는 무지개가 약속하는 새로운 세계의 지평을 향해 떠올라 항해하게 될 것이다.

이 물은 나일의 물이다. 말씀의 방주에 몸을 실어 이 물에 자신을 띄워보낸 수세자의 미래를 하나님께서 당신의 계획 속으로 이끌어 들이실 것이다. 이제 이 물은 홍해의 물이다. 납처럼 가라앉는 애굽의 군병들과 함께 수세자는 자신의 과거를 죽음의 물속에 가라앉힌다. 그리고 새로운 이스라엘로서 약속의 땅 저편으로 올라가게 될 것이다. 이제 이 물은 요단의 물이다. 세상에서의 자신의 지위와 영광 그 모든 자기 이해를 문둥병처럼 아픔으로 바라보며 수세자는 이 물속에 몸을 담근다. 그리고 어린아이의 피부, 그 새로운 감각과 탄력을 가지고 물에서 일어서게 될 것이다.

이제 이 물은 갈멜산 엘리야의 제단에 세 번 뿌려진 물이다. 이 물에서 불이 솟아 물속에 몸을 맡긴 수세자의 삶을 하나님께서 열납하시고 흠향하실 제물로 태워 올리게 될 것이다. 이제 이 물은 베데스다의 물이다. 성령으로 동한 이 물에 말씀을 따라 몸을 던진 수세자는 치유될 것이다. 이제 이 물은 무엇보다도 예수 그리스도의 옆구리에서 흘러나온 구원의 물이다. 주님의 찢김 속에서 흘러나오는 이 물을 따라 수세자는 실낙원에 이르게 될 것이다.

물에 대한 이미지 중에 '모태의 물'이 있다. 여기서 어머니는 교회이고 모태의 물은 세례의 물이 된다. 교회, 즉 세례 받고 그리스도의 몸에 연합한 세례 공동체가 새로운 생명을 잉태하고 출산하게 된다는 것이다. 세례는 그리스도의 신부인 교회의 출산행위가 된다. 예비자 준비과정은 그리스도의 몸인 교회의 수태 기간이며, 특히 사순절은 교회가 출산을 준비하는 절기이고 부활일은 출산일이 된다. 그리스도의 부활, 한 자연인의 생명으로의 부활, 전 교회의 부활 재경험이 이 출산행위의 절정에서 경험된다. 교회의 세례언약 갱신과정이 세례 예비자 준비과정과 교회론적으로, 기독론적으로 관계되어 있다. 교회의 모성에 대한 이해는 특히 아프리카에서 발전된 개념이다. 터툴리안은 「데 밥티모(De Baptismo)」에서 말한다.

"여러분이 신생의 거룩한 세례 물에서 솟아 나왔을 때, 여러분이 처음으로 여러분의 어머니, 그리고 형제들 옆에서 함께 기도를 올릴 때 여러분은 축복받았습니다."[21]

공동체로서의 교회가 새롭게 하나님의 자녀들로 태어난 자들의 어머니라면 이 어머니, 이 교회는 세례를 통해서 그 자녀들을 출산한다.[22] 세례의 물은 하나님의 아들들이 수태되고 출산되는 어머니, 교회의 태이다. 교회의 모성과 세례의 관계는 베로나의 감독이었던 제노(Zeno)의 세례 예비자 교육의 핵심을 이룬다. "세례로의 초대"라는 글에서 제노는 다음과 같은 말로 후보자들을 교회의 태인 세례의 물로 초대한다.

"형제들이여 그리스도 안에서 기쁨으로 환호하시오. 기다림의 저 날갯짓 사이에서 태어난 여러분! 하늘의 은총을 받으시기를! 영원한 성수(eternal font) 그 구원의 온기(warmth) 속으로 여러분을 초대합니다. 여러분의 어머니가(교회) 여러분을 당신의 자녀로 만들기 위해 여러분을 품에 안습니다. 여러분은 출생의 자연법을 따라 태어나지 않습니다. 출산의 고통과 어머니의 신음 그리고 이 세계의 탄식에로 태어나지 않습니다. 하늘의 자녀로, 죄에서 자유로운 자녀로, 냄새나는 요람이 아니라 짙은 향내 사이의 제단에로 태어납니다. 지체하지 마시오! 당신들 목마름의 중심에 서 있으시오. 셀 수 없이 많은 생명을 출산한 그 어머니에게 속히 달려오시오. 들어오시오! 안으로 들어오시오!(Enter, then, Enter!) 여러분은 새 젖을 마시게 될 것입니다. 왜 지체합니까? 이 샘, 이 향기로운 동정녀 어머니의 향기로운 태로 날아드시오! 이곳이 당신이 속한 곳입니다. 이 재창조, 부활, 영원한 삶, 우리의 어머니가 모두에게 주셨습니다. 이 세계의 멍, 죄, 상처, 죽음에서 도망하시오. 아버지의 도움을 기원하시오! 그리고 걷지 말고 날아오시오! 구원의 성수로! 확신으로 당신을 깊이 잠그시오. 서두르시오! 속히 당신을 정결케 할 이 세례의 물로. 이 살아있는 물, 성령과 불이 깊이 배어들어간 이 가장 향기로운 물로 당신을 초대합니다. 깊은 목마름과 기다림으로 불타오르는 여러분! 잔잔히 흐르는 향기로운 과즙이 이곳에서 속삭임으로 여러분을 초대합니다. 지체 말고 어머니의 태, 그 젖의 샘으로 날아오시오. 깊이 잠기시오. 그리고 당신의 머리 위를 감싸고 흐르는 물을 느끼시오. 기다림과 헌신으로 당신의 그릇을 준비하시오."[23]

수세자는 둘째 아담 그리스도의 찢긴 옆구리(물과 피)를 통해 지음받은 바 그리스도의 "뼈 중의 뼈 살 중의 살"(창 2:23)이다. 세례는 한 개인의 일이 아니다. 세례 받고 일어서는 한 개인을 통해 세례공동체로서의 교회 역시 끝없는 자기갱신의 미래를 향해 비둘기를 날린다. 세례를 통해 일어서는 것은 한 개인이 아니라 그리스도의 몸이다. 교회이다. 그리스도의 몸이 죽음의 물에서 일어선다는 뜻에서 모든 세례사건은 부활사건이다. 세례성례가 철저히 주님의 부활일에 거행된 것은 우연이 아니다. 초대 교회는 세례사건 속에서 주님의 몸의 부활과 그 신비를 감지하고 경험했다.

교회는 물 위로 다시 솟아오르는 새 생명 안에서 그리스도의 부활, 그분의 몸으로서의 공동체의 부활을 경험한다. 어찌 세례가 한 개인의 구원문제로만 국한될 수 있겠는가? 세례가 갖는 기독론적, 교회론적 함의에 대한 통찰은 이미 바울에게서 발견된다(고전 12:13, 갈 3:27~28). 즉 세례를 통해 일어서는 것은 한 개인이 아니라 신비스런 그리스도의 몸으로서의 믿음의 공동체이다.

(5) 침수

세례는 삼위일체의 이름으로 받게 된다. 전통적으로 사도신경(혹은 니케아-콘스탄티노플 신경)이 사용된다. 「사도전승」 XXI, 12~18에서 우리는 그 전례를 본다.

(12) 그가(후보자) 물에 들어가면 세례 집례자는 그의 머리에 손을 얹고 다음과 같이 말하라. 당신은 전능하신 아버지 하나님을 믿습니까? (13) 수세자는 말하라. 제가 믿습니다. (14) 집례자는 그를 침수시키라. (15) 이후 집례자는 다음과 같이 말하라. 당신은 성령으로 동정녀 마리아에게서 나시고 본디오 빌라도에 의해 십자가에 달리시고 죽으셨으며 삼 일 만에 죽은 자 가운데서 다시 살아나셨으며 하늘에 오르사 아버지 우편에 앉아 계시다가 장차 산 자와 죽은 자를 심판하러 다시 오실 하나님의 아들 그리스도 예수를 믿습니까? (16) 제가 믿습니다. 후보자의 대답이 있은 후 그를 다시 두 번째 물에 담그라. (17) 다시 집례자는 말하라. 당신은 성령과 거룩한 교회와 몸의 부활을 믿습니까? (18) 후보자는 대답하라. 제가 믿습니다. 대답이 끝나면 세 번째로 후보자를 침수시키라.24)

집례자는 세례 후보자를 삼위 하나님의 사역에 대한 믿음의 고백을 따라 세 번 물에 담그도록 되어 있다. 세 번 담그는 이유에 대해 교부들의 해석은 다양하다. 예수 그리스도께서 삼 일간 무덤에 계셨으므로 수세자는 세 번이 죽음의 물에 잠겨야 한다. 베드로가 세 번 주님을 부인했으므로 세 번 그분을 시인해야 한다. 삼 일 길을 걸어 아브라함은 모리아 산에 올라 그 위에서 아들을 바쳐 약속의 땅으로 가는 문을 열었다. 아들 이삭, 우리의 주님과 함께 삼 일 길을 물속에 내려가 바로 그곳에서 그분이 열어 주는 낙원의 길을 보아야 한다.

오리겐은 이 세 번을 이스라엘이 애굽을 떠나기 위해 걸었던 삼 일 길에 비유한다. 삼 일 길을 걸어 이스라엘은 자기들의 옛 세계인 애굽의 경계선에 이르렀다. 그리고 그 삼 일이 상징하는 저들 세계의 한계선에서 구름과 불기둥이라는 하나님의 표적을 보았다. 그리고 그 표적의 인도를 받게 된다. 삼이라는 숫자는 하나님의 표적이 그곳에서 우리를 기다리는 인간 경험의 한계이다. 후보자는 삼 일 길을 걸어 자신의 과거 세계의 가장자리, 가장 낮은 자리, 그 한계로 내려간다. 그리고 그곳에서 구름과 불기둥의 신적 표적을 본다.

세례의 물은 흐르는 물이나 고인 물 혹은 적은 양의 물을 사용할 수 있다. 형식에 따라 물에 담그거나 뿌리거나 부을 수 있다. 이 세 가지 방식은 모두 성서적 전거와 나름대로의 독특한 경험세계를 열어 준다.

⑹ 흰옷을 입음

물에서 나온 수제자는 흰옷을 입게 되는데 사죄의 결과인 영적 순수성을 상징하거나 그리스도의 신부로서의 결혼예복을 의미하기도 한다. 사도 바울의 말대로 그리스도를 옷 입는다는 뜻으로도 해석된다.

흰 옷을 입은 수세자들은 부활의 초를 들게 된다. 저들이 초를 드는 이유는 이제 세례로 인해 저들의 눈이 뜨이고(에바다) 빛을 볼 수 있게 되었기 때문이다. 이 초는 부활하신 그리스도 혹은 그리스도의 몸으로 부활한 수세자의 새로운 신분을 상징하기도 한다. 촛불 혹은 등불을 앞세운 수세자는 세례소를 나와 바로 옆 본당 안으로 들어가게 된다. 그곳에서 부활일 비질을 금식과 찬송으로 지새우며 수세자의 출현을 기다리던 회중과 만나게 된다. 그리고 감독은 저들의 머리에 손을 얹어 안수하고 기름을 붓는다.(견진 혹은 크리스메이션)

견진(Confirmation) / 크리스메이션(Chrismation)

견진이나 크리스메이션은 모두 성령의 임재를 간구하는 순서이다. 물론 깨끗하게 된 수세자의 삶 속에 성령의 임재를 간구하는 것이며 이로써 수세자는 주의 영이 거하는 성전이 되는 것이다. 성령의 은사로 수세자를 인치는 이 예식은 전통에 따라 사용하는 매체와 상징행위가 다르며 각기 다른 이름으로 불리어 왔다.

동방교회에서는 기름을 부어 수세자에게 성령의 임재를 간구하는데 이 예식을 크리스메이션이라 불렀다. 서방교회인 터툴리안의 북아프리카에서는 안수와 축복을 통해 성령의 임재를 간구했으며, 히폴리투스의 로마에서는 감독이 성별된 기름을 수세자의 머리에 붓고 안수하고 십자가 성호를 그으며 평화의 키스를 함으로 성령의 임재를 간구했다. 후에 서방교회에서는 이 순서를 견진성사라는 별도의 성례로 발전시키게 된다.

오래된 전통으로 스프레이지스(sphragis, 이마에 십자가 사인을 긋는 상징적 행위)가 있다. 크리스메이션(chrismation, 기름 부음)과 함께 행해지는 상징행위이기도 하지만 그 자체로 충분히 세례의 의미를 전달하는 상징행위다. 세례에서 이 상징행위는 여러 곳에서 사용된다. 위-디오니시우스(Pseudo-Dionysius, 396~400)는 스프레이지스를 사순절 후보자 등록의식 때 사용하며, 테오도르는 '사탄에 대한 부인'과 침수 사이에서, 예수살렘의 시릴이나 밀란의 암브로우스는 침례 후 크리스메이션 때 함께 사용한다. 스프레이지스는 세례의 전 과정에서 자주 사용되며 때로는 세례를 통칭하는 이름으로 사용되기도 한다.[25]

스프레이지스는 본래 목자가 양의 몸에 찍는 소유의 표시 혹은 로마 군인이 소속의 표시로 몸에 새기는 문신을 가리키는 용어이다. 크리스메이션 때 스프레이지스를 함으로써, 즉 기름으로 수세자의 이마에 십자표를 함으로써 저가 주님의 양이 되었음과 승리의 왕이신 주님의 군사가 되었음을 표하고 확증한다. 이 표는 세례자에 대한 그리스도의 소유권을 뜻한다(갈 6:14~15. 그리스도의 흔적). 하나님에 의해 성령으로 인침받은 자로서, 하나님의 소유물로서 그 누구도 이 성흔의 표시를 가진 자를 범할 수 없다(창 4:15, 겔 9:4, 계 7:4). 그레고리는 다음과 같이 말한다.

> "만일 너 자신을 스프레이지스로, 즉 네 영혼과 몸을 기름과 성령으로 표시한다면 무슨 일이 네게 일어나겠느냐? 표시 없는 양은 도둑의 것이니라. 자신의 것으로 하나님께서 인치신 것을 누구도 범할 수 없느니라."[26]

크리스메이션이나 견진예식은 수세자로 세상에서 그리스도의 사역을 감당하며 살 수 있도록 내보내는 파송식이다. '그리스도'는 '머리에 기름부음 받은 자'이다. 크리스메이션은 '그리스도 만들기'의 뜻을 가진다. 물과 성령으로 그리스도의 몸으로 거듭난 수세자는 이제 그리스도께서 세상에서 수행하셨던 삼중직, 즉 왕, 제사장, 예언자의 직으로 임명된 것이다. 세례 받아 그리스도의 몸된 교회는 오고 가는 세계에 그리스도의 사크라멘트로서 그분의 뜻을 구현시켜 나가게 된다.

성찬(Eucharist)

회중은 물과 성령을 통해 거듭나고 그리스도의 몸에 연합한 수세자의 모습 속에서 부활한 그리스도의 현존을 경험하게 된다. 감사와 희열이 교회를 압도하는 중 감독은 수세자에게 평화의 키스를 하며 성찬에 참여하게 한다. 「사도전승」에 따르면 이 첫 성찬식에 참여한 수세자에게는 떡과 포도주 이외에 약속의 땅 가나안의 상징인 젖과 꿀이 함께 제공된다. 이 한 떡과 한 잔에 참여함으로써 수세자는 세례의 완성(그리스도에로의 접붙임, 그리스도의 몸에의 참여)에 이르게 된다. 이후부터 수세자는 성찬에 참여할 수 있게 된다.

성찬은 교회가 자신을 그리스도의 몸으로 확인하고 그 의미를 해석해 가는 중요한 자리이다. 세례는 성찬에 의해 매번 구현되고 갱신되며 성찬은 언제나 세례를, 즉 예수 그리스도의 죽음과 부활의 연합을 전제한다. 세례와 성찬은 이런 식으로 한 자연인이 그리스도의 몸으로 변모되는 구원사건에 없어서는 안 될 통일된 성례 시스템을 형성한다.

세례 후 교육(post-baptismal catechesis : mystagogy)

세례의 신비는 세례 예비자 교육에 의해 준비되고 '세례 후 교육'을 통해 재해석되었다. 이 세례 후 교육은 미스타고지(mystagogy)로 불렸는데, 이 말은 '신비에 관한 가르침'이라는 뜻이다. 그리스도의 몸, 교회, 그리스도인의 삶 속으로 받아들여진 수세자는 세례를 통과하며 물려받은 기독교 상징의 의미에 대해 교육을 받게 된다. 주로 부활 주일 후 한 주간 동안 교회에서 실시한 이 교육은 당대 교부들의 예배적 설교와 가르침의 꽃이라 할 수 있다. 세례 전 예비자 교육 때, 왜 미리 그러한 상징들을 해석하지 않았는가에 대해서는 여러 의견이 있다. 종교적 상징은 오직 그 공동체에 편입된 자들에게만 전수될 수 있다는 당시 밀교적 관행을 따랐다는 설, 배교의 위험이 높은 박해 상황에서 교회의 핵심적 상징이 오판과 왜곡의 기회를 줄 수도 있다는 교회의 자기 방어적 현실에서 비롯되었다는 설이 있다. 또한 기다림과 호기심을 조장함으로써 세례의 극적 효과를 높이려 했다는 목회적, 교육적 배려의 측면을 지적하는 주장도 있다. 한 가지 분명한 것은 기독교의 중추적 상징인 세례는 소위 모든 상징이라는 것이 그러하듯 삶의 절대적 투여와 참여 없이는 그 의미와 창조적 능력을 계시하지 못한다는 사실이다.

상징이 해석해 줄 삶이 없다면, 반대로 상징의 심각성, 구체성, 생명력의 차원을 가져다주는 삶(육신)이 없다면, 현대 교회가 경험하듯 세례(상징)와 삶은 피차 유리되어 무기력(상징)과 무의미(삶)의 공간을 표류하게 될 것이다. 세례 후 교육은 이제 시작된 세례의 은총, 즉 그리스도와의 연합과 사귐, 그리스도의 몸으로서의 삶의 신비를 매번 재해석하며 살아나가야 할 평생에 걸친 자기 갱신의 첫걸음이라 할 수 있다. 세례의 신비를 재해석해 주는 과정인 미스타고지는 진정한 기독교교육의 본질과 성격을 드러내 주는 역사적 모델이 될 것이다.

세례는 지금은 종결된 과거의 어느 한 사건이 아니다. 하나님과의 사귐과 교제라는 완성된 삶의 종말론적 지평을 향한 출발점이다. 세례는 기억과 망각의 대상이 아니다. 소망 중에 현재화시켜 나가야 할 갱신의 대상이다. 하나님의 약속의 실체는 매번 재해석되어 우리의 삶에 구체적으로 몸을 입고 현현해야 한다. 세례는 그리스도인의 삶과 목회 사역의 알파와 오메가이다. 그리스도인의 삶과 목회사역에 초점과 전망을 열어 준다. 결코 소진될 수 없는 초월적 의미 지평으로 그리스도인들의 지속적인 자기 비판적 근거로 기능한다.

세례사건은 근원상징(Ur-Sacrament)으로 그리스도인들의 자기 이해를 빚어낸다. 세례는 목회자가 행사해야 할 여러 부수적 기능 중 하나이거나 신앙인이 거쳐야 하는 바 필연적이기는 하나 단지 일과적 행사로 평가되어서는 안 된다. 세례는 예배와 목회와 신앙생활의 한 중심에 서 있다.

생각과 실천을 위한 질문 ✐

• 다음의 '세례순서에 대한 이해와 의미' 를 참조하여 세례자들을 위한 세례 후 교육(Mystagogy) 모델을 디자인해 보자.

"목사님 세례는 왜 받아야 하나요?" 목사님은 갑자기 받은 질문에 잠시 머리가 멍해지면서 대답할 말을 찾지 못하다가 "응? 그거 받으면 좋은 거야." 하고 말했다. 이 목회자의 고백이 세례에 관한 한국교회의 인식의 단면이라고 해도 과언이 아닐 것이다. 있기는 있되 무엇인지 정확히 모르는 것, 성례전이라고 하긴 하는데 그 기능과 효력을 상실한 것이 한국교회의 세례이다.

세례는 한 사람의 자연인이 그리스도인으로 거듭나는 사건이다. 따라서 목회자는 물론 성도도 세례에 대한 최소한의 지식을 가져야 한다. 왜냐하면 세례를 집례하는 목회자와 세례를 받는 수세자, 그리고 그 예식에 참여하는 성도가 공히 세례가 무엇인가를 알고 행할 때에 그것이 가져다주는 영적 실재를 접할 수 있기 때문이다.

세례예식은 여러 요소로 구성되어 있으며, 지역에 따라 이 중 일부가 생략되기도 하고 또 순서가 다르게 행해지기도 하였다. 세례예식은 사탄과의 단절에 초점을 맞추는 준비예식과 물세례 자체로 구분된다. 세례예식은 보통 부활절 전날 밤에 실시되는 철야집회의 연장선상에서 부활절 날 새벽에 행해졌다. 물론 부활절 철야는 모든 신자가 함께 참여하는 행사이다. 당시 행해진 세례예식의 요소는 다음과 같다.

세례의식은 보통 세례의 우물이 있는 방 밖에서 시작되며, 방 안으로 들어가는 행위 자체가 하나의 의식이 되었다. '에바다'(Effeta) 의식이라는 것이 있는데, 이는 마가복음 7:34에 근거한 것으로, 주교가 '에바다', 즉 '열려라'라고 아람어와 라틴어로 반복하면서 후보자의 코와 눈을 만진다. 이 의식은 후보자에게 세례예식을 이해하고 그리스도의 향기를 맡도록 하기 위함이었다.

세례 순서에 대한 이해와 의미

1. 호명 : "말씀하소서", "듣겠나이다", "제가 여기 있나이다"

2. 옷 벗음 : 나신(裸身), 즉 옷을 벗는 의식이 있었는데, 이는 온몸에 기름

을 바르고 물에 담그는 방식의 세례를 받기 위한 실제적 행위였다. 이 의식은 그리스도께서 이 땅에 맨몸으로 오시고 또 맨몸으로 이 땅을 떠나신 것, 옛사람을 벗어버리는 의미, 그리고 에덴동산의 벌거벗었던 상태로 돌아가는 것 등을 상기시키는 행위였다. 수세자가 여자인 경우에도 이 의식은 동일하게 행해졌는데, 3세기 시리아에서는 여자 수세자를 위해 여자 부제가 이 일을 도와주었다는 기록이 있다.

3. 마귀 추방과 예수 그리스도에 대한 신앙고백 : 수세자는 '사탄과의 단절'을 선언하였다. 세례 전 도유가 그렇듯이, 사탄과의 단절도 세례를 통하여 그리스도 안에서 새 생명을 얻기 위해 사전에 행해지는 일종의 부정적 조건에 해당된다고 할 수 있다. 다시 말해서, 죄에 대하여 죽고 오히려 죄에 대항해서 싸우겠다는 후보자의 의지를 부각시키는 사전 예식(preliminary rite)인 것이다. 이 의식의 형식은 비교적 다양하였다. 터툴리안의 경우는 '사탄과 그의 졸개들'이라고 간단하게 언급하였지만, 테오도르의 경우는 '사탄과 그의 모든 졸개들과 그의 모든 작품들과 그가 하는 모든 일들과 그의 모든 허무함과 모든 세상적인 유혹'이라는 구체적 표현을 사용하였다.

단절을 선언하는 방식도 여러 가지인데, 테오도르는 "나는 사탄 및 그의 모든 졸개들과 단절합니다."라는 진술형을 사용한 데 비해, 대부분의 동방교회에서는 후보자가 직접 사탄을 향하여 "사탄에, 나는 너와 단절한다."라고 말하는 방식을 사용하였다. 반면에 서방교회에서는 "당신은 사탄 및 그의 졸개들과 단절하겠습니까?"라고 집례자가 물으면 "나는 그것들과 단절합니다."라고 대답하는 방식을 사용하였다. 동방교회에서는 사탄과의 단절을 선언할 때에 서쪽을 향해 서서 말하는 관습이 있었는데, 서쪽은 어둠의 방향이며 사탄이야말로 어둠의 제왕이기 때문이었다. 이 행위는 이 순서 다음에 나오는 '그리스도에게 바치는 충성서약' 때에 동쪽을 향해 돌아섬으로써 대조적 효과를 거두었다.

그 뒤 '그리스도에게 충성서약'이 행해졌다. 대부분의 세례예식에서 후보자는 사탄과의 단절을 선언한 후에 동쪽을 향해 돌아서서 그리스도에게 충성하는 서약을 하였다. 어떤 지역에서는 "오 그리스도시여, 저는 이제부터 주님을 섬기겠습니다." 하고 직접화법 형식으로, 또 다른 지역에서는 삼위일체 하나님께 서약하는 형식으로 행했다.

4. 물의 성별 : 그 다음에 나오는 세례수에 대한 축복기도는 핵심적인 요소 중의 하나였다. 세례를 거행하기 전에 먼저 적절한 방법으로 세례수를 성별(consecrate)하는 것은 일반적인 관행이었다. 그것은 "모든 물이 치유하는 힘을 가진 것이 아니다. 오직 그리스도의 은총을 입은 물만이 치유하는 힘을 가진다."는 인식으로부터 나온 것이다. 세례수를 성별하는 것은 세 단계로 행해졌다.

　　첫째 단계는 물을 축마하는 것이었다. 터툴리안에 의하면 '타락한 악의 천사가 사람을 멸망시키기 위해 자주 물을 요동시키기 때문에' 먼저 물을 축마하는 것은 당연한 일로 여겨졌다.

　　둘째 단계는 '축성기도'(consecration prayer)로 하나님의 능력이 물 위로 임하시도록 비는 기도였다. 본래 축성기도는 성만찬 의식 때에 빵과 포도주에 성령이 임하시도록 비는 기도였으나, 이것이 확대되어 세례의 물까지 행해졌다. 세례수를 성별하는 축성기도는 터툴리안 때에 이미 행해지기 시작하였으며, 성령을 물 위로 내려보내 달라고 성부께 기도하는 내용으로 되어 있었다. 키릴로스는 "보통 물은 성부와 성자와 성령의 이름으로 비는 축사(epiclesis)를 통하여 거룩한 능력을 지니게 된다."고 하였다. 지역에 따라서는 성령의 능력이 아니라 '말씀'(the Word)의 능력으로 물이 거룩하게 된다고 믿었기 때문에 성부께서 말씀을 물 위로 보내셔서 물이 성령으로 가득 차게 하사 세례 받는 자들이 영적인 사람들이 되게 해 달라고 기도하였다.

　　셋째 단계는 십자성호 긋기이다. 이는 주교가 하는 것으로, 세례수에 손으로 십자성호를 긋거나, 십자가를 세례수에 담갔다가 꺼내는 방식으로 행해졌다. 간혹 성유를 십자가 형태로 물 위에 붓기도 하였는데 이러한 방식은 주로 아르메니아 교회에서 행했다.

5. 삼위의 이름으로 : 세례를 하는 방식은 삼위 하나님의 이름으로 세 번 물에 잠기는 것이었다. 4세기 안디옥의 교회에서는 "○○○은 성부와 성자와 성령의 이름으로 세례를 받습니다."라는 말이 사용되었고, 이에 반해 서방교회에서는 "당신은 전능하신 성부 하나님을 믿습니까?" "네, 믿습니다." 하는 질문과 응답의 신앙고백 형식이 사용되었다. 이 말 뒤에 후보자는 물에 잠기게 되며, 성자와 성부의 이름으로 같은 내용이 반복되었다.

6. 물에 잠기고 일어서다 : 세례수에 몸을 담근다. 4~5세기의 세례우물은 욕조형식으로 되어 있었으며 보통 두 개의 계단을 거쳐 아래로 내려가 우물 한가운데서 물에 잠길 수 있도록 설계되어 있었다. 이는 본래 신약성서에서 강이나 냇물 등 흐르는 물에서 침례로 세례가 행해졌기 때문에 그 형태와 정신을 살리기 위함이었다. 이때에 물은 보통 허리까지 오거나 아니면 그보다 약간 낮은 높이까지 채워지며 수세자는 그곳에서 몸을 굽혀 물에 완전히 잠김으로써 세례를 받게 된다. 테오도르는 주교가 손을 수세자의 머리 위에 얹고 눌러서 수세자를 물 아래로 밀어 넣었다고 기록하였다. 그러나 여러 성화나 고고학적 자료에 의하면 수세자가 허리까지 차는 물에 서 있는 동안에 주교가 손으로 물을 떠서 수세자의 머리에 붓거나 아니면 파이프에 물을 흐르게 하여 그 파이프의 물이 수세자의 머리 위로 흐르도록 하는 방식도 사용되었다. 지금까지 발굴된 세례우물 중에서 가장 오래된 것으로 보이는 듀라-유로포스(Dura-Europos) 지역의 세례우물은 교회가 강이나 냇물 등 노천에서 행하던 세례를 포기하고 집안에서 세례를 베풀기 시작한 시기인 2세기에 지어진 것으로 보이며, 직사각형 모양을 띠고 있다. 4세기에는 다양한 형태의 십자가형 세례우물이 존재하였으며

5세기에는 8각형 세례우물이 보편화되었다. '8'이라는 숫자는 천지창조에서 제7일(안식일) 다음날을 의미하는 것으로 '부활의 날'을 뜻하였다.

7. **흰옷, 부활초, 세족** : 흰옷을 입는다. 수세자들이 물에서 나온 뒤에는 물기를 닦은 후 흰옷을 입었다. 이는 순결함의 상징이며, 또한 결혼예복의 상징이었다. 흰옷을 종말론적 상징과 제사장의 옷으로 보는 견해도 있다. 당시의 관행은 수세자들이 부활주일부터 시작해서 한 주간 동안 흰옷을 입다가 부활주일 후 둘째 주일부터 평상복으로 갈아입었다.

점화된 초를 받는다. 2세기경부터 일부 지역에서 세례를 '조명'(illumination)이라고 불렀는데, 그래서인지 수세자에게 점화된 초를 나누어 주는 관습이 있었다.

세례식은 수세자들이 흰옷을 입고 점화된 초를 든 채 교회건물 안으로 입장하는 것으로 마무리되었다. 이들은 교회당 안으로 들어가서 생애 최초로 성만찬에 참여하였다. 서방교회에서는 수세자들에게 성만찬의 떡과 포도주를 준 직후에 꿀을 탄 우유를 주는 관습이 있었는데 이는 수세자들이 이제 약속의 땅에 들어왔다는 것을 상징하며 또한 우유가 유아가 먹는 음식이듯 그들이 이제 하나님의 나라에서 갓 태어난 영적 유아라는 사실과 그리스도의 말씀의 달콤함으로 수세자들의 마음속에 있는 쓴맛을 치유하라는 의미를 담고 있었다.

발을 씻는다. 수세자가 물에서 올라온 직후 주교가 그들의 발을 씻어 주는 의식은 동방교회와 서방교회에서 공히 행해진 의식이었다. 발을 씻는 동안에는 최후의 만찬석상에서 예수께서 제자들의 발을 씻어 주신 일을 기록한 요한복음 13장을 읽었다. 이 의식의 목적은 수세자들에게 겸손한 자선의 행위를 가르치기 위함이었다.

8. **안수와 도유** : 머리에 도유한다. 물에서 나온 뒤에는 후보자의 머리에 기름을 붓거나 또는 이마에 기름으로 십자성호를 그었으며 지역에 따라

이 의식은 물에 들어가기 전에 행하기도 하였다. 이 의식은 제사장직 또는 영생을 상징하며 그리스도의 양무리 안으로 편입됨을 의미하였다.

'성령의 선물'을 받는 것은 다양하게 표현되었는데, 후보자의 머리에 주교가 안수를 하거나, 또는 축성된 기름을 바르는 것이 보편적 방식이었다. 이마에 십자성호를 긋거나 안수하며 축복기도를 하는 것도 한 방식이었다. 나중에 서방교회에서는 이것이 견진의식으로 분화하였다. 성령의 선물을 받음으로써 얻는 효과에 관해서는 일치된 견해가 없었다. 키릴로스 같은 사람은 이 은사를 죄로부터 정화되고 사탄과의 싸움을 대비하는 것으로 이해하였고, 암브로시우스 같은 사람은 성령의 일곱 가지 선물이라는 점을 강조하였으며, 테오도르 같은 이는 종말론적 의미를 강조하여 천국을 대망하는 것이라고 하였다. 이렇게 이 의식에 대한 견해가 분분했던 이유는 이 의식이 견진이라는 별도의 의식으로 분화하기 전까지는 이 의식에 대하여 그렇게 분명하게 정의를 내릴 필요성을 느끼지 못했기 때문이 아닌가 한다.

9. 첫 성만찬 : 존 크리소스톰은 성찬을 억압의 땅에서 세례의 물과 불을 통해 탈출한 자들이 새로운 나의 왕의 식탁에서 먹고 마시는 행위로 묘사한다. 또한 이제 막 영적으로 새로 태어난 영아들에게 주어질 영적 음식, 사도전승과 히폴리투스의 캐논서에서는 수세자가 영아라는 점을 강조하기 위해 떡과 포도주에 더해 젖과 꿀이 함께 제공되었다.

4세기와 5세기 초까지 행해진 기독교 세례예식 중에서 주목을 끄는 또 한 가지 요소는 세례, 성만찬, 신조, 그리고 주기도문 등을 비밀에 부치는 관습이었다. 아마도 이러한 관습은 "거룩한 것을 개에게 주지 말며 진주를 돼지 앞에 던지지 말라"(마 7:6)는 말씀에 근거한 것으로 보이며 세례후보자로 이름을 등록하기 전까지는 누구도 이 내용들에 관해 알 수 없었다. 당시에 세례를 받지 않은 사람들은 예배시간 중 말씀의 예전, 즉 성서봉독과 설교가 끝나면 퇴장해야 했으며 오직 세례 받은 사람들만 남아서 성만찬에 참여했기 때문에 이러한 내용들이 비세례자에게는 비밀로 남았다.

• 세례가 가진 다음과 같은 의미를 염두에 두고, '세례 안내장'을 만들어 보자.

이런 일이 있습니다. 이리 와 보세요!
(*이해가 확실하도록 이미지화 하는 것이 중요하다.)

초기 교회에서 세례 받는다는 것은 순교자(증인) 반열에 들어가는 것, 구원의 문턱을 넘는 것, 실낙원 곧 그리스도의 몸에 참여하는 것, 그리고 중생의 순간으로서 신앙생활의 결정적 사건으로 이해되었다. 세례는 생명의 피를 걸고 참여해야 할 가장 심각한 삶의 결단으로 이해되었다.

2. 성례신학

세례의 신학적 의미

세례는 나사렛 예수께서 받으셨던 죽음과 부활의 세례에 참여하는 것이다. 이러한 그분의 세례에 참여함으로써 우리는 하나님과의 새언약(신약)에 들어간다. 세례는 우리를 자신과 화해시키고자 하시는 하나님의 사랑으로부터 나온 그분의 선물이다. 세례는 삼위 하나님의 사랑의 사역 속으로 이끌려 들어가는 것이므로 성부, 성자, 성령 삼위의 이름으로 베풀어진다. 마태는 부활의 주님께서 제자들을 세상으로 파송하실 때, 세례 베풀 것을 명령하셨다고 보고한다(마 28:18~20). 사도들의 교회가 세례를 베풀었다는 사실은 신약성서, 사도들의 서신, 교부들의 문헌에 잘 나타나 있다. 오늘의 교회는 이러한 성서적, 역사적 경험에 근거해 세례를 베푼다.

세례사건 속에서 수세자는 물이라는 상징을 통해 다양한 경험을 한다. 성서에 나오는 세례의 이미지와 의미는 그리스도의 죽음과 부활에의 참여(롬 6:3~5, 골 2:12), 죄를 씻음(고전 6:11), 중생(요 3:5), 그리스도에 의해 비추어짐(엡 5:14), 그리스도를 옷 입음(갈 3:27), 성령으로 새롭게 됨(딛 3:5), 홍수로부터의 구원 경험(벧전 3:20~21), 속박으로부터의 탈출(고전 10:1~2, 유월신비 / paschal mystery), 성, 민족, 사회적 신분의 벽을 초월하는 새로운 인간성으로의 자유.(갈 3:27~28, 고전 12:13)

이런 다양한 이미지와 세례의 의미를 세계교회협의회 신앙과 직제 위원회는 크게 다섯 개로 대별하여 제시한다.[27]

(1) 죽음과 부활의 참여

세례를 통해 그리스도의 죽음과 부활에 참여하게 된다. 물은 양면성을 지닌다.[28] 물은 죽음과 파괴 그리고 동시에 생명과 비옥함의 매체이다. 혼돈과 어둠 그리고 죽음의 깊음인 동시에 그곳에서 만물이 그 모양과 색깔 그리고 생명의 모습으로 떠오르게 되는 창조의 매체이기도 하다(창 1:2). 모든 것을 휩쓸어버리는 죽음과 심판의 힘이며 그러나 동시에 무지개 너머 새로운 세계로 노아의 가족을 이끌어 들이는 생명의 격류가 되기도 한다.(창 9:11~16)

이스라엘을 절망과 탄식으로 몰아넣고 애굽의 군병들을 납처럼 삼켜버리는가 하면 약속의 땅을 열어 주기도 한다(출 14). 물은 죽음의 매체이나 이 죽음의 물에 자신을 깊이 잠그고 그곳을 자신의 처소로 삼는 자들에게 이 죽음의 물은 생명과 자유를 향한 진리의 길이 된다. 물은 무덤이며 동시에 생명의 모태이다. 죽음의 물 속에 길이 있다. 이것이 물과 관계된 성서적 경험이며 죽음이 생명을 품고 있다는 이미지는 세례의 깊은 의미를 선명히 그려 준다.

예수께서 세례 요한에게 받은 세례는 죽음과 부활로써 당신이 받으실 세례적 삶에 대한 예시이다. 세례는 죽음과 부활로 대변되는 그리스도의 성육신적 삶으로의 참여이다.

예수께서 요단강으로 내려가셨다. 그곳에 죄를 회개하고 씻음 받으려는 자들이 세례 요한으로부터 세례를 받고 있었다. 죄 없으신 예수께서 한 인간 세례 요한에 의해 회개의 세례를 받으려 하신다. 그분의 인간적 면면의 불투명함 속에서 하나님의 기운을 느낀 요한은 신비한 전율에 사로잡혀 감히 세례 베풀기를 거부한다. 그럼에도 불구하고 예수께서는 요한의 손 밑에 당신을 두시고 아버지의 뜻을 위해 자신을 죽음의 물속 깊은 속으로 가라앉히신다. 자신의 죄를 씻기 위함이 아니었다. 하나님의 어린양으로서 이 세계의 죄와 아픔의 끝자락을 잡아끌어 당신의 어깨에 얹기 위해 지금 이 세계의 바닥으로 내려가신다. 죄와 죽음의 물속에 침잠해 들어가시는 예수의 수세행위는 실상 그분의 성육신의 신비를 가리키는 하나의 상징행위에 불과하다.

예수께서 받으신 수세는 성육신이다. 자신을 비어 모든 피조세계의 고난과 탄식의 한가운데로 잠겨 들어오신 성육신 사건으로부터 이미 예수의 수세는 시작되었다. 33년간 그분은 죄인과 세리, 병자와 귀신들린 자, 과부와 이방 여인, 창녀와 가난한 자들, 죽음의 그늘진 땅, 이 죄의 물 깊숙한 곳으로 들어오신다. 그리고 간고와 슬픔, 죽음의 심연, 그 십자가와 무덤의 바닥에 몸을 누이신다. "왜 나를 버리시나이까?" 그곳에서 전 피조세계의 탄식을 사랑과 능력으로 품어 그분은 이 죽음의 물 위로 솟아오르신다.(부활)

요단의 물에 잠기시고 다시 일어서신 예수의 수세 모습은 탄생, 삶, 고난과 죽음으로 이어지는 그분의 자기 비움과 내려오심 그리고 부활에서 완성

된 영광 받으심과 일어서심을 가리키고 있다. 예수께서 받으신 세례는 요단
강 수세에서 상징적으로 나타나는데, 실상은 성육신의 삶 자체를 가리킨다.
그리스도인들이 받게 될 세례는 바로 이 예수 그리스도의 죽음과 부활의 성
육적 삶으로의 참여와 연합이다.

세례를 통해 그리스도인들은 예수 그리스도의 죽음과 부활의 성육적 삶
으로의 참여와 연합하게 된다. 세례를 통해 그리스도인들은 예수 그리스도
의 자유하게 하시는 죽음 속으로 잠겨든다. 옛 자아는 그분과 함께 깊은 물
속에서 죽는다. 그분의 사랑은 죄와 죽음까지 감동시키시고 회개시키신다.
자기를 비우신 그분의 사랑과 자유의 제단 위에서 죄와 죽음은 순종으로 태
워져 향으로 변모된다. 예수 그리스도의 죽음에 참여한 자들은 그 죽음의
제단 위에서 그리스도의 향으로 변화되어 그분의 약속을 따라 그분의 나라
로 오르게 된다. 물의 상징이 말해 주었듯, 죽음의 물속에 생명의 길이 있
다. 그분의 죽음 속으로 가라앉은 자들만이 그분의 신비한 죽음이 열어 주
는 약속의 땅으로 솟아오른다. 그분의 죽음은 우리에게 무덤과 새 생명의
모태이다. 그 죽음의 좌우에 내려가는 자에게 그분은 말씀하신다. "내가 진
실로 네게 이르노니 오늘 네가 나와 함께 낙원에 있으리라"(눅 23:43). 세례
는 우리를 살리는 그분의 죽음의 신비에 침잠함이다.

(2) 회심, 용서, 정결

세례를 통해 회심하고 용서받으며 정결케 된다. 물은 정결하게 하는 힘
의 상징이다. 구약에서 거룩하신 분(the Holy One)께 나아가 그분과의 사귐
안에 거하고자 하는 자는 모든 부정과 죄로부터 정결케 되어야 했다. 이것
이 구약에 나오는 정결예식의 목적이다. 튜리안(Max Thurian)은 에스겔의
예언이 이런 점에서 세례의 목적을 분명히 짚어 주고 있다고 본다.[29]

"맑은 물을 너희에게 뿌려서 너희로 정결하게 하되 곧 너희 모든 더러운 것

에서와 모든 우상 숭배에서 너희를 정결하게 할 것이며(정결케 됨) 또 새 영을 너희 속에 두고 새 마음을 너희에게 주되 너희 육신에서 굳은 마음을 제거하고 부드러운 마음을 줄 것이며(회심) 또 내 영을 너희 속에 두어(성령의 선물) 너희로 내 율례를 행하게 하리니 너희가 내 규례를 지켜 행할지라(신앙 안에서의 새로운 삶) 내가 너희 조상에게 준 땅에서 너희가 거주하면서 내 백성이 되고 나는 너희 하나님이 되리라(교회의 지체가 됨)"(겔 36:25~28)

신약은 세례의 정결케 하는 능력을 강조한다. 즉 세례는 깨끗한 물로 몸을 씻는 목욕으로 이해되며 모든 죄된 마음을 깨끗하게 해 주고 의롭게 하는 힘을 갖는다(히 10:22, 벧전 3:21, 고전 6:11). 정결케 함을 강조함으로써 신약성서는 세례의 윤리적 함의를 부각시키고 있다. 수세자는 그리스도에 의해 용서함 받고 깨끗하게 되며 거룩하게 되는데 이로써 성령의 도우심 안에서 새로운 윤리적 삶이라는 세례적 경험에 들어가게 된다. 회심, 용서받음 그리고 깨끗하게 됨이라는 수세자 안에서 일어나는 변화는 바로 유월신비 (paschal mystery)로서의 세례의 중요한 차원을 형성하고 있다.

(3) 성령의 역사

세례를 통해 성령께서 역사하신다.[30] 물은 가뭄의 때 하나님께서 주시는 복을 상징한다. 하나님께서 목마른 자에게 물을 주시고 메마른 대지에 비를 주시듯 그분은 그의 백성에게 성령을 부어, 구원이 돋아나게 하시며 의가 솟아오르게 하신다.(사 44:3, 45:8)

성령은 세례 이전, 세례, 세례 이후를 따라 하나님의 백성의 삶 속에서 일하신다. 예수를 아들로 드러내신 분도 성령이시고(막 1:10, 11) 오순절 다락방에서 제자들을 하나로 묶으시고 힘을 주신 분도 같은 성령이시다(행 2). 세례 받은 자들의 마음 판에 성령으로 기름 부어 저들이 당신의 자녀요, 상속자가 되었음을 표시해 놓으신다. 성령은 저들의 마음속에 신앙의 삶을 불러일으키시고 빚어, 저들이 마지막 구원의 자리에 하나님의 영광을 높이 찬양하며 들어갈 수 있도록 도우신다. 성령은 장차 우리가 받게 될 그 완전한 구원, 즉 하나님과의 사귐을 보증하는 표로 우리에게 주어진다.(고후 1:21~22, 엡 1:13~14)

(4) 그리스도와의 연합

세례를 통해 우리는 그리스도의 몸에 연합되어 들어간다.[31] 세례를 통해 우리는 성령 임재의 표인 사랑과 화해가 넘치는 신비한 가시적 그리스도의 몸인 교회로 연합되어 들어간다. 세례를 통해 그리스도의 가시적 몸에 연합하였으며 성령의 전이 되었다. 이로써 우리는 세상의 한가운데서 그리스도의 현존을 증거하는 그분의 성례가 된다. 그분의 몸으로서 교회는 예수 그리스도의 삼중직(제사장, 왕, 예언자)을 세상에서 수행한다.

세례는 세상으로부터의 도피성이 아니라 세상에 대한 영적 전투의 전초기지이다. 세례는 세계를 하나님과 화해시키고자 하는 사랑의 전투가 시작되는 곳이다. 제사장, 왕, 예언자는 이러한 사랑의 사역을 위한 구별된 임무들이다. 세례는 우리가 함께 나누게 될 거룩한 제자직의 표이며 임명식이고 파송식이다.

세례를 통해 그리스도인들은 그리스도와의 사귐, 서로 간의 사귐, 그리고 시공을 초월한 전 교회들과의 사귐 속에 들어가게 된다. 신앙 안에서 우리를 그리스도와 연합시킨 세례는 모든 사귐과 일치의 근거가 된다. 우리는 한 백성으로서 모든 장소에서 한 분 주님을 고백하고 섬기도록 부름받았다. 세례를 통해 들어가게 된 그리스도와의 사귐은 모든 그리스도인들의 일치에 매우 중요한 근거가 된다(엡 4:4~6). 세례에 근거한 일치가 모든 교회와 세상에서 구현될 때 이러한 일치의 실체는 치유하시고 화해시키시는 하나님의 사랑의 현실에 대한 힘 있는 증거가 될 것이다.

(5) 하나님 나라의 징표

세례는 하나님 나라의 징표이다.[32] 세례는 현 세계가 줄 수 없는 새로운 삶을 우리 안에 시작하게 한다. 세례를 통해 우리는 하나님의 영이 운행하시는 공동체 안으로 들어서게 된다. 세례를 통해 시작된 믿음, 소망, 사랑의 삶은 장차 오게 될 하나님 나라의 삶에 대한 징표이며 상징이다.

세례는 약속된 땅으로의 출발점이다. 비유적으로 생각할 때 이스라엘은 어린 양의 피와 홍해의 물로 세례 받았다(유월절). 그러나 하나님의 편 팔과 큰 권능을 목도하고 찬양했으며 홍해를 건너 약속의 지평 위에 오른 약속의 첫 세대 중에서 대부분이 광야에서 죽어갔다. 저들은 약속은 받았으나 정작 약속의 땅 자체에는 들어가지 못했다. 기독교 세례는 우리를 향한 하나님의 신실함과 사랑이 약속된 곳이다. 세례를 통해 우리는 새 언약의 실체, 즉 하나님 나라의 지평 앞에 서 있다.

그러나 이것은 이제 시작에 불과하다. 세례는 약속의 땅으로의 출발선이다. 하나님 나라는 시작되었으나 아직 그 신비는 구현되어야 할 미래적 과제로 항상 우리 앞에 놓여 있다. 이러한 종말론적 차원과 관계하여 세례 갱신은 약속의 땅을 향해 가는 그리스도인들의 삶의 본질을 이루고 있다.

표 8. 세례의 신학적 의미

죽음과 부활의 참여	세례는 예수 그리스도의 죽음과 부활의 성육적 삶으로의 참여와 연합.
회심, 용서, 정결	물은 정결하게 하는 힘의 상징, 수세자 안에서 일어나는 변화는 유월신비로서의 세례의 중요한 차원을 형성.
성령의 역사	물은 가뭄의 때에 하나님이 주시는 복을 상징함.
그리스도와의 연합	세례를 통해 성령임재의 표인 사랑과 화해가 넘치는 신비한 가시적 그리스도의 몸인 교회로 연합되어 들어감.
하나님 나라의 징표	세례를 통해 하나님의 영이 운행하시는 공동체 안으로 들어서게 됨.

성찬의 신학적 의미

바울의 편지에 따르면 성찬은 주님께서 은총으로 주신 것이며 명령이기도 하다. 여기에 성찬의 성서적 근거가 있다. 역사적 신앙공동체들은 성찬에 여러 이름들을 붙여 놓았는데, 이 이름들은 제각기 각 전통들의 성찬에 대한 경험과 이해를 반영하고 있다.

주의 만찬(Lord's Supper), 떡을 뗌(the Breaking of Bread), 거룩한 교제(the Holy Communion), 천상예배(the Divine Liturgy), 미사(the Mass), 감사(Eucharist)

예수께서는 그분의 사역 중에 그리고 부활 후 식탁을 중심으로 당신의 유월신비를 드러내셨다. 이후 그리스도인들은 이 식탁을 중심으로 그분의 현현을 경험하고 그분과 전 피조세계의 온전한 일치와 사귐을 기다려왔다. 세계교회협의회는 성찬의 의미를 다음의 다섯 가지로 대별하여 제시하고 있다.

아버지에 대한 감사(Thanksgiving to the Father), 그리스도에 대한 회상 혹은 기억(Anamnesis or Memorial of Christ), 성령 임재의 기원(Invocation of the Spirit), 신앙인들의 교제(Communion of the Faithful), 하나님 나라의 만찬(Meal of the Kingdom)

(1) 하나님에 대한 감사 [33]

성찬은 하나님께서 행하신 모든 일에 대한 선포이며 그 사역에 대해 드리는 감사와 찬양의 기도이다. 하나님께서는 세계를 창조하시고, 구원하시고 거룩하게 하신다. 인간 세상의 죄의 현실에도 불구하고 교회와 세상 안에서 지금도 일하신다. 하나님은 자신의 나라가 완성되고 따라서 전 우주에 자신의 생명과 영광이 첫 창조의 때처럼 충만히 차고 넘치도록 하기 위해 일하신다. 성찬은 그분이 우리를 위해 행하시는 이 모든 은총의 사역과 그 유익에 대한 찬양과 감사의 기도이다. 성찬은 찬양을 희생예물로 드린다. 하나님의 사랑의 사역에 의해 회복된 감사의 시선과 찬양의 음성을 예물로 드린다. 우리를 향한 당신의 사랑에 예민하고 선명하게 반향하고 그 사랑의 노래를 되울려 드리는 찬양과 감사의 응답이 바로 성찬을 통해 봉헌되는 희생물이다.

　감사와 찬양의 기도 중에 떡과 포도주를 봉헌함으로써 교회는 그것과 함께 전 피조세계를 봉헌한다. 감사와 찬양이 담긴 물질은 그 자연적이고 일상적인 용도에서 구별되어 어떤 종류의 신적 관련 속으로 편입되고 성화된다. 빵과 포도주에는 물리적, 문화적, 역사적, 경제적, 정치적 차원과 함의들이 얽혀 있다. 전 피조세계가 이 빵과 포도주에 참여하고 있는 것이다. 따라서 이 떡과 포도주를 감사와 찬양 중에 봉헌물로 드리게 될 때 그것과 더불어 전 피조세계가 하나님과의 관련 속으로 구별되어 올리고 엮여 들어가게 되는 것이다. 성찬의 감사기도 때 올리는 것은 떡과 포도주가 아니라 전 피조세계이다.

　신앙인들이 세계를 위해 드리는 이 성찬의 감사와 찬양의 봉헌, 기도는 세례 받아 그리스도의 몸에 연합하고 그분의 사제직에 참여하게 된 교회만 가능한 일이며 그의 의무이기도 하다. 그리스도의 몸된 교회가 드리는 이 찬양과 감사 그리고 중보의 기도는 머리되시며 대제사장이신 그리스도의 중보기도에 연합해서만 아버지께 열납된다. 감사와 찬양의 희생물은 참된 감사와 찬양이신 예수 그리스도에 참여함으로써만 흠향된다. 이런 의미에서 세례는 성찬의 전제가 된다.

(2) 그리스도에 대한 회상과 기억(Anamnesis or Memorial of Christ)[34]

성찬을 통해 우리는 십자가에 달리시고 부활하신 그리스도를 회상한다. 십자가 제단에서 당신의 몸을 찢고 사랑의 불로 태워 올린 그 제사는 전 피조세계를 위해 단 한 번에 넉넉하고 충분한 속죄와 화목의 제물이 되었다. 참된 제단 되시고 하나님 앞에 흠 없고 온전한 제물이 되시며 그분 앞에 설 만한 유일한 대제사장 예수 그리스도께서 전 우주를 위해 올리신 그 일회적 제사는 하나님께서 기쁨으로 흠향하셨다. 그분께 열납된 참된 예배는 예수 그리스도 이전에도 이후에도 없었으며 앞으로도 없다. 그런 의미에서 예수 그리스도는 아버지께 이르는 길과 진리와 생명이 되신다.

성찬은 구원의 알파와 오메가가 되시며 출처와 시야가 되시는 예수 그리스도를 회상하는 행위이다. 성찬을 통한 회상은 먹고 감사하는 두 가지 행위로 나누어 그 의미를 조명해 볼 수 있다. 우리를 향한 그분의 사랑의 이야기로 나를 채우고, 그 이야기에 내 삶을 담아 그분께 감사를 올리는 봉헌행위이다. 그리스도인들은 회상을 봉헌한다.

떡과 포도주를 드리는 성찬적 봉헌행위를 통해 예수 그리스도의 삶 속에 담겨 있는 신비한 사랑의 이야기를 회상한다. 회상한다는 것은 먼저 우리 앞에 베풀어 주신 만찬상에서 우리를 위해 하나님께서 구별하여 봉헌하신 당신의 사랑과 섬김의 봉헌물을 열납하고 쪼개며 흠향하고 먹는 행위를 뜻한다. 다른 한편, 회상한다는 것은(anamnesis) 우리를 향한 하나님의 사랑의 마음을 담고 있는 아들 예수 그리스도의 삶의 이야기에 우리의 기쁨과 감사함을 채워 그분께 되돌리는 행위를 뜻한다. 그리고 우리의 감사가 그분께 열납되고 흠향된다.

예수 그리스도께서 행하신 사랑의 사역을 통해 하나님은 우리에게 당신을 봉헌하셨고, 우리는 그 이야기 안에서 그것을 통해 우리의 감사와 기쁨을 봉헌한다. 예수 그리스도께서 보여 주신 사랑의 이야기는, 우리를 향한 그분의 사랑이 우리에게 봉헌되며 그것을 통해 우리의 감사와 기쁨과 찬양이 다시 그분께 봉헌되는 거룩한 성례이다. 매주 교회는 모여 이 말씀(설교, 성찬)을 쪼개고 나누어 먹으며 감사의 기도를 올린다. 이것이 계시와 응답으로서의 예배구조를 이룬다.

회상은 과거, 현재, 미래라는 입체적 시간구조 안에서 이루어진다. 구약성서에서 이스라엘 백성은 유월절 식사를 통해 저들을 구원하신 하나님의 사역의 신비를 회상했는데, 이때 회상(기억, 기념)을 통해 저들은 영원한 현재이신 하나님의 구원사역의 현재적 사건 속으로 이끌려 들어가고 그 안에서 구원사역의 종말론적 완성을 기다렸다. 회상은 하나님 현현의 자리이며 그 현현만이 열어 주는 미래지평을 전망할 수 있는 자리였다. 조상들에게 행하신 하나님의 이야기를 입에 담고 그 이야기를 하나님 앞에 감사로 봉헌함으로써 이 이야기는 하나님의 현재적 개입의 길과 매체가 되었던 것이다.

하나님 현현의 장소였던 법궤란, 실상 그것을 중심으로 하나님의 사역을 회상하는 자리였다. 이런 뜻에서 하나님의 구원사역의 이야기를 담은 성서 역시 법궤로서 하나님께서 당신의 구원사역을 현재화, 사건화하는 자리와 매체가 된다.

우리를 향한 그분의 사랑의 이야기를 감사와 찬양 속에서 하나님께 올리는 성찬적 회상의 예배적 봉헌행위를 통해 영원한 현재이신 하나님께서 성령과 더불어 변하지 않으시는 그분의 사랑 이야기와 능력을 지금 이 시간을 살아가는 오늘의 우리에게 들려주시고 베풀어 주신다. 회상이란 죽은 과거의 이야기를 단순히 떠올림이 아니다. 예수 그리스도 안에서 우리를 향해 부르셨던 하나님 사랑의 노랫말과 리듬은 이미 삼위 하나님 안에서 시작되고 완성되었다.

그러나 그 노랫말과 리듬은, 우리가 삶과 역사와 전 피조세계를 통해 그 의미와 실체를 계속 드러내고 구현시켜야 하며 목마름으로 예기되어야 할 미래적이고 종말론적 실체이기도 하다. 그리고 회상은 그 이야기가 가리키는 하나님의 치유와 사랑의 신비한 실체를 과거와 현재 그리고 미래의 총체적 규모에서 드러내 주는 성매이다. 회상을 통해 우리는 하나님의 영원한 현재, 그분의 신실한 사랑의 실체 앞에 마주 선다. 이런 식으로 유대-기독교적 예배전통에서 회상은 전형적 하나님 접촉의 방식이 되어 왔다. 삼위하나님께서 우리를 위해 행하신 그 사랑의 노래를 배우고 그 이야기에 우리의 삶을 엮어 감사와 찬양으로 되돌리는 행위가 바로 회상행위이다. 회상이란 우리가 하나님께 올릴 수 있는 유일한 방식의 봉헌행위가 된다.

회상을 통해 봉헌되는 것은 감사와 중보의 기도이다. 이 봉헌은 오직 대제사장이며 중보자이신 예수 그리스도(롬 8:34, 히 7:25)를 통해서만 가능하다. 성찬은 단 한 번에 넉넉하고 충분한 화해의 제물로 자신을 봉헌하시고 지금도 세계를 위해 중보의 기도를 올리시는 예수 그리스도의 희생과 중보기도에 우리를 참여시키는 성매가 된다.

그리스도에 대한 회상은 모든 그리스도인들의 기도의 근거와 출처가 된다. 우리의 기도는 부활하신 그리스도의 끊임없는 중보기도에 참여함으로써만 유효하다. 예수 그리스도의 이름으로 기도를 드리는 이유가 여기에 있다. 성찬을 통해(성찬 기도) 그리스도는 의롭다 칭함을 받은 죄인인 우리에게 힘을 주사 그분과 함께 살고 더불어 고난당하고 그분을 통해 기도할 수 있도록 도우시며, 기쁨으로 그분의 뜻을 이루게 하신다.

그리스도 안에서, 그분을 통해서, 우리는 매일의 삶을 통해 우리를 거룩하고 산 제물로 봉헌한다(롬 12:1, 벧전 2:5). 하나님께서 받으실 만한 이 영적 예배는 성찬을 통해 그 힘을 얻게 되고 그 안에서 우리는 사랑으로 성화되고 화해된다. 이로써 우리는 미움, 분열, 다툼 그리고 폭력으로 상처받은 이 세계를 치유하고 보살필 수 있는 진정한 화해의 종이 되어 간다. 주님과 연합하여 모든 순교자와 성인들과 교제하며 우리는 그리스도의 피로 봉인된 언약 안에서 새롭게 창조되어 나간다.

그리스도에 대한 회상은 설교와 성찬 모두의 본질적 내용을 구성한다. 말씀과 성찬은 서로를 조명하고 건실하게 해 준다. 성찬은 그 자체로 말씀의 선포이다. 성찬을 제정하실 때 그리스도께서 하셨던 말씀들과 행위는 성찬예전의 핵심이다. 성찬을 통해 그리스도는 실제로 현현하신다. 실제적 현현은 이미 그분이 약속하신 바다. 그분은 부활 이후 제자들과의 식탁에서 현현하셨으며 이후 모든 기독교 예배는 그분의 말씀과 경험을 따라 식탁을 펴고 그분을 기다렸다. 그분은 식탁의 주인이시고 언제나 그곳에 계신다.

기독교는 따라서 예배를 위해 언제나 성찬상을 편다. 그분이 떡과 포도주 안에(in), 혹은 떡과 포도주와 더불어(with), 혹은 하늘 아버지 우편에 계시는지, 따라서 우리의 먹음이 정말 그분의 몸을 먹는 것인지(corporeal eating) 또는 성찬적 현현의 방식과 먹음의 실체에 대한 신학적 논의는 역사적으로 뜨거웠고 종교개혁 시 수많은 분열의 근원이 되어왔다. 그러나 이 논쟁과 분열의 중심에는 모두 한 목소리로 시인하는 사실이 있으니, 즉 이 거룩한 식탁에 그분과의 교제가 있다는 사실이다.

(3) 성령임재의 간구

삼위일체 하나님께서 그리스도인들의 성찬 경험을 주도하신다. 성령께서는 성찬제정 시 예수께서 말씀을 통해 주신 약속을 실제적 사건으로 일으키시고 구현시키신다. 새 언약 그리고 생명과 구원이 성찬의 나눔을 통해 우리에게 약속된 것이며, 성령께서는 이 언약과 구원의 실체를 우리 삶 속에 구체적으로 나누어 주시고 언약의 새로운 피조물로 우리를 빚어내신다. 그리스도의 임재는 성찬의 핵심이며 그분의 임재는 당신이 주신 말씀을 따라 성령의 도움 안에서 일어난다. 아버지 하나님은 이러한 성찬사건을 시작하시고 완성시키신다. 성육하신 아들은 이 성찬의 역사적 근거와 중심이 되신다.

성찬을 통해 교회는 성령의 임재를 늘 간구함으로써 성화되고 새로워지며 정의, 진리, 일치를 위한 그의 세상에서의 사명을 감당할 수 있게 된다. 성령은 성찬을 통해 하나님 나라를 미리 맛보게 하신다. 교회는 하나님과의 화해와 친교라는 새로운 피조물의 실체를 자신의 성찬적 삶 속에서 맛보며 그 완전한 도래를 간구한다. 성찬에서의 그리스도와의 교제, 일치, 연합, 사귐, 하나됨은 동시에 그분의 몸으로서의 교회 상호간의 일치와 사귐으로 연장된다. 한 떡과 하나의 컵을 나누는 성찬상에서 교회는 사랑과 화해의 공동체로서의 자신의 본질과 정체성을 얻게 된다. 성찬은 세례와 더불어 교회의 자기 확인의 자리이다.

(4) 신앙인들의 친교

성찬은 그 나눔의 신비를 통해 그리스도와의 연합, 그의 몸된 교회들 간의 연합뿐 아니라 하나님의 전 피조세계 내에서의 우주적 연합과 화해를 전망한다. 성찬은 사회적, 경제적, 정치적, 생태학적 화해를 요구한다(마 5:23f, 고전 10:16~17, 고전 11:20~22, 갈 3:28). 그리스도의 몸과 피를 나눌 때 모든 형태의 불의, 인종적 혐오감, 분리 그리고 속박은 철저하게 도전받는다. 성찬을 통해 만물을 새롭게 하시는 하나님의 은총이 세계를 관통하고 부수시고 다시 세우신다. 성찬은 철저히 신앙인을 세계 역사의 중심에 세운다. 역사를 당신과 화해시키고자 하는 하나님의 의지가 성찬에 잘 나타나 있다. 화해와 사랑의 성찬의 떡 앞에서 언제나 우리는 불의, 분열, 교만, 폭력의 모습으로 드러나며 그런 식으로 성찬은 우리에게 심판과 자기비판의 자리가 된다.

성찬의 교제를 통해 창조되는 사랑의 연대감은 전 역사와 피조세계를 포괄한다. 이러한 사랑의 연대감은 다음과 같은 예배적 행위들을 통해 표현된다. 서로의 죄를 용서하는 일, 평화의 인사를 나눔, 중보의 기도, 함께 먹고 마심, 성찬의 떡을 병든 자나 수감자에게 나누는 일. 이러한 사랑의 표현은 사랑의 종이셨던 그리스도의 현현과 장차 오게 될 하나님 나라의 실체를 드러내는 성례적 행위가 된다.

⑸ 하나님 나라의 만찬

성찬은 우리에게 전적으로 새로워지고 재창조될 이 피조세계의 종말론적 실체를 가리키고, 그것에 초대하며, 그것을 맛보게 하고, 그럼으로써 더욱 그것에 목마르게 한다. 이러한 새로워짐의 표는 하나님의 은총 안에서 정의, 사랑, 자유를 위한 인간의 노동이 있는 곳이면 어디서나 발견된다. 성찬의 자리에서 교회는 이러한 표적들에 대해 하나님께 감사드리고 그것을 통해 하나님 나라의 도래를 예감하고 축하한다.(고전 11:26, 마 26:29)

성찬을 통해 주신 삼위 하나님의 약속은 전 세계를 향한 것이다. 따라서 성찬은 전 피조세계를 자신의 기도에 포함시킨다. 아버지께 감사를 드릴 때 교회는 그분이 지으신 전 피조세계를 위해 기도한다. 그리스도를 회상할 때 교회는 대제사장이요, 중보자이신 예수 그리스도에 연합하여 세계를 위해 기도한다. 성령의 은총을 간구하는 성령임재의 기도를 통해 교회는 피조세계의 성화와 재창조를 위해 기도한다.

성찬을 통해 그리스도와의 사귐에 들어간 자들은 그리스도의 몸으로서 세상의 화해의 종으로 부름을 받는다. 예수께서 세리와 죄인의 식탁에 앉으신 것처럼 그리스도인들은 소외된 자와의 사랑의 연대감 속에 들어가 자신을 주신 그리스도의 사랑의 표적으로 세상에서 살아야 한다. 성찬을 나눔에는 선교적 의미도 내포되어 있다. 전 세계를 식탁에 초대하여 함께 떡을 나누는 성찬은 세상을 향한 하나님의 선교로의 부름이다. 복음을 선포하고 이웃을 섬기고 봉사하며 그러한 신앙의 모습으로 이 세계 안에서 살아나가는 일 등이 모두 성찬이다.

표 9. 성찬의 신학적 의미

아버지에 대한 감사로서의 성찬	성찬은 하나님께서 행하신 모든 일에 대한 선포이며 그 사역에 대해 드리는 감사와 찬양의 기도이다.
그리스도에 대한 회상 혹은 기억으로서의 성찬	성찬을 통해 우리는 십자가에 달리시고 부활하신 예수 그리스도를 회상하며 감사와 중보의 기도를 봉헌한다.
성령임재의 간구로서의 성찬	성찬을 통해 교회는 성령의 임재를 늘 간구하는 바, 그럼으로 교회는 새로워지며, 정의, 진리, 일치를 위한 그의 세상에서의 사명을 감당할 수 있게 된다.
신앙인들의 친교로서의 성찬	성찬은 그 나눔의 신비를 통해 그리스도와의 연합, 그의 몸된 교회들 간의 연합 뿐 아니라 하나님의 전 피조세계 내에서의 우주적 연합과 화해를 전망한다.
하나님 나라의 만찬으로서의 성찬	성찬은 우리에게 전적으로 새로워지고 재창조될 이 피조세계의 종말론적 실체를 가리키고, 그것에 초대하며, 그것을 맛보게 하고, 그럼으로써 더욱 그것에 목마르게 한다.

— 생각과 실천을 위한 질문 🖋 ——

• 우리가 행하는 성찬에는 성찬이 가진 다양한 의미가 드러나고 있는가? 단지 희생제사의 의미만 부각되어 있지 않은가?

• 어떻게 하면 성찬이 가진 다양한 의미를 나타낼 수 있는가?

• 다양한 의미를 담아 성찬감사기도를 작성해 보자.

성례적 삶

세례와 성찬의 성례가 꿈꾸고 빚어내는 그리스도인들의 삶이란 어떤 것인가? 이 성례들을 통해 진입하게 될 새로운 피조물의 삶으로서의 그리스도인의 모습이란 어떤 것인가?

(1) 세례적 삶

물과 불을 통해 죽고 새로운 생명의 호흡으로서의 그리스도의 성령에 사로잡혀 사는 것이 세례적 삶이다. 그리스도의 몸과 성전으로서 오늘날 이 세상을 향한 그리스도의 섬김과 봉사의 사역에 참여하는 것이 세례적 삶이다. 그리스도의 몸으로서의 우리 몸과 삶의 신비를 이해하고 구현시켜 나가는 것이 세례적 삶이다. 이제부터 사는 것은 내가 아니라 그리스도인 것이다. 그리스도께서 우리와의 신비한 연합을 통해, 그분을 통해 우리의 삶을 살아내는 것이다. 세상을 향한 그리스도의 섬김과 봉사는 구약의 세 가지 직분을 통해 이해될 수 있으며, 세례의 물을 건너 성령의 임재를 통해 그리스도의 몸으로 재창조된 그리스도인의 삶은 바로 이러한 삼중직 안에서 그 본질과 존재 이유를 발견하게 된다.

첫째, 그리스도의 신비한 몸으로서의 그리스도인들은 주님의 왕권에 참여한다. 창세기 1장 28절의 "다스리라"의 축복에 참여한다. 그리스도는 이 다스림의 의미를 당신의 삶을 통해 표현하셨는데 그것은 가난하고 헐벗은 나귀로 형상화된 바, 섬김과 봉사의 왕권이며 골고다 죽음의 현실, 그 아픔과 소외의 십자가 위에서 구현된 만물의 신음을 대신 탄식으로 올리시는 제사장적 왕권이다.

그리스도의 왕권에 참여한 그리스도인들은 이 불투명한 피조세계에 하나님의 영광이 충만하도록, 온 피조물이 그 본래적 본질과 모습을 회복하도록, 자신 안에 내재한 신적 소명과 부르심을 향해 나아갈 수 있도록, 전 피조물의 삶 자체가 하나님께 감사와 찬미, 영광을 돌리는 우주적 아멘이 되도록 왕적 섬김과 봉사의 소명을 수행하도록 되어 있다. 아브라함이 복의 근원의 축복을 받았듯이 그리스도의 몸으로서의 그리스도인들은 그분의 섬김과 봉사의 왕권에 참여하여 모든 피조세계에 복과 은총을 나누어 주는 복의 근원, 은혜의 자리, 성사, 사크라멘툼, 미스테리온이 되어야 한다.

둘째, 그리스도의 신비한 몸으로서의 그리스도인들은 주님의 제사장직에 참여한다. 제사장은 만물의 근원이신 하나님께 다시 만물을 봉헌하는 자이다. 그리스도인은 만물의 사제이다. 그리스도인들의 삶의 목적은 자신의 생존과 번영이 아니라 그리스도께서 보여 주신 자기희생을 통한 이 세계의 봉헌이다. 그리스도께서 구원의 길, 진리, 생명이시라면 그분과의 신비한 연합으로서의 그리스도인의 삶 역시 세상에 대해 저들 구원의 길, 진리, 생명이 되어야 할 것이다.

셋째, 그리스도의 신비한 몸으로서의 그리스도인들은 주님의 예언자직에 참여한다. 예언자란 하나님의 뜻과 의지를 분별하고 응답할 수 있는 자로서 피조세계 내에서 신적 지혜와 증거자와 대리자이다. 예언자는 하나님의 시각으로 모든 사건들과 상황들을 해석하며, 모든 인간적, 현세적 실체들에 담겨 있는 신적 차원들을 들추어내며, 전 피조세계 내에 숨겨 있는 신적 신비에 리듬과 언어를 제공하는 해석자, 해몽가, 독자, 시인들이다. 모든 인간은 그 창조적 본질에서 예언자이다. 타락이란 모든 인간에게 본질로 부여되어 있던 바, 이러한 예언자로의 신적 부르심을 거부한 채 비 예언자적 자세로 세계에 접근하는 삶을 뜻한다(창 3:5). 그분에게 먼저 들음 없이, 이 세계와 자신의 삶을 오역하고 왜곡하는 삶을 뜻한다. 그리스도를 통해 인간은 이 예언자적 삶으로 다시 회복된다(행 2:17, 욜 2:28). 그리스도의 삶에 참여한 자들은 세상을 향한 아버지 하나님의 사랑의 아픔과 아버지를 향한 세상의 초점 없는 신음을 읽어내셨던 그리스도의 예언자직에 참여한다.

그리스도와의 신비한 연합을 통해 그리스도인들은 왕권, 제사장직, 예언자직이라는 그리스도의 삼중직에 참여하게 된다. 그리스도께서 구원의 샘, 은혜의 수여자 되셨듯이 그분의 몸된 그리스도인들의 삶 역시 이 세상을 향해 구원의 샘, 은총의 수여자, 즉 성례(성매, 성사, 사크라멘툼, 미스테리온)가 되어야 할 것이다. 이것이 세례적 삶으로서의 그리스도인의 삶의 모습이다.

표 10. 세례적 삶

세례적 삶 : 그리스도와의 신비한 연합을 통해 그리스도의 삼중직에 참여	
그리스도의 신비한 몸으로서의 그리스도인들은 주님의 **왕권**에 참여한다.	섬김과 봉사
그리스도의 신비한 몸으로서의 그리스도인들은 주님의 제사장직에 참여한다.	하나님께 만물을 봉헌
그리스도의 신비한 몸으로서의 그리스도인들은 주님의 예언자직에 참여한다.	해석자, 해몽가, 독자, 시민들, 교사 등 신적 지혜와 증거자와 대리자

(2) 성찬적 삶

성찬의 핵심은 당신의 몸과 피를 먹고 영생하라는 그리스도의 초청과 약속에 있다. 여기서 몸과 피는 그분의 33년의 구체적 삶과 그 삶의 압축된 표현과 완성으로서의 죽음과 부활을 뜻한다. 그리스도의 삶과 죽음의 구조와 의미는 성찬이라는 성례를 통해 우리에게 선포되며 참여해야 할 삶의 전형으로 제시된다.

세상을 위한 섬김과 봉사로서의 그분의 삶과 죽음은 오병이어의 이야기 속에 네 개의 구조로 형상화되어 있다. 한 아이는 지니고 있던 보리떡 다섯 덩이와 물고기 두 마리를 봉헌한다. 주께서 받으시고 기도하사 거룩히 구별하신다. 주께서 찢으시고 모두에게 나누시니 먹고 배불렀으며 12광주리 가득 남았다.

주님은 흠모할 만한 아름다움도 없으셨고 마른 땅에서 나온 줄기 같으셨다. 그분은 보리떡 두 개, 이 메마른 당신의 삼십삼 년 전생을 아버지께 봉헌하셨다. "제 영혼을 아버지 손에 맡기나이다!" 마지막 숨결조차 아버지를 향해 올리신 온전한 봉헌이었다. 아버지께서 아들 예수의 봉헌을 받으사 거룩히 구별하신다. 그분의 몸은 번제의 제물이 그러하듯 채찍, 가시 면류관, 청동 못, 창, 그리고 그분을 향한 이 세상의 배반, 부인, 거부, 조롱으로 찢긴다. 그 찢김의 십자가 위에서 삶이 완성되었음을 선포하신다.

찢긴 것에 생명은 거한다. 이스라엘의 생명은 속죄양의 찢긴 몸 사이에서 흘렀고 저들의 미래는 찢긴 홍해로부터 열렸다. 약속의 땅은 순종으로 자신을 찢은 이삭의 몸 저편에 있었고, 낙원의 길은 예수 그리스도의 찢긴 옆구리로부터 열렸다. 그 찢긴 예수의 몸으로 세상이 먹고도 12광주리가 남는다.

떡과 포도주가 봉헌되고 집례자는 감사의 기도로 봉헌물을 성별한다. 집례자의 손에서 떡이 찢겨 회중의 아멘 속으로 나뉜다. 저들 중에 부활하신 그리스도께서 임재하신다. 그것이 기쁨이든 슬픔이든 어떤 삶의 경험이라도 그리스도인들은 자신에게 주어진 모든 것들을 하나도 떨어뜨림 없이 그분께 다시 돌린다. 모든 것이 그분으로부터 왔으니 모든 것을 그분께 돌림이 제사장으로서 모든 그리스도인의 삶이다. 하나님께서 우리의 봉헌된 삶을 성별하실 것이다. 우리의 삶을 우리 자신이 진 십자가 위에서 찢으신다. 그리고 세상에 나누어 주실 것이다.

어거스틴과 함께 우리는 이렇게 기도할 수 있다. "우리는 당신의 밀알들입니다. 추수 때가 되어 당신께서 저희를 거두어 들이셨습니다. 저희를 말씀의 멍석에 펴시고 도리깨질하십니다. 절구에 넣어 저희를 부수십니다. 물로 빚으시고 불로 구워 떡으로 만드십니다. 세상을 위해 차려 놓으신 만찬상에 저희를 떡으로 올리시고 저들을 초대하십니다. 저희의 몸을 찢어 저들에게 나누어 주실 것입니다. 저희가 찢기는 순간 저희는 주님과 함께 일그러진 얼굴로 기도드립니다. '다 이루었도다!' 그리고 세상은 저희로 인해 배부를 것입니다."

이것이 성찬의 삶이다. 세례와 성찬의 의미는 그리스도와의 신비한 연합 속에서 그분의 삶을 살아내는 세례적, 성찬적 삶을 통해 밝혀지게 된다. 모든 그리스도인은 우리 주께서 세상에 대해 그러하셨듯이 오늘 이 세상에 대해 하나님의 은총을 매개하는 비밀 혹은 성례로 살도록 되어 있다.

```
┌─ 생각과 실천을 위한 질문 🖋 ─────────────────

  • 우리의 삶 속에서 세례적, 성찬적 삶을 드러내기 위한 방법들은 무엇인가?

└──────────────────────────────────────
```

(3) 성례적 삶

피조세계는 하나님에 의해 창조되었고 그분의 손과 숨결로 거룩하게 된 곳이다. 그 일그러짐과 왜곡에 가장 가슴 아파하신 분은 바로 하나님이시다. 탄식과 한숨으로 세상의 재창조와 중생을 위해 기도하셨다. 하나님의 관심은 철저히 이 세상이시다. 그분이 당신을 비워 종의 형체를 가져 우리 중에 오신 것은 이 세상에 대한 사랑 때문이었다. 세상과 하나님, 육과 영의 이원적 세계관에 잡혀 세상과 육(몸)으로부터의 탈출을 구원으로 생각하는 것은 도피적 신앙으로서 그분의 세계 구원의 뜻에 정면으로 배치되는 자세이다.

예수 그리스도의 삶은 이 왜곡되고 상처받은 세계를 섬김과 봉사로 치유하고자 하는 성례적 행위였다. 그분의 침묵, 아픔, 기쁨, 나눔, 기도, 땀, 눈물, 치유, 귀신추방, 식사, 선행, 가르침, 죽음 등 모든 그분의 시공의 삶이 구원을 매개하는 성서적 삶이었다.

세례와 성찬을 통해 머리되신 그리스도의 신비한 몸으로 변모된 교회의 삶은 주체되신 그리스도의 삶을 오늘의 세상에서 이어 살아내는 것이다. 그리스도는 당신의 몸을 깨쳐 세상의 발에 향유를 바르시고 머릿결로 닦으셨다. 수건을 허리춤에 매시고 허리 굽혀 찢기고 더러워지고 달아오른 세상의 발을 씻으셨다. 강도 만나 쓰러져 있는 나그네 세상에게 포도주와 기름을 부어 치유하셨다. 세상의 짐을 지고 광야로 나서셨다. 죽음의 땅 무덤 곁을 방황하는 세상을 위해 기도하셨다. 수의로 온 몸이 묶인 채 참을 수 없는 죽음의 냄새와 침묵 속에 버려져 있던 세상을 다시 자유와 생명으로 불러내셨다. 세상의 한가운데 십자가를 세우고 그 위에 높이 오르사 길손처럼 오고 가는 세대에 아버지의 뜻을 증거하셨다. 세상을 향한 하나님의 사랑의 근원적 사크라멘트(성매)로서 예수 그리스도의 삶에 그분의 신비한 몸으로서의 교회는 참여토록 되어 있다.

교회는 시공의 어느 한 영역을 거룩이라 칭하고 그곳에 거주하지 않는다. 40주야 하늘로부터 쏟아져 내려온 노아의 홍수 때처럼 거룩은 십자가 위에서 지성소이신 주님의 몸, 그 커튼이 찢어질 때 이미 세상을 휘돌아 덮었다. 세상에서 일하시는 그분을 따라 세상을 섬기고 봉사함이 교회가 해야 할 일이다. 정의와 평등, 평화, 화해에 구체적 몸을 입히고 그 실체를 빚어내는 삶을 통해 교회는 세상을 재창조하시는 삼위일체 하나님의 사역에 참여하게 되며, 그 안에서 자신의 존재 이유를 깨달아 가게 될 것이다. 이러한 모든 삶이야말로 하나님께서 흠향하시고 열납하실 만한 산 제사가 될 것이며, 그럼으로써 세상을 향해 하나님의 은총을 매개하는 성례적 삶이 된다.

3. 성례의 의미와 본질

성례의 의미

한국 기독교에서 성례(거룩한 예식), 성사(거룩한 사건) 혹은 성매(거룩의 매체)라는 용례는 희랍어 미스테리온(mysterion)과 라틴어 사크라멘툼(sacramentum)에 어의적, 역사적, 신학적 기원을 갖는다. 신약성서에서 언급되고 있는 미스테리온(mysterion)이라는 단어는 한글 개역성경에 '비밀'로 번역되어 있다. 신약성서는 "하나님의 그 은혜의 경륜"(엡 3:2~3), "그리스도의 비밀"(엡 3:4), "영원부터 만물을 창조하신 하나님 속에 감추었던 구원의 계획"(엡 3:9), "너희 안에 계신 그리스도"(골 1:27) 그리고 "간접적으로 그리스도의 몸된 교회"(골 1:18)를 비밀(mysterion)이라 칭한다.

이런 언어적 용례에 근거해 볼 때 신약성서에서 비밀(mysterion)이란, 세계를 구원하기 위한 하나님의 구원계획 그리고 이 구원의 은총을 단 한 번에 흠 없고 순전히 드러내시고 구체적으로 실현시키신 예수 그리스도의 인격과 삶을 가리킨다. 이 비밀에는 장차 오실 그리스도를 그림자의 형상으로 예표했던 구약적 매체, 즉 구약의 예언, 희생제사, 이스라엘 민족의 삶, 그리고 예수 그리스도의 몸으로서 그분 안에 숨겨진 구원의 은총을 역사 안에서 실현시켜야 할 종말론적 매체로서의 교회의 삶(예배, 봉사, 치유, 증거, 믿음, 신조, 그리스도인들의 삶 등)도 포함된다.

옛 라틴역 성서에서 희랍어로 미스테리온(mysterion)은 사크라멘툼(sacramentum)으로 번역된다. 사크라(sacrare, 사람이나 물건을 어느 곳에 위치시킴)와 사크룸(sacrum, 거룩)의 합성어 사크라멘툼(sacramentum)은 로마 이방종교에서 "사람이나 물건을 세속으로부터 구별하여 신적 특권과 의무가 주어져 있는 어느 특별한 공간으로 이동시키는 행위"를 뜻했다. 정치·군사적 의미에서 이 용어는 로마 황제의 신성한 군대(sacra militia)의 특권과 그에 상응하는 윤리적 의무 세계에로의 진입행위를 뜻하는 것으로 로마군 사이에서 행해졌던 황제의 기 앞에서의 충성의 서약을 가리키기도 했다.

이렇게 당대 세속 사회에서 종교적, 정치·군사적 의미로 채색되어 있던 사크라멘툼이란 용어는 3세기경 서방 라틴 교회에 의해 신적 은총의 매체를 가리키는 교회적·예배적 용어로 쓰이게 되었다.

개신교 전통의 배경이 되고 있는 이 서방 라틴교회의 신학적 조상이라 할 수 있는 북아프리카 신학자들은 하나님의 구원계획의 성취로서의 예수 그리스도, 성육신, 교회, 신앙, 신조들을 사크라멘툼이라 불렀다. 희랍 동방전통과 라틴 서방전통에서 미스테리온(mysterion) 혹은 사크라멘툼(sacramentum)은 이미 언급되었듯이 넓은 의미에서 세계를 향한 하나님의 구원계획을 성취하신 예수 그리스도 안에 나타난 성육신의 신비와 그 은총의 매체와 표현방식으로 교회의 종교적, 윤리적, 제의적 표현들을 포괄하고 있다.

인류구원을 위한 하나님의 자기계시와 은총의 수여를 위한 매체 혹은 사건으로서의 미스테리온 혹은 사크라멘트의 숫자를 확정지어 보려는 교회의 시도가 12세기 교회 문서에 나타나 있다. 세인트 빅토의 휴(Hugh of St. Victor)는 *On the Sacraments of the Christian Faith* I (1140)에서 보다 정확한 사크라멘트 정의에 근거해 성례의 숫자를 확정해 보려 했는데, 그 숫자는 수도원 서약, 교회봉헌, 죽음과 심판을 포함해 12개가 넘는다. 사크라멘트를 일곱으로 확정한 사람은 피터 롬바르드(Peter Lombard)이다. 그의 책 *The Four Books of Sentences* IV (1152)에서 롬바르드는 사크라멘트를 다음과 같이 일곱 개라고 주장한다.

① 세례(baptism)　　　　　　⑤ 종부성사(extreme unction)

② 견진(confirmation)　　　　⑥ 사제서품(order)

③ 성찬(eucharist)　　　　　　⑦ 결혼(marriage) [35]

④ 고해(penance)

롬바르드의 이해는 13세기 초 라테란 회의에서 로마 가톨릭의 교리로 확정 채택되었다. 이 교리는 종교개혁의 와중에서 열렸던 16세기 트렌트 공의회에서 재차 확인된 이후 현재까지 성례에 대한 로마 가톨릭의 공식 입장이 되어 왔다. 동방정교회의 경우 역시 성례의 숫자를 일곱으로 보고 있으나 교회의 공식 교리로 확정한 것은 아닌 바 그 숫자는 유동적 입장을 취하고 있다. 종교개혁자들의 성례에 대한 이해는 루터와 재침례파에 이르는 두 극단 사이에서 다양한 스펙트럼을 보여 주고 있으나 일반적으로 성례를 세례와 성찬의 두 개로 확정지었으며, 오늘에 이르기까지 개신교 일반의 입장이 되고 있다. 제2바티칸 공의회 이후 로마 가톨릭 신학자들은 초대 교회의 성례이해를 회복시키기 위해 노력하고 있다. 이에 따라 성례 시스템을 다음과 같이 이해하고 있다.

"근본적 사크라멘트로서의 예수 그리스도"(Premordial Sacrament), 예수 그리스도라는 신비(미스테리온, 사크라멘트)의 실체를 매개하는 것으로서의 "근원적 성례로서의 교회"(Church as Fundamental Sacrament), "예수 그리스도의 가시적 몸으로서의 교회의 신비를 드러내는 일곱 성례"[36]

미스테리온 혹은 사크라멘트는 한국 개신교에서 성례로 한국 로마 가톨릭과 동방정교회에서는 성사(聖事)로 번역되어 통용되고 있다. 성례는 거룩한 의식이라는 뜻으로 성례의 의식적 측면을 가리키고 있는데 성례의 내용에 대해서는 침묵하고 있는 매우 중립적 용어이다. 성사는 거룩한 사건이라는 뜻으로 성례의 사건적 성격을 조명하고 있다. 성례가 삼위일체 하나님의 은총을 매개한다는 점에서 '성매' 혹은 '은혜의 수단'으로 칭할 수 있다.

표 11. 이해가 다른 다양한 성례전의 수

사크라멘트의 숫자	
휴(Hugh)	12개 이상 : 7개 성례 + 수도원 서약, 교회봉헌, 죽음, 심판 등
롬바르드(Lombard)	7개 : 세례, 견진, 성찬, 고해, 종부성사, 사례서품, 결혼
동방정교회	±7개 : 7개에서 유동적 입장
종교개혁자	2개 : 세례, 성찬(개신교 일반의 입장)

성례의 본질 : 말씀, 물질, 믿음

주요 개신교 전통들은 세례와 성찬을 성례로 인정한다. 모든 신자가 해야 할 일은 이러한 성례와 은총의 자리(수단)에 앉아 당신의 주권과 자유를 따라 우리를 만나시는 그분을 기다리는 것이다. 작은 나무에 올라 초점 맞추고, 초대하고, 대화해야 할 그 어떤 분의 시선을 찾고 있었던 삭개오처럼, 은총으로 흔들리게 될 새로운 삶의 움직임을 예감하며 긴장 속에 앉아 있던 베데스다 못가의 병자들처럼, 자기가 구해야 할 것이 무엇인지 알지 못한 채 알 수 없는 깊은 목마름으로 성전 미문 자락을 깔고 구걸하던 앉은뱅이 거지처럼, 그렇게 그분을 깨어 기다려야 하는 자리가 바로 성례이다.

성례는 어떻게 이해해야 하는가? 성례는 세 가지 요소, 즉 말씀, 매체, 그리고 말씀에 대한 믿음으로 이루어져 있다. 이 세 가지 구성요소가 함께 만날 때 성례는 하나님의 말씀이 체험되고 우리의 삶이 변화되는 거룩한 사건(성사)이 된다.

(1) 말씀

약속과 명령으로서의 그리스도의 말씀이다(눅 22:19~20, 마 28:19~20). 성례에는 약속의 말씀이 있다. 이러한 말씀이 없으면 성례는 무의미해진다.

그분은 세례의 물과 함께 죄의 용서와 화해를 약속하셨고 우리에게 그 길을 명령하셨다. 이 약속과 명령의 말씀을 믿고 우리는 삼위 하나님의 이름으로 물속에 몸을 담근다.

성찬에는 영생을 위한 영의 양식, 그분과의 사귐과 친교가 약속되어 있고 그 일을 기념하라는 약속과 명령의 말씀이 있다. 이 말씀을 믿고 떡을 떼며 잔을 나눈다. 말씀(약속과 명령)에 성례가 근거하고 있다는 것은 단순히 성례의 역사적, 성서적 기원과 근거를 말하기 위함만은 아니다. 이 말은 성례가 인간을 향한 하나님의 선행적 은총이며 하나님의 사랑으로부터 나온 선물임을 말하는 것이다.

성례는 믿는 자들의 종교적 상상력으로부터 시작된 것이 아니며 믿는 자들의 주관적 믿음으로만 유효하게 되는 것도 아니라는 뜻이다. 이런 뜻에서 루터는 성례의 핵심을 말씀(그리스도의 약속)과 믿음으로 파악한다. 루터의 성례이해는 어거스틴으로부터 왔는데 어거스틴의 성례이해는 이후 기독교 성례이해의 초석이 되었다. 어거스틴은 성례의 요소를 말씀, 물질, 그리고 믿음으로 본다. 아래의 인용문[37]에서 영혼을 깨끗하게 하는 세례의 힘이 단지 물에 있는 것이 아니라 물과 함께 주신 그리스도의 말씀에 있다는 어거스틴의 말에 주목해 본다.

왜 그는(사도 요한) 우리를 씻어 준 세례로 인해 우리가 깨끗해졌다고 하지 않고 "내가(예수 그리스도) 너희에게 한 말로(요 15:3)" 깨끗해졌다고 하는가? 실상 우리를 깨끗하게 하는 것은 물 자체가 아니라 물과 함께 주신 그리스도의 말씀이라는 의미에서 그리 말한 것이 아니겠는가? 물에서 말씀을 제하여 보라. 물은 그저 그렇고 그런 물 이상 아무것도 아닐 것이다. 말씀이 물질에 덧붙여질 때 그곳에 성례가 있으며 이때서야 물질은 보이는 말씀으로 변화된다. 말씀의 운동력과 이 말씀을 담아내는 믿음이 아니라면, 어떻게 이(세례의) 물이 감히 몸과 영혼을 깨끗이 할 수 있겠는가? 이 믿음에 싸인 말씀은 능력이 있어서 이 말씀을 믿는 자, 드리는 자, 물을 뿌리는 자뿐만 아니라 마음으로부터 믿을 수도 없고, 아직 제 입술로 고백을 담을 수도 없는 이 어린 영아조차도 깨끗하게 해 준다. 이 모든 일은 말씀을 통해 일어났으니 주께서 이렇게 하신 말씀을 기억하라. "너는 내가 너에게 한 말로 인해 이미 깨끗하여졌다"(요 15:3)

(2) 물질

구체적 물질이란 하나님께서 창조하신 전 피조물을 일컫는다. 말씀은 구체적 피조물과 함께 주어진다. 하나님의 근본적 성례로서의 예수 그리스도에 대해 요한은 말씀과 물질의 관계 그리고 그 능력에 대해 적절한 이해의 관점을 제공한다. 하나님의 말씀은 반드시 물질을 입고 우리에게 주어진다.

> "말씀이 육신이 되어 우리 가운데 거하시매 우리가 그의 영광을 보니 아버지의 독생자의 영광이요 은혜와 진리가 충만하더라"(요 1:14)

이것이 성육신의 신비이며 모든 성례는 이러한 성육신의 원리에 근거한다. 말씀이 물질에 주어질 때 그 물질은 보이는 말씀으로서 하나님의 은혜와 진리를 담게 된다. 떡, 포도주, 물, 기름, 향, 언어, 행위와 같은 구체적 물질은 마리아처럼 순종으로 말씀을 담을 때 영혼을 씻고, 먹이고, 치유하는 은총의 매체, 즉 성례가 되는 것이다. 말씀이 몸을 입은 것은 몸을 입은 연약한 인간의 믿음을 위한 것이다.

부부의 사랑이 결혼반지에 얽혀 있고, 민족에 대한 이해와 정서가 태극기와 애국가의 이미지와 가락에 녹아 있듯 전 피조물을 위한 하나님의 사랑은 세례와 성찬의 떡, 포도주, 물속에 담겨 있다. 유의할 것은 성례의 물질은 전 피조세계를 상징하고 있다는 것이다. 단지 물과 포도주 그리고 떡만이 매체는 아니다. 무기질, 식물, 생물, 그리고 인간을 포함해 전 피조세계가 하나님의 영광을 담기 위해 창조되었고, 비록 타락 이후 그 순수함은 깨졌어도 여전히 전 세계는 그분의 영광의 자리이다. 비록 그리스도인들의 역사적 체험 속에서 물, 포도주, 떡과 기름이 구원의 매체로 경험된 것은 사실이지만 그것들 이외에도 전 피조세계는 언제라도 그분의 영광을 담는 구원의 자리(성례)가 될 수 있음을 인식할 필요가 있다.

성례가 된다는 것은 곧 그분의 은총과 진리를 담는 그릇이 된다는 뜻이고 이는 곧 구원(하나님과의 교제와 사귐과 화해)의 질서에 들어서게 되었다는 뜻이다. 전 피조세계는 그분의 은총이 지나는 길이 되어 그분의 영광에 참여해야 한다. 교회는 만유에 하나님의 영광이 가득 차는 하나님 나라의 도래를 기도한다. 즉 교회는 전 피조세계가 하나님의 성례, 그분의 자리가 되는 날을 기다리는 것이다. 그리스도인들의 삶의 목표는 하나님을 담는 성례, 즉 성례가 됨에 있다. 성례의 두 번째 요소로 물질이 필요하다고 했을 때 이 물질은 전 피조세계를 포함하며 당연히 이 안에는 인간과 역사도 포함되어 있다.

(3) 믿음

약속에 대한 믿음이다. 성례를 통해 어떤 축적된 은총이 참여한 자들에게 기계적, 마술적으로 주어지는 것은 아니다. 성례에 담겨 있는 그리스도의 약속은 그 약속을 신뢰하고 목말라하는 신앙의 응답을 통해서만 나의 삶 속에 하나의 구체적, 실체적 사건으로 경험되는 것이다. 성례의 본질은 예수 그리스도에게서 볼 수 있다. 그분은 하나님의 말씀이시다. 전 피조세계를 입으셨다. 그분은 아버지 하나님에 대한 절대적 '아멘'으로 그 겸비와 순종 안에 하나님의 영광과 은혜와 진리를 담으셨다. 예수 그리스도의 경우에 비추어 볼 때 본질적으로 성례는, 어떤 거룩한 제도나 의식이 아니라 말씀, 전 피조 세계, 그리고 믿음이 총체적으로 엮어내는 하나님 계시 사건을 뜻한다. 세례는 주님의 말씀, 물과 기름, 그리고 그것으로 구성된 인간의 몸, 그리고 그 약속에 대한 인간의 믿음과 신뢰가 함께 역동적으로 관계하여 거룩한 사건이 된다.

이 거룩한 사건의 핵심은 바로 물, 기름, 그리고 그곳에 참여하는 인간 안에 하나님의 영광과 은총이 가득 차게 되었다는 것이다. 신학적 언어로 말해 성례는 계시사건이며 구원사건이다. 말씀과 물질과 믿음으로 구성된 세례는 임마누엘의 자리가 되며 이곳에 참여한 모든 것들은 세상을 향한 하나님의 성례가 된다. 바울이 "너희는 그리스도의 향기라" 혹은 "세상을 향한 하나님의 편지라" 했을 때 이는 세례의 성사를 통해 삼위 하나님의 성례가 된 완성된 그리스도인을 가리키는 것이다. 이런 뜻에서 선교란 전 피조세계를 하나님의 영광이 가득 찬 하나님의 성사, 사크라멘트, 미스테리온, 성례로 만드는 일이 된다.

여기에 교육목회는 한 인간과 역사의 그 총체적 실체를 하나님의 성례로 바꾸어 나가는 일이 될 것이다. 성례는 사건이다. 예를 들어 세례는 거룩한 사건이다. 기독교는 출애굽이라는 거룩한 사건을 예수 그리스도 성육신 사건의 예표로 보았으며, 교부들은 세례 안에서 진리와 생명을 향한 자유와 해방의 긴장된 몸짓, 거친 숨소리와 움직임을 보았다.

표 12. 성례의 요소

말씀	약속과 명령.(하나님의 선행적 은총, 하나님의 선물) 세례 : 죄 용서와 화해 약속, 그 길을 명령. 성찬 : 영의 양식, 그분과의 친교, 그 일을 기억하라는 약속, 명령의 말씀.
물질	하나님이 창조하신 전 피조물. 하나님의 말씀은 반드시 물질을 입고 우리에게 주어짐.
믿음	성례에 담겨 있는 그리스도의 약속은 약속을 신뢰하는 신앙의 응답을 통해서 삶 속에 구체적 사건으로 경험.

의식(ritual)으로서의 성례

(1) 의식의 기능

반 게넵(Van Genepp)과 빅터 터너(Victor Turner)와 같은 종교 사회학자들의 통과의례(rite of passage) 연구는 의식으로서의 성례의 기능과 본질을 이해하는 데에 새로운 관점을 열어 준다. 게넵은 통과의례를 분리, 전환기, 재편입의 세 과정으로 보았다.

터너는 아프리카 넴부족에 대한 인류학적 연구를 통해 의식이 사회구조에 미치는 다이나믹을 연구했다. 특히 성인의식의 어떤 과정을 거쳐 소년들이 기존 성인사회에 편입되어 들어가는지, 그리고 소위 전환기라는 의식적 시간과 공간이 어떻게 기존 사회에 대한 비판과 새로운 전망을 위한 해석의 틀이 되는지 흥미 있게 관찰했다. 터너는 전환기를 한계선이라 규정하며 전환기에 있는 후보자 공동체를 일컬어 전환 공동체라 불렀는데[38] 전환기에 대한 터너의 분석은 의식으로서의 성례의 본질을 이해하는 데에 신선한 시각을 제공한다. 제2바티칸 공의회 이후 로마 가톨릭의 예배연구, 특히 세례연구는 의식의 기능과 관계해서 터너의 연구에 빚진 바가 많다.

터너는 아프리카 넴부족의 성인 통과의례의 과정을 다음과 같이 설명한다.

먼저 조그만 촌락 단위로 흩어져 있는 부족들 중에서 성인이 될 소년들을 모두 불러 모은다. 저들은 자신들의 부락에서 나와 숲 속 지정된 곳에서 일정 기간 함께 생활을 하게 된다. 이것이 통과의례의 첫 단계인 '분리'이다. 즉 부락으로부터의 분리이다. 부락과 숲이라는 두 공간은 성인의식이라는 통과의례에 매우 중요한 의식공간이다. 먼저 이 조그만 부락은 이 소년들에게 잘 질서 잡힌 우주와 같다. 마을은 이 소년들에게 자신의 위치, 이름, 신분, 언어, 그리고 얼굴과 존재를 주었다.

엘리아데는 소년들에게 이 부락은 우주의 중심, 배꼽, 우주의 축(axis

mundi)[39])이라고 표현한다. 저들의 삶에 질서, 초점, 시야, 균형, 의미를 가져다주는 곳이다. 부락의 공간이 끝나는 그곳에 숲이 있다. 소년들은 숲 속에 가 보지 못했다. 이 숲은 부락과는 달리 개간되지 않았고 사람들의 시야에 그 깊은 속을 노출시키는 법이 없다. 사람의 손이 미치지 아니하고 길들여지지 아니하고 소유될 수 없는 곳이다. 사람의 발과 언어가 닿지 않아 통제될 수 없고, 규정될 수 없는 곳이며, 낯설고 적대적인 곳이다. 이 숲은 침묵한다. 그러나 어둠이 내려 사람들이 조그만 불빛 속으로 숨어들 때면 알아들을 수 없는 언어로 부락의 주변을 맴돈다. 누구나 이 숲에 들어가면 중심을 잃고 방향감각을 상실해 나그네가 된다. 부락의 삶에 편입됨 없이 숲은 늘 부락의 경계로 저기 그렇게 서 있다.

사람의 손에서 자유로운 일종의 초월성으로 인해 숲은 언제나 사람들에게 귀신, 마귀, 역병, 죽음, 어둠의 땅, 무질서의 땅, 개간되지 않은 공간, 사람이 살 수 없는 공간, 종교적으로 불경한 땅으로 여겨진다. 이 숲은 부락의 경계이며 한계로서 부락과 숲, 의미와 무의미, 질서 잡힌 세계(cosmos)와 무질서(chaos) 사이에 긴장의 시공을 이룬다.

전환기는 소년들이 부락을 떠나 숲으로 들어가 다시 부락으로 돌아올 때까지의 몇 달의 기간을 가리킨다. 저들은 성인 통과의례의 의식적 시공에 들어가게 된다. 그 부락의 지혜로운 장로의 인솔 하에 저들은 자신들의 코스모스를 떠나 이 규정되지 않은 숲에 그룹으로 앉아 있다. 부락을 떠났으므로 자기확인을 위한 관련 틀을 찾을 수 없다. 이제 저들은 이름 없고, 방향감각도 상실하고, 신분이나 어떤 종류의 위치감각을 상실한 채 자유가 주는 두려움과 매력의 현기증에 사로잡힌다. 저들은 마치 첫 창조 때의 혼돈과 깊음의 질료덩어리와 같다. 저들은 나그네요, 무(nothing)이다. 이 전환기 동안 소년들은 자신의 출신 부락과 사회적 위치를 말해줄 수 있는 옷을 다 벗어버리고 나신으로 지낸다. 몸에 문신을 새기고 동물의 모습으로 몸을 분장하며 춤을 춘다. 저들은 지금 인간세계의 경계와 한계선, 그 문지방에 서 있는 것이다. 이런 혼돈의 때와 장소에서 장로는 처음으로 이 소년들에게 이 부족의 신화와 상징물들을 이야기하고 보여 준다. 저들은 지금 상징의 숲, 엘리아데가 말한 창조의 신화적 시원(ab origine, illo tempore)에 와 있는 것이다.[40] 부족의 신화를 들음으로 저들은 부족의 삶이 처음 창조되던 그 시원의 신화적 시간과 공간에 참여하는 것이다. 그 첫 시점의 참여는 소년들에게 자기초월의 순간이 되며, 신화 안에서 얻게 된 새로운 전망으로 인해 자신의 과거와 부락의 삶에 대한 보다 자유롭고 비판적인 재해석과 갱신의 시각을 얻게 된다. 부락이 저들의 삶을 통해 해석해 놓은 신화와 상징을 재해석할 수 있는 자유와 힘이 생기게 된 것이다. 이 낯선 숲 속에서 공동체와 자신의 정체성과 미래를 다시 볼 수 있는 힘과 지혜와 언어를 얻게 되는 것이다.

통과의례의 마지막 절차는 다시 자신의 부락과 세계로 재편입되는 것이다. 처음 부락을 떠날 때와는 다른 시야와 전망, 공동체에 대한 깊은 이해와 그 미래에 대한 새로운 비전을 가지고 돌아온다. 기존 공동체는 숲에서 돌아온 새로운 성인들의 언어에 의해 도전받고 갱신되고 재해석된다.

터너가 아프리카의 부족들과 현대 문명권의 세속화된 세계 속에서 발견한 것은 '의식이란 단지 기존 공동체의 질서를 확인하고 강화시켜 주는 도구적 제도만이 아니라, 기존 공동체를 자유롭고 책임 있게 갱신하고 재해석함으로 변화를 일으키게 할 수 있는 자유와 비판과 창조의 출처가 된다'는 것이다. 의식이란 기존 사회 조직의 중심부에서 지배 이데올로기를 내면화시키기 위한 도구적, 선전용 방편으로 꾸며지기도 하나 공동체의 변두리와 한계선 상에서 발생하여 변동과 비판과 창조의 원동력이 되기도 한다. 그리고 이러한 힘은 그 공동체의 존재 이유와 시야를 열어 준 신화와 상징의 해석에서 나온다.

⑵ 의식의 이해

의식으로서의 기독교 성례는 언제나 그 안에 들어온 자들을 인간 경험의 문지방, 그 한계선 상으로 이끌고 간다. 그리고 그 풍성한 상징적 이야기의 숲 안에서, 그것이 열어 주는 긴장의 틀 속에 들어온 자들에게 자기 초월, 자기 재해석, 자기 갱신의 언어와 시작을 열어준다. 한 개인과 공동체를 중심을 향한 변두리와의 대화, 미래를 향한 과거와의 대화, 초월을 향한 일상과의 대화 속으로 초대한다.

예를 들어 세례는 우리를 우리가 이제껏 생각할 수 없었던 참된 위기, 하나님 앞에서의 참된 죽음의 위기 상황 속으로 끌어들인다. 세례에서 모든 거짓되고 위선된 죽음들, 즉 자학이나 종교적 자기연민 혹은 위장된 죽음은 모두 발가벗겨지고 예수의 죽음이라는 십자가의 위기와 죽음 위로 이끌리게 된다. 이런 의미에서 세례의 핵심적 이미지가 수세자의 심리적 신체적 나신(裸身)성에 있다는 사실은 주목할 만하다. 기도, 금식, 축귀, 철저한 스크루티니를 통해 발가벗겨진 채 예비자는 심원한 기독교적 상징의 숲(신경들, 물, 기름, 안수, 이야기) 속에 이르게 된다. 그리고 이 상징이 저들의 삶을 해석하기 시작한다.

후보자를 '계시 받을 자'라 부르는 이유가 여기에 있다. 사마리아 여인의 마음속에 영원히 마르지 않는 샘이 솟아났듯, 후보자들은 이 물을 통한 죽음 속에서 자신과 공동체의 미래를 위한 영원한 해석의 틀, 상징을 마음에 담고 공동체에 편입된다. "아담아 네가 어디 있느냐?" 세례는 자연인을 하나님의 음성이 울려 퍼지는 숲과 실낙원의 경계, 애굽과 약속의 땅이 접하고 있는 홍해로 불러낸다. 그리고 그 시원의 창조적 물속에서 저들은 새 하늘과 새 땅을 향해 새로운 존재를 꿈꾸게 된다.

인간의 삶은 출생, 늙어감, 병, 미움, 분열, 불의, 소외, 폭력, 죽음 등의 위기로 가득 차 있다. 이러한 삶의 위기상황마다 우리는 의식을 제공한다. 그 의식의 한가운데는 언제나 세례의 물이 흐르고 예수 그리스도의 십자가와 거룩한 식탁이 차려져 있다. 그리고 기독교적 경험의 그 시원, 신적 이야기와 계시로 가득 찬 상징의 숲 속으로 들어간다. 그리고 그 속에서 우리의 과거, 일상의 경험은 신적 차원에 의해 돌파된다. 마치 하나님의 말씀을 입은 몸이신 예수 그리스도께서 하나님의 사크라멘트가 되신 것처럼, 하나님의 말씀이신 예수 그리스도를 덧입은 일상은 초월의 거룩한 성례가 된다.

세례와 성찬의 중심에는 예수 그리스도의 죽음과 부활이 있다. 그 제단에 인간의 초라하고 금 가고 부서진 경험들을 올리면 물과 불로 거듭나게 하시고 말씀으로 먹이시사 그 경험들로 하나님과 우리가 만날 수 있는 자리와 매체를 만드신다.

모든 종교와 의식의 언어는 상징, 메타포, 비유와 같은 한계언어이다. 이런 언어는 일상이 하나님에 의해 관통될 때 생기는 불꽃이며 이때 이 언어와 함께 올린 인간의 경험들은 나를 새롭게 해석하고 창조해낼 수 있는 종교적 언어로 변모된다. 우리의 진부한 언어를 제단에 올리면, 이 언어는 물과 불로 세례 받고 말씀이신 그분의 몸에 연합되어 우리를 담는 방주, 우리를 먹이는 만나가 될 것이다.

성례와 예배

세례는 특별절기(부활주일, 성령강림주일, 혹은 성탄절)를 맞아 행해지는 바, 정규 예배에 삽입되는 특별순서로 간주된다. 그러나 세례는 신령과 진정으로 드려야 할 예배의 기본 전제이다. 성서는 물을 통해 새로운 세계를 여시는 하나님의 구원역사에 대해 증거한다. 첫 창조의 물속에서 빛, 색, 형태들, 하늘, 땅, 생명이 창조되었으며 이 처음 피조세계는 스스로의 삶을 통해 그분의 선하심과 아름다움을 찬양하는 우주적 예배를 드렸다.

노아의 홍수 그 물속에 타락의 땅은 잠기고 바로 그 물속에서 그분께 순종하고 찬양할 새 하늘과 새 땅이 열렸다. 홍해의 물을 통해 이스라엘은 우상의 땅 애굽을 탈출, 광야로 나와 하나님께 예배드렸다. 높이 들리신 주님의 옆구리에서 물이 나왔으며, 한 강도는 그 물속에서 그분과의 사랑과 친교의 예배가 완성될 에덴의 도래를 목격하였다.

세례의 물을 통해 그분과 함께 죽고 다시 일어선 자들은 주님의 영이 거하는 전, 이 세상에 존재하는 신비한 그리스도의 몸, 그리스도의 향, 그리스도의 편지(말씀), 새로운 피조물이 된다. 그리스도가 우리 안에 우리가 그분 안에 거하는 신비한 연합의 경험에 들어서게 된다. 물로 깨끗함을 받고 성령을 새로운 숨결로 받은 이 새 성전 즉 그리스도인의 삶 안에서만 진정 영과 진리로 드려지는 예배가 시작된다. 따라서 세례는 일 년에 몇 차례 행해지는 특별행사가 아니라 삶을 산 제사로 드려야 할 참된 예배의 배경과 전제가 된다.

성찬 역시 연중 몇 차례의 특별행사가 아니라 예배의 기본 틀이다. 루터에 따르면 설교자는 자신의 입에서 그리스도를 쪼개어 나누어 준다. 그리고 아멘으로 성도는 말씀이신 그리스도를 먹는다. 성찬은 모든 예배의 핵심이다. 태양이신 그리스도의 떠오름으로 다시는 밤이 없는 영원한 낮이 시작되었다. 점차 밝아오는 빛의 지평에서 세계의 완성, 재림의 때를 예감한다. 그럼에도 아직 그곳으로 갈 길은 멀고 여전히 유혹과 장애가 우리 앞에 있다. 성찬은 그리스도의 몸에의 참여이다. 이 생명의 떡이 낙원에 이르기까지 힘과 지혜와 소망을 줄 것이다. 매 예배 때마다 하늘 가득 이 떡, 만나의 떨어짐을 기다린다.

세례와 성찬, 즉 성례는 예배에 삽입되는 특별행사가 아니라 참된 예배의 전제와 중심을 이룬다. 세례와 성찬은 단지 주일예배뿐 아니라 모든 위기 상황에 제공되는 목회예식들 그리고 살아 있는 예배로서의 그리스도인의 삶에 틀과 의미를 제공한다. 성례는 그리스도인들의 예배와 실천의 밑그림이며 흩어진 경험들을 하나로 묶어 형태를 만들어 주는 창조적 해석의 틀이 된다.

4. 성례를 통한 교육목회

세례

2세기경 로마의 히폴리투스(Hippolytus)에 의하면 회개와 양육의 긴 훈련 과정을 지내야만 그리스도인으로 입교(Initiation)할 수 있었다.[41] 교회에 입교하려면 우선 교사에게 훈련을 받아야 한다. 이 엄격한 시험을 통과한 자들을 세례 예비자라고 부른다.

입문 기간은 3년으로 이 훈련 기간 동안 입문자들은 정규 가르침을 받고 교사와 함께 기도를 드린다. 주일예배는 성경봉독과 설교가 있는 앞부분만 참석하고 세례 이전까지는 성찬식에서 제외된다. 3년이 지나면 마지막 시험을 치러 공동체의 삶에 충분히 참여할 준비가 되어 있다고 판정되면 세례를 받는다.

세례는 부활절 동이 트기 전의 밤 사이에 진행된다. 첫 새벽의 빛이 나타나면 세례 예비자들은 물에 들어가기 위해 옷을 벗는다. 침수의 과정이 끝나면 물에서 나온 지원자들은 기름부음을 받고 흰옷을 입은 후 세례 집례자의 기도와 키스를 받는다. 이 과정이 지나 새로운 그리스도인의 이름을 얻게 되면 성찬식에 참여할 권리를 갖는다.[42]

세례가 그리스도인의 입교를 위한 예식이 되려면, 신앙공동체가 있어야 한다. 거듭난다거나 삶과 죽음이 일어나는 과정은 개인 안에서 일어나는 것이지만, 세례는 인간이 홀로 있음에서 벗어나 공동체와의 친교 속으로 옮겨지는 것이다. 즉 하나님의 가족으로 탄생되는 것이다. 세례는 자신이 어떠한 공로로 얻는 것이 아니라 은혜로 주어지는 은총이며, 자신의 과거를 포기하고 뉘우치며 변화하는 것이다. 그러므로 기독교에 입교하고자 하는 자는 죽음과 새로운 탄생을 감당할 수 있는 성숙한 성인이어야 한다. 그러나 이 말이 유아세례를 금한다는 뜻은 아니다. 어린이들을 회개하게 하고 양육할 수 있는 회중이 있다면 그들의 아이들도 세례에 임할 수 있다. 중요한 것은 몇 살에 세례를 주느냐가 아니라, 우리가 속한 공동체가 사람들을 기독교 신앙으로 회개하게 하여 양육할 수 있는가의 문제이다. 세례에는 물이 필수적인 요소이다. 물은 삶과 죽음을 연결시키는 상징이다. 신앙공동체 안에서 하나님과 그리스도인이 연합을 이루어 그리스도인을 만들어 내는 것이 세례다.

교육목회의 적용

의미 있는 세례 교육을 적용하려면, 첫째로 세례 예배자들이 신앙을 배울 수 있고, 자연스럽게 세례 예비자들을 도울 수 있는 신앙공동체 구성원 교육을 선행해야 한다. 이들은 세례에 대한 역사적, 신학적인 이해를 갖고 있어야 한다. 성서, 교회사, 신학, 윤리에 근거를 두고 있어야 하며, 다른 사람들이 영적 생활을 할 수 있도록 훈련시킬 만한 지도력을 갖고 있어야 한다. 결국 신앙공동체 구성원들을 교육해야 한다. 세례를 받고 부활을 경험한 신앙공동체 구성원들이 지속적으로 경험하는 삶을 살아갈 수 있게 체계적인 프로그램을 개발해야 한다.

둘째, 두 가지 양태의 세례학습을 발전시켜야 한다. 하나는 세례를 준비하는 성인을 위한 것이고, 다른 하나는 유아세례를 받는 어린이의 부모를 위한 것이다. 성인 세례 예비자를 위해서는 다섯 단계로 준비 기간을 나누어 볼 수 있다. 이 기간은 신앙공동체 전체가 책임을 지는 시기이다. 첫 단계는 세례지원 이전 기간으로, 이때에 신앙공동체의 일원으로 이끌린 이들은 자신의 의사로 기독교적 삶을 추구할 것인가를 결단하는 질문을 받는다. 둘째 단계는 세례 예비자로 등록된 시기로, 우선 성찬식이 거행되는 주일예배에서 축하받게 된다. 이때 교회가 선택해 준 후원자가 세례 예비자를 회중에게 소개하고 그의 준비 기간 동안 그와 함께할 책임을 맡게 된다. 이 준비 기간 동안 세례 예비자는 규칙적으로 예배에 참석하고 성경공부를 통해 구속사에 대한 지식을 얻고, 복음에 따라 그리스도인으로서의 삶을 실천해 간다. 이 기간은 개인에 따라 달라질 수 있다. 셋째 단계는 세례 신청 단계로, 세례 받기 이전의 수주일 동안 지원자들은 금식과 기도의 훈련, 양심의 평가 등을 거치며 영적으로 감정적으로 세례를 위해 준비하게 된다. 넷째 단계는 새로이 세례를 받은 이가 성례전의 의미를 이해하고 교회 안에서의 활동을 통해 공동체를 경험하도록 돕는 기간이다. 마지막 단계에서는 하나님 나라를 위한 사회적 활동과 하나님에 대한 종교적 경험, 성례전의 신비에 관한 세례 후의 학습이 필요하다.

셋째, 세례의 의미를 가르쳐 주는 교육을 해야 한다. 설교나 훈계는 케리그마와 디다케의 견지에서 교육적 기능을 갖고 있는 것으로 이해되어 왔다. 그러므로 세례가 베풀어지는 주일의 설교 혹은 성경공부 시간에 세례를 위한 가르침에 초점을 맞출 수 있다.

유아세례의 경우는 적어도 부모 중의 어느 한 쪽이 기꺼이 세례준비 프로그램에 참여하는 세례교인일 경우에 가능하다. 이런 행위는 어린이가 자신의 힘으로 자신의 신앙을 결정할 수 있을 때까지 기다리겠다는 일종의 합법적인 대안이라 할 수 있으며, 이 행위에 필요한 훈련과 본성을 깨닫도록 부모를 도울 수 있는 프로그램이 발달해야 한다. 따라서 유아세례를 위한 학습은 성숙한 신앙인으로서의 삶을 살아가는 대부나 후원자들이 이 책임을 위해 준비하는 데에 도움을 주어야 한다. 가령 주일마다 예배에 참석하고, 기도모임, 친교모임, 기도생활, 성서통독, 세상 안에서의 기독교적 삶의 실천 등의 프로그램 개발도 후원자들을 준비시키는 작업으로 필요하다.

성찬

초대 교회에서는 함께 모여 주의 만찬을 가졌다. 그리스도인들의 예배 장소가 일반적으로 저녁식사인 것은 유대의 관습에 그 뿌리가 있다. 유대인의 중요한 종교적 식사의 하나는 유월절 만찬이다. 유월절 만찬은 출애굽하게 하신 하나님의 놀라우신 행위를 단지 역사적 개념으로만 축하하는 것이 아니라 하나님의 백성을 위해 끊임없이 계시하시는 사건으로 축하하는 것이다. 이 유월절 식사의 가장 큰 의미는 유대인들에게 자아정체를 확인하게 하는 자리라는 점이다.[43]

신약성서에 나오는 예수의 만찬이 유월절 식탁의 자리였든 아니든 간에 여기에는 예수의 말에 의해 새로운 의미가 첨부된다. 예수가 빵과 포도주를 들었을 때 그는 유월절 의식에 기초하면서 그 자신의 메시지가 담긴 해석을 덧붙인다. "이 유월절이 하나님 나라에서 이루기까지 다시 먹지 아니하리라", "이것은 내 몸이니 이것은 내 피로 세우는 새 언약이니…."(눅 22:16~22) 이로써 이 식사는 마지막 식사가 아니라 하나님 나라의 표적이요, 구원하시는 하나님 행위의 상징이었다.

성찬은 유카리스트(Eucharist, 감사)라고 부른다. 성찬의 순서는 말씀 후에 있게 된다. 성서봉독, 시편찬양, 기도, 설교가 있은 후 세례 받지 않은 자를 제외한 그리스도인들은 교회의 평화와 하나님을 상징하는 평화의 인사를 나눈다. 그 다음 집사들이 떡과 포도주를 가져와 성례전을 집행하는 목사에게 전달해 준다.

헌금 후 하나님이 그리스도 안에서 하신 일에 대한 감사기도인 봉헌기도가 있다. 이 기도의 내용이나 톤은 유대인의 식탁기도와 유사하다. 죽음과 악마로부터 백성을 구원하시는 창조주에 감사하는 것에서 시작하여 그리스도에 대한 신앙고백으로 이어진다. 이 기도는 찬양 기도로 끝나며 마지막의 아멘은 사람들이 모두 동의하며 지나간 모든 것에 참여함을 의미한다. 헌금에 대한 축도가 있은 후, 사람들은 떡과 포도주를 나누고 세상으로 나간다.

성찬은 교회의 신앙공동체 안에서 일반적으로 예배 가운데 행해지던 것이다. 성찬은 개인적으로 하나님과 만나는 것이 아니라 공동체와 친교를 갖는 것이다. 모든 세례인은 연령 구분 없이 성찬에 참여할 수 있다. 성찬은 일상생활의 필수품인 떡과 포도주를 가지고 하나님과 새로운 친교를 갖는 것이다.

많은 교회의 주일예배들은 말씀만 있고 성찬이 생략되는 경우가 대부분이다. 이들 예배는 언어적이며 이성적이고 또한 개인적이다. 종교개혁 이후로 가톨릭교회의 예배는 말씀이 약화되었다. 말씀의 영역과 식탁의 영역을 회복하는 것은 개신교회와 가톨릭교회의 연합을 위해서도 매우 중요한 과제이다.

교육목회의 적용

성찬이 오늘날의 예배의식에 새로이 적용되기 위해서는 첫째, 말씀과 성찬이 모두 예배에 속한 것임을 이해시키는 것이다. 최근의 예배는 개인적이며 수동적이고, 감정이나 행위는 물론 청각 이외의 모든 감각이 무시되었고, 예배의 초점이 복음의 구속적 메시지보다는 인간의 죄인 됨을 알고 죄사함을 얻기 위해 계속해서 애원할 것만을 강조해 왔다. 그래서 예배가 축제적인 스타일을 갖기보다는 우울하고 침울한 분위기였다. 그러므로 성찬이 즐거운 것이 되도록 성찬 본래의 의미뿐 아니라 새로운 이해의 가능성을 열어줄 교육이 필요하다.

둘째, 성찬의 참여자에 대한 문제이다. 많은 부분에서 어린이들은 예배에서 소외되어 왔다. 그러므로 성인과 어린이가 함께 참여할 수 있게 해야 한다. 어린이가 성찬에 참여하는 시기는 유아세례를 받았더라도 자신의 힘으로 참여의사를 표현할 때, 약간의 준비 기간을 거친 후에 참여케 하는 것이 좋다.

셋째, 성찬의 목적은 세상에서의 선교를 위해 공동체와 그 구성원들을 준비시키는 것이다. 예배는 개인적인 문제뿐만 아니라 사회적 문제에도 연결된다. 성찬이 사도적 성격을 잃지 않기 위해서는 성찬에 참여한 사람들이 성찬의 의미를 이해하고 받아들여 자신의 삶으로 연결시켜 가도록 체계적인 교회의 노력이 계속 요구된다.

통과의례와 성인 안수식

웨스터호프는 그리스도인으로 성장하는 데에 영향을 주는 교회의식 두 가지를 제안하는데, 하나는 기존의 세례나 성찬을 분리해서 하는 것보다 통과의례와 함께하는 것을 제안했다. 그리스도인으로 입교하는 세례는 원래대로 하면 20세 이상에 해당하는 성인예식이라는 점에서 세례가 거행될 때에 입교를 뜻하는 세례와 처음으로 공동체와 함께 성찬, 그리스도의 제자가 될 것을 결단하는 안수식을 하나로 해서 축하하자는 것이다.

다른 하나는 사춘기를 위한 통과의례를 제정해야 한다는 것이다. 그리스도인으로 성장해 가는 인간의 영적 순례과정에는 두 번의 전환점이 있는데, 이 전환점을 위한 준비가 필요하며 이 시기를 축하해야 한다는 것이다. 어린이의 신앙 스타일이라 할 수 있는 귀속적 신앙은 신뢰심이 높고 타율적인 성격을 띠며 공동체에 속하고자 한다.

후기 사춘기가 되면 이념적이고 자율적인 탐구적 신앙이 나타나는데, 이는 내적인 자아의 성장이 나타나면서 전통을 재수립하고자 하며 예언자적 심판에 관심을 갖는다. 신비적, 성취적, 신율적(theonomous) 신앙은 성숙한 단계에 나타나는 신앙으로 하나님의 뜻과 인간행위가 일치되는 삶에서 경험되는 것이다. 이러한 신앙과정 중에 두 번의 위기점이 나타나는데, 첫 번째는 후기 아동기라 할 13~16세 사이에, 두 번째 위기는 중년기인 25~45세 사이에 나타난다. 현재의 교회들은 사람들이 그리스도인으로 성장하는 데에 매우 중요한 이 두 시기를 위한 아무런 학습이나 예배의식도 갖고 있지 않다.[44]

웨스터호프는 이 두 시기를 청년기에 비유한다.[45] 교회나 사회의 많은 문제들이 성인도 아니고 어린이도 아닌 사춘기적 기간과 관계가 있다. 따라서 신체와 감정의 전환점이 되고, 한 행동양식에서도 전환점을 이루는 16세 정도에 아동기로부터 성인기로 넘어가는 예식인 통과의례를 제시한다.

통과의례를 실행하기 위해서는 교회의 조직, 생활, 사고 등에 변화가 있어야 한다. 가령 16세가 되면 교회 활동에 대해 결정권의 과제를 갖고 있는 위원회에 선출된다거나, 교회의 예배에서 기도를 인도하거나, 교회학교 교사, 예배 안내위원 등 성인들이 차지하고 있는 교회생활의 모든 면에 자신이 영향을 줄 수 있는 동기가 있어야 한다. 물론 이들이 완전히 책임을 맡지는 못한다. 그러나 교회와 사회에서 책임 있는 성인이 된다는 것이 무엇을 의미하는지 배울 기회를 가져야 한다. 보다 중요한 것은 자신들이 양육되어 온 신앙에 대해 의문을 가져보고 비판해 봄으로써 신앙의 의미를 이해하도록 자극을 받게 된다는 점이다.

청년기에 통과의례가 주어진다면 안수식에 대해서도 재고해야 한다. 교회들은 평신도 선교에 대해서 오랫동안 얘기를 해 왔으면서도 사람들을 선교로 부르는 것을 축하하는 예배의식이나 학습에는 무관심했다. 게다가 사람들이 성숙한 신앙으로 성장하는 것을 격려하거나 축하하는 의식은 전혀 없었다. 특히 자신의 주체성을 추구해 나가는 과정에서 위기의 순간인 30~40대에 자신의 삶과 신앙을 연합하여 기독교 선교에 결단하게 할 아무런 의미 있는 대책을 갖고 있지 않다.

올바른 그리스도인의 자아정체를 계속 유지하도록 교회 공동체가 예배의식을 통해 사람들을 가르쳐 가야 한다. 웨스터호프는 성인세례 - 첫 성찬식 - 안수식이 연합된 입교예식과 그리스도인으로서의 성장과정에 필요한 통과의례, 성인 안수식을 제정함으로써 오늘날 교회의 정체감을 확고히 해 가야 한다고 제시한다.

교육목회의 적용

16세 이상의 어린이들이나 그들의 부모들을 대상으로 해마다 질의 기간을 정해 어린이들이나 그들의 부모가 신앙의 다음 단계로 성장할 수 있는지 여부를 결정해야 한다. 우선 개인적 면담을 통해서 자신의 신앙과 행동에 책임을 지고자 하는지를 확인해야 한다. 또한 통과의례에 임할 당사자들이 그들을 도와줄 후원자를 선택하도록 도와야 한다. 후원자나 어린이가 예식을 위한 준비가 되어 있다고 믿으면 그 어린이는 목사와 함께 자신의 예식 준비로 들어가게 된다.

준비 작업에서는 성경공부와 신학적 성찰, 교회생활에 필요한 지식, 태도, 또한 참여를 도울 수 있는 행동 등을 경험해 보며 성찰하게 된다. 성찰의 작업은 묵상을 통해 이루어질 수 있다.

성인은 안수식을 받아들일 준비가 되어 있지 않더라도 주기적으로 질의기간을 두어 미리 준비하게 한다. 형식적인 모임뿐만 아니라 수련회 같은 모임을 통해 자신의 신앙과 교회의 신앙을 성찰해 볼 기회를 마련한다. 안수를 받을 자는 성경읽기, 기도, 선행을 실천하면서 영적훈련의 삶을 쌓아간다. 일단 이 훈련과정이 지나면 안수 받을 자들은 자신의 소명의식과 은총의 경험을 인식하려고 노력해야 한다. 소명이 분명히 인식될 때 그리스도인으로서 봉사할 것을 결단하는 예식에 임하게 되는 것이다.

예식을 거친 후에 이들은 선교의 길에 참여하게 된다. 선교를 위해서는 하나님의 공동체를 세우는 데 공헌하는 사회행동, 하나님의 복음 안에서 신앙을 살고 선포하는 교회로서의 복음전도, 신앙을 전하며 선교의 능력을 부여받은 교회의 예배, 사람들의 물질적, 영적 결핍을 돌보는 교회로서의 목회사역, 다가오는 하나님 공동체의 표적을 제공하는 교회로서의 공동생활, 선교를 훌륭히 행하는 교회가 될 수 있는 조직과 행정 등이다.

이를 위한 교육은 교회의 선교에 참여하는 자리에서 행할 수 있으며, 각 행위는 교회가 갖고 있는 신앙의 눈으로 성찰될 때 이상적인 교육을 이룬다.

안수식을 위한 준비로 사순절을 위한 프로그램을 계획할 수도 있다. 우선 사순절 동안 영적 생활과 신앙, 자신의 소명감에 대해 깊이 생각해 본다. 세족 목요일부터 부활절까지 금식을 갖는다. 성금요일에는 십자가를 덮고 모든 촛불을 끄고 그리스도의 죽음을 기념한다. 토요일에는 교회 밖에 캠프파이어를 세워 놓고 모든 사람이 모여 앉아 공동체의 신앙이야기를 다시 전한다. 부활절 전날 밤이 오면 부활절에 행할 세례와 성찬식을 상기하면서 촛불을 켜고 교회 안으로 들어간다. 교회 안에는 교회의 거듭남을 축하하는 성찬식의 식탁이 준비되어야 하고, 사람들은 선교를 담당하기로 다짐하면서 성찬을 거행한다. 이 의식들은 예배를 통해 공동체를 신앙공동체로 성숙하게 만드는 가르침의 장이다.[46]

표 13. 연령별 통과의례

유아세례	신앙공동체에 받아들임, 세례 언약을 지속하기 위한 부모교육.
입교식	성인세례 + 첫 성찬 + 안수식
성인 안수식	그리스도인으로의 성장에 필요.
그 외 목회사역을 위한 의식과 교육	생명학적 변화 : 출생, 사춘기, 죽음 등

생각과 실천을 위한 질문 🖋

• 연령별 통과의례에 따라 교육계획이 가능한가?

• 신앙과정에서 두 번의 위기점이라고 할 수 있는 후기 아동기(13~16세), 중년기(25~45세)의 예배의식과 신앙프로그램을 설계해 보자.

1) 4세기 교회 입교의식의 구조와 의미에 관한 지식은 대부분 당대 감독들의 미스타고지(mystagogy), 시, 성서주석의 형태로 전해 내려온다. 미스타고지는 "신비에 대한 가르침"인데 세례 받은 다음 주간 중 수세자들에게 행해졌다. 이때 감독들은 저들이 받은 세례신비의 의미를 세례의식에 나왔던 상징물, 예식의 구조, 상징적 행위 등을 주석함으로써 저들이 통과한 세례의 신비를 설명해 주었다. 세례 후 교육이라고 볼 수 있다. 기독교 신앙의 신비가 언어 이외에도 비언어적 상징물, 행위(ritual action), 시간(교회 캘린더) 속에도 침전되어 있다는 통찰에 근거한바 분석적이며 산문적 언어 일변도의 현대 교회의 건조한 신앙 언어 유형에 대해 비판적이며 상보적인 시각을 제시하고 있다. 교부들은 대개 타이폴로지(typology)나 알레고리(allegory)의 해석방법을 이용하여 세례의 의미를 설명했다. 암브로우스(Ambrose of Milan), 시릴(Cyril of Jerusalem), 그레고리(Gregory of Nyssa), 크리소스톰(John Chrysostom), 테오도르(Theodore of Mopsuestia), 디오니시우스(Dionysius the Psuedo-Areopagite) 같은 교부들의 미스타고지가 지금까지 남아 있어 4세기 교회의 세례를 이해하는 데에 중요한 자료가 되고 있다. 시릴이 예루살렘에서 거행했던 부활일 세례 과정을 직접 목격하고 기록한 것으로 보이는 한 스페인의 여성 순례자 에게리아(Egeria)의 일기 역시 좋은 자료 중 하나라 할 수 있다. 위에 언급된 문서들을 포함 기타 다른 문학형식을 통한 2~4세기 세례이해의 모습을 접하기 원하는 독자는 아래의 책을 참고하라. *Early Christian Baptism and the Catechumenate: West and East Syria, Message of the Fathers of the Church Series*, vol. 5, ed. Thomas M. Finn(Collegeville: The Liturgical Press, 1992). *Early Christian Baptism and the Catechumenate: Italy, North Aprica, and Egypt, Message of the Father of the Church Series* vol. 6, ed. Thomas M. Finn(Collegeville: The Liturgical Press, 1992). 성서와 1~3세기 세례 관련 자료층을 넘어 4세기 자료를 본고의 주요 관련 자료로 삼은 이유는 1~3세기 자료의 희박함도 있지만 4세기에 이르러 세례에 대한 의식(ritual)이 그 상징과 해석의 풍요로움이 절정에 이르렀기 때문이며 최근의 세례예식 개정작업이 이 시기의 자료를 중심으로 이루어지고 있기 때문이다.

2) Hippolitus's Apostolic Tradition(c. 217), James F. White, *Documents of Christian Worship: Descriptive and Interpretive Sources*(Louisville: Westminster/John Knox Press, 1992), pp.151~152. 재인용-

3) *Early Christian Baptism and the Catechumenate*(Italy, North Africa, and Egypt), p.59.

4) James White, *Documents of Christian Worship*, p.153.

5) Danielou, *The Bible and the Liturgy* (Notre Dame: University of Notre Dame Press, 1956), p.20.

6) Alexander Schmemann, *Of Water and the Spirit*(New York: St. Vladimir Seminary Press, 1974), pp.24, 25.

7) Ibid., pp.25, 26.

8) *The Bible and the Liturgy*, p.22.

9) Ibid., p.21.

10) Ibid., p.25.

11) Ibid., pp.25, 26.

12) *Early Christian Baptism and the Catechumenate*(Italy, North Africa, and Egypt), pp.62, 63.

13) James White, *Documents of Christian Worship*, p.153.

14) Ibid., p.147.

15) Ibid.

16) Danielou, *The Bible and the Liturgy*, pp.26, 27.

17) Ibid., pp.27, 28.

18) Ibid., p.30.

19) Ibid., p.32.

20) Ibid., p.33.

21) Danielou, *The Bible and the Liturgy*, p.47.

22) Ibid., p.48.

23) *Early Christian Baptism and the Catechumenate*(Italy, North Africa, and Egypt), pp.56, 57.

24) 히폴리투스의「사도신경」(Apostolic Tradition) XXI , 12~18. *The Complete Library of Christian Worship vol. 6: The Sacred Action of Christian Worship*, ed. Robert E. Webber(Peabody: Hendrickson Publishers, 1993), p.152에서 재인용.

25) Danielou, *The Bible and the Liturgy*, p.55.

26) Ibid., pp.57~60.

27) *Baptism, Eucharist and Ministry: Faith and Order Paper* No. 111(Geneva: World Council of Churches, 1982)

28) Ibid., p.2.

29) *Baptism and Eucharist: Ecumenical Convergence in Celebration*, ed. Max Thurian and Geffrey Wainwright(Geneva: World Council of Churches, Grand Rapids: Wm. B. Eerdmans, 1983), p.3.

30) *Baptism, Eucharist And Ministry*, p.2.

31) Ibid., p.3

32) Ibid., p.3.

33) Ibid., p.10.

34) Ibid., p.11.

35) Ibid., p.123.

36) 최근 로마 가톨릭의 사크라멘트 시스템에 대한 논의를 위해 다음의 책을 참조하라. Herbert Vorgrimler, *Sacramental Theology*, tran. Linda M. Malony(Collegeville: The Liturgical Press, 1992)

37) Treatise on the Gospel of John, LXXX, 3, 재인용, James F White, *Documents of Christian Worship*, pp.119, 120.

38) Victor W. Turner, *The Ritual Process: Structure and Anti-Structure*(NY: Aldine Publishing Company, 1969), pp.95~97.

39) Mircea Eliade, *The Sacred and the Profane: The Nature of Religion*(NY: Jarcourt, Brace & World, Inc, 1959), pp.37~39.

40) Ibid., pp.68~69.

41) James F. White, pp.151~152.

42) 신경혜, "예배의식을 통한 기독교교육"(서울: 이화여자대학교 석사학위 논문), pp.60~61.

43) Ibid., pp.65, 66.

44) Ibid., pp.72~74.

45) John H. Westerhoff Ⅲ, and William H. Willimon, *Liturgy and Learning through the Life Cycle*(NY: The Seabury Press, 1980), pp.78, 79.

46) 신경혜, "예배의식을 통한 기독교교육", pp.76~78.

제4장

교육목회의 소재로서의 예배 매체

1. 교회력

시간은 영원의 성례이다. 하나님께서 시간을 창조하시고 그 안에 모든 것들을 선하다 하셨다. 자신의 손길과 흔적이 그곳에 선명하고 자신의 형상이 배어 있기 때문이다. 하나님의 구원사적 경륜 안에서 만물은 존재론적-종말론적으로 하나님의 상징 혹은 성례가 된다. 특별히 기독교에서 시간(역사)은 하나님의 존재와 구원 의지가 육화되는 주요 매체로 이해되어 왔다. 시간은 하나님의 성매이며 구원사의 증인이다. 마리아처럼 비천하고 덧없는 자신의 몸을 열어 그분을 잉태한 날(시간)이 있었다. 세상이 무심중에 잠들어 있었을 때 홀로 깨어 말구유처럼 그분을 받아낸 날(시간)이 있었다. 옥합을 깨뜨려 향유로 그분의 머리에 기름 부은 막달라 마리아처럼 깊은 어둠과 침묵과 겸비로 십자가 위 그분께 기름 부은 날이 있었다. 일상의 뒤안길에 자신을 옷처럼 길게 깔아 그분의 십자가를 예비한 날이 있었다. 그분의 부활을 목격하고 두려움과 떨림으로 사슴처럼 뛰어 그 소식을 외쳤던 날이 있었다. 시편 기자는 일상이 입을 열어 하나님의 역사를 선포하는 거룩하고 신비스런 경험을 "하늘이 하나님의 영광을 선포하고 궁창이 그의 손으로 하신 일을 나타내는도다 날은 날에게 말하고 밤은 밤에게 지식을 전하니 언어도 없고 말씀도 없으며 들리는 소리도 없으나 그의 소리가 온 땅에 통하고 그의 말씀이 세상 끝까지 이르도다"(시 19:1~4a)라고 표현한다.

그리스도인들에게 시간은 성서적 매체이다. 그리스도의 오심과 죽으심 그리고 부활을 통해 시간은 거듭났고 허무와 죽음의 전령이 아니라 생명과 영생의 벧엘이 된다. 그분에 대한 신앙과 함께 일상의 시간은 영원의 형상을 열어주는 스테인드글라스가 된 것이다. 그리스도인들은 주간 주기(weekly cycle), 일년주기(yearly cycle), 일일 주기(daily cycle)를 통해 그분과의 만남을 추구해 왔다. 특히 주간 주기에 속하는 '주의 날'은 작은 부활일로 이해되어 왔는데 모든 교회력의 역사적-의미론적 기원이 된다. 주의 날로부터 한 줄기 빛이 나와 교회 안팎의 일상의 성서적 의미를 조명하게 된다.

연 주기

연 주기는 성육신 사건과 그리고 예수 그리스도의 죽음과 부활의 두 주제를 중심으로 이루어진다. 연 주기의 각 기념일들은 그것이 가진 고유한 이야기와 경험 그리고 상징의 소재를 통해 그리스도인의 삶의 의미를 재해석해 준다.

예배력은 그 목적이 과거를 회상하고 시간에 얽혀 있는 구원의 주제들을 현재화시키고 모든 시간의 완성이신 예수 그리스도의 종말론적 재림에 대한 기대 앞에 깨어 있도록 함에 있다. 예를 들어 성탄절은 단순히 이천 년 전 아기 예수의 탄생을 기념하는 날이 아니다. 이날은 성육신 신비의 현재적 의미를 확인하고 신성과 인성의 사귐과 연합이라는 성육신 신비의 온전한 구현을 기원하는 날이기도 하다. 부활 주일은 단순히 이천 년 전 예수의 부활 사실을 조명하는 것보다는, 그 부활과 생명의 현재적 실체를 확인하고 전 세계가 부활의 첫 열매와 장자이신 예수 그리스도를 따라 하나님 앞에 성령으로 일어서는 부활의 종말론적 사건을 기다리는 날이다. 따라서 예배력을 지나간 어떤 사건에 대한 기념일로 못 박아서는 안 될 것이며 과거, 현재, 미래라는 총체적 시각에서 예배력에 접근해야 할 것이다.

연 예배력은 구원사건의 각 주제를 보다 집중적으로 조명할 수 있다는 장점과 함께 그 주제의 단선적, 평면적 배열이 자칫 구원의 총체적 이미지를 심각하게 손상시킬 수도 있다는 약점을 동시에 지니고 있으므로 그 장점과 한계를 늘 인식해야 할 것이다. 성탄일(12월 25일)은 서방교회에서 기원했는데 예수 그리스도의 성육신 사건을 기념하며, 동방교회에서 발전한 현현일(1월 6일)은 예수께서 받으신 세례 사건에 초점을 맞추었다. 육신의 말씀을 입고 임마누엘하신 사건이 이 두 절기의 주제이다. 성탄일에 대한 준비로 대강절이 있는데, 이는 오신 예수 그리스도와 재림하실 그리스도를 기다리는 절기이다. 사순절은 성회 수요일부터 시작해 부활일 전까지의 40일 기간을 지칭하는데 주일은 계산에서 제외시킨다. 사순절은 4세기경 나타난 교회력으로 그 목적은 세례 예비자와 회중들을 각기 세례와 세례갱신으로 준비시키는 데 있다. 이때가 되면 회중은 예수 그리스도를 따라 자신을 비우고 거룩한 채찍과 면류관으로 일상적 삶의 표면을 부순다. 고난 주간은 4세기경 예루살렘 교회 공동체에서 발전한 것으로 보는데 이 역시 예수 그리스도의 성육신적 삶으로 그리스도인들을 초대하고자 하는 데 목적이 있었다. 고난 주간에는 종려주일, 배교수요일(Spy Wednesday), 세족목요일, 성금요일, 토요일 부활 비질(Easter Vigil)이 속한다.

기독교 신앙의 핵심은 그리스도의 죽음과 부활 사건이다. 따라서 그분이 부활하신 날은 역사적, 신학적으로 가장 중요한 날이다. 이 부활의 날을 지키며 부활의 의미와 실체를 회상하고 구현하며 그 완성을 꿈꾸는 자들이 그리스도인이며, 따라서 기독교적 삶의 시간적 표현으로서의 예배력에서 가장 중요한 날은 부활주일이다. 부활주일은 전통적으로 세례의 최적기였다.

교부들은 부활하신 밤을 "밤 중의 밤"(Night of nights)이라 하였다. 생명과 빛 그리고 구원의 신비가 담겨 있는 밤이었기 때문이다. 초대 교회는 바로 이 밤에 세례예식을 베풀었다. 죽음에서 일어서신 그 밤에 한 인간을 그분의 죽음과 부활에 연합시켰던 것이다. 세례 받은 그리스도인들은 부활의 밤에 물에 깊이 잠겼다가 솟아오르는 수세자의 모습 속에서 부활하시는 예수 그리스도의 가시적 몸, 그분의 신비한 몸으로서의 자신의 삶을 다시 한 번 음미한다(세례갱신). 이때 물에서 나오는 수세자는 기도로 참여하고 있는 세례 받은 회중에게 부활하신 그리스도와 종말론적으로 완성될 자신들의 삶의 이미지, 아이콘, 혹은 성례였다.

부활 절기는 부활주일을 포함한 7주간 후 첫날(성령강림주일)까지의 50일을 말한다. 4~5세기 교회에서는 부활주일부터 시작하는 첫 한 주간 동안 이제 막 세례 받은 자들을 위한 교육(mystagogy)이 있었는데, 이것은 세례의 의미를 해석해 주는 기간이었다. 부활주일 후 40일째는 승천일로 지키며 50일째는 성령강림주일로 지킨다. 스투키에 따르면 부활주일은 그리스도인들의 의식 속에서 40일 사순절을 끝내는 마침표가 아니라 부활이라는 새로운 삶의 실체가 창조되는 출발이며, 부활 신비는 50일의 넉넉한 시간의 공간을 빌어 축하하고 음미되어야 한다.[1] 부활절기의 마지막 주일인 성령강림주일은 전통적으로 세례의 성령론적 차원을 조명하는 주요한 교회력으로 세례갱신을 위한 시간 구조의 주축을 형성해 왔다.

주간 주기

주의 날이 초대 교회에 어떤 경험들을 일으켰으며 오늘 우리는 어떠한 기억과 예감을 가지고 이날에 들어설 것인가? 그리스도인들이 예배를 위해 모인 날들에는 여러 명칭들이 붙어 있다. 안식 후 첫날(주간의 첫날), 제팔일, 주님의 날, 태양의 날 등이 그것이다.

(1) 안식 후 첫날(the First Day after Sabbath)

'안식 후 첫날'은 그리스도인들의 모임의 날에 붙여진 첫 번째 이름이다. 이날의 의미는 바로 이날 발생한 사건들을 나열하면 분명해진다. 안식 후 첫날 새벽(마 28:1), 매우 일찍이 해 돋을 때에(막 16:2), 새벽에(눅 24:1), 일찍이 아직 어두울 때에(요 20:1), 여인들이 주님의 시신을 위해 예비한 향품을 가슴에 안고(막 16:1) 일상의 잠자리를 뒤로한 채 저들 생애에 가장 길고 깊었던 어둠의 옷자락을 끌며 주님의 무덤을 찾는다. 안식 후 첫날은 성전 휘장처럼 돌무덤이 갈라지고 거기 수없는 세월을 표류하던 분별없던 시간이 옥합처럼 부서져 영원으로 일어나던 날이다. 사라, 라헬, 엘리사벳, 마리아의 차가운 태를 열어 당신의 약속의 시간을 흐르게 하셨던 그분께서 주님을 사로잡았던 돌무덤의 창백한 태를 여시던 날이다(마 28:5~6). 마리아가 구부려 무덤 속을 들여다보아 울던 때이며, 침묵하던 시간이 입을 열어 주님의 부활을 선포하던 때이다. 여인의 삶의 뒤쪽에서 홀연히 나타나셔서 그녀의 이름을 부르신 날이며, 문득 뒤돌아 본 마리아가 그 부활의 신비 속에서 그분을 새롭게 바라본 날이다.

안식 후 첫날은 자신들의 삶의 비밀이 묻혀 있던 골고다를 떠나 엠마오를 향해 삶의 변두리를 서성이던 두 제자에게 부활의 주께서 나타나신 날이다(눅 24:30). 첫 창조의 말씀이 혼돈 속에 잠겨가던 제자들에게 선포되고 제자들의 깊음으로부터 뜨거움이 솟아오르며, "에바다!" 저희 눈이 밝아져 저 낯선 자 속에서 주님을 분별하게 된 날이다(눅 24:32). 불이 내려와 초라한 언어와 떡을 번제로 태워 올리던 날이다.

이날은 주님께서 두려움의 다락방에 숨어 있던 제자들에게 나타나신 날이다. 이날은 또한 새 창조의 날이다. 숨을 불어 그분이 당신의 아들, 새 아담을 불러내셨기 때문이다. 하나님께서 안식에 깊이 잠든 두 번째 아담 예수 그리스도의 갈빗대로 그의 신부 교회를 만드신 날이다. 이날 그리스도께서 당신의 찢긴 옆구리를 내보이시며 우리에게 "너희는 내 뼈 중의 뼈요 살

중의 살이라"(창 2:23)고 말씀하신다. 이날은 주님께서 당신의 교회를 흙으로 빚으사 숨과 성령을 불어넣으심으로 그녀를 성령으로 불러내신 날이다(창 2:7). 도마가 손을 내밀어 우리 삶의 시간들을 더듬어 그분의 못 박힌 손과 찢긴 옆구리를 만진 날이다.

주님으로부터 가장 값진 은총을 받은 자들은 예수 그리스도의 마지막 순간에 십자가 위와 아래에 있던 죄인과 이방인이었다. 고통이 그분의 입술을 찢고 그곳에서 생명의 말씀이 흘러나왔다. "오늘 네가 나와 함께 낙원에 이르리라."(눅 23:43) 한 군병이 예수의 옆구리를 창으로 찌르니 피와 물이 나왔다(요 19:34). 한 교부 전승에 따르면 이 로마 군병은 그분의 찢긴 옆구리 사이로 실낙원을 보았다. 찢긴 성전 휘장 저쪽 지성소에서 거룩한 기운이 쏟아져 나오고 찢긴 그분의 몸(휘장) 저쪽에서 생명의 물(세례)과 피(성찬)가 흘러나왔다. 사마리아 여인이 그토록 원했던 영원히 마르지 않는 샘이 터진 것이다.

마른 땅에서 나온 줄기 같아 고운 모양도 없고 풍채도 없으며 흠모할 만한 아름다운 것이 없는 분, 멸시를 받고 간고를 많이 겪었으며 질고를 아시는 분, 슬픔과 고난, 찔림과 상함, 채찍과 징벌을 아시는 분(사 53:1~5), 그분께서 당신의 교회에 '안식 후 첫날'을 말씀하신다. "네 손가락을 이리 내밀어 내 손을 보고 네 손을 내밀어 내 옆구리에 넣어 보라."(요 20:20) 그리고 우리를 축복하신다. "너희에게 평강이 있을지어다."(요 20:21) 이러한 경험에 목말라 우리는 매번 '안식 후 첫 날'을 찾아 나선다. 이 '안식 후 첫날' 초대 교인들은 부활하신 주님의 현현에 사로잡혔다. 이 모든 일들이 초대 교회 신앙공동체의 '안식 후 첫날' 경험이었다면, 오늘 우리의 '안식 후 첫날'도 그분의 현현과 말씀하심에 대한 기대와 예감으로 차 있어야 한다. 마리아처럼 '몸을 구부려' 이 낯선 날의 구석구석을 들여다봐야 한다.

(2) 제팔 일(the Eighth Day)

제팔 일은 그리스도인들의 예배일에 붙여진 또 하나의 이름이다. 알렉산드리아 기독교 공동체는 2세기 초부터 제팔 일에 대한 알레고리적 해석을 시도해왔다. 저들에 따르면 '7'은 창조자에 의해 거룩하게 된 숫자이며 '8'은 구원과 계약의 숫자이다. 8이라는 숫자는 할례의 이미지로 채색되어 있다(창 17:11~12). 유대인들은 제팔 일에 자연인의 몸 한 부분을 찢어 약속의 하늘을 들여다보았다. 제육 일에 그리스도의 몸이 찢겼다. 제칠 일에 우리는 그분의 찢긴 상처 속에 납처럼 깊이 가라앉는다. 그리고 제팔 일에 젖과 꿀이 흐르는 낙원으로 올라선다. 신약에서 8은 세례와 관계된 구원과 새 창조의 표징이다(벧전 3:20). 노아의 이야기에서 약속의 땅에 첫발을 디딘 것은 여덟 명이었다. 여덟 명을 통해 하나님의 축복이 인류에게 넘쳐들었듯 제팔 일을 통해 그리스도의 은총이 칠일 속으로 흘러든다.

신플라톤주의(neo-platonism)에 뿌리내린 영지주의를 배경으로 일찍이 알레고리적 해석이 꽃피었던 알렉산드리아에서는 희랍의 점성학적 개념, 영지주의적 해석, 유대 공동체의 종말론적 안식일 이해가 접합되어 독특한 '제팔 일'에 대한 의미세계가 형성되어 왔다. 희랍 점성학은 일곱 개의 행성권, 즉 변화와 타락의 영역을 행성들의 제팔 영역인 정결과 안식의 영역에 대비시킨다. 저들에 따르면 영혼은 칠층천을 오르며 자신의 질료성을 점진적으로 벗어버림으로 진정한 신적 안식의 영역, 즉 제팔의 영역에 도달하게 된다. 알렉산드리아의 기독교 영지주의 공동체는 '제팔 일'을 팔층천에서의 영혼의 안식 혹은 일상의 칠일 너머 존재하는 종말론적 안식으로 해석했다. 알렉산드리아의 클레멘트(150~215)는 안식일과 제팔 일은 칠층천을 통한 제팔 영역에로의 영지주의적 상승을 위한 구조로 이해하며,[2] 유대교의 안식일은 기독교의 제팔 일(주님의 날)의 완전한 안식을 위한 준비 단계로 간주한다. 같은 영지주의적 전통에서 오리겐은 그리스도인들의 삶을 변화되신 그리스도를 바라보기 위해 변화산을 오르는 육 일간의 등정에, 혹은 영원한

안식을 위한 육 일간의 만나 줍기에 비유한다.[3]

4세기 라틴서방교회의 제롬, 암브로우스, 어거스틴에게 수의 상징은 동방교회들 못지않게 중요했다. 주의 날은 그리스도의 부활에 의해 성별된 영원한 제팔 일이다. "주의 날은 유대인들에겐 숨겨져 있고 주님의 부활로 그리스도인들에게 계시되었다. 따라서 이 날은 거룩하다. 제팔 일은 바로 이러한 부활을 통한 계시를 상징하는 날이다.[4] 로마의 감독이었던 그레고리는 제육 일(안식일 예비일)은 인간 삶의 고난과 슬픔을 상징하며, 제칠 일은 (안식일) 우리가 그리스도와 더불어 죽음의 안식에 드는 날이며, 제팔 일은 그분의 이미지 안으로 부활하는 삶을 상징한다고 말한다. 그에게 제팔 일은 주님의 날, 부활의 날, 유대인들의 안식이 예표하고 있는 진정한 안식, 즉 예수 그리스도를 뜻한다.

(3) 주의 날(Lord's Day)

마티모트(A. G. Martimort)에 따르면 시리아권에서는 유대인의 날짜 계산법과 관계해 '주간의 첫날' 혹은 '안식 후 첫날'이라는 이름이 처음 쓰인 반면 희랍어권, 라틴어권에서는 '주의 날'이라는 이름이 쓰였다.[5] 요한계시록 1장 10절에 '주의 날'이라는 명칭이 등장한다. 밧모섬에서 요한은 이 '주의 날'을 묵상한다. 그리고 그 속에서 주님을 듣고 이상에 사로잡히게 된다. 세상에서 머리 둘 곳 없는 그리스도인들이 안식할 곳은 '주의 날'이다.

주후 150년 저스틴에게 주의 날, 즉 제팔 일은 재창조가 시작되는 거룩한 첫날이다.

이날은 첫날이요 이날에 하나님께서 어둠과 물질을 변화시켜 우주를 만드셨으며 우리의 주 예수 그리스도께서 동일한 날(창조의 첫날) 죽음으로부터 일어나셨다.[6]

첫 창조 때 혼돈과 어둠의 깊음 속에서 모양, 색, 결이 터져 나왔다. 두 번째 창조의 날, 즉 '주의 날' 무덤의 깊음 속에서 생명이 쏟아져 나온다. 매 '주의 날' 우리 속에 빛이 창조되고, 새로운 지평이 열리고, 초점이 부여되며, 신비한 차원이 빚어질 것을 기대한다. 2세기 초 시리아 문서인 디다케 14장은 이날이 예배의 날이었음을 보여 주고, 주후 107년 안디옥의 이그나시우스는 마그네시안에게 보내는 서한에서 그리스도인들이 유대인의 안식일이 아니라 주의 날에 모여야 한다고 강변한다. 콘스탄틴 이후 브라가의 마틴은 주님의 날을 경외하는 방법을 설명한다.

> 자주 교회에 나가 거룩한 장소에서 하나님께 기도하라. 주의 날을 잊지 말라. 그날을 경외함으로 지키라. 우리 주 예수 그리스도께서 죽은 자 가운데서 일어나셨느니라. 들이나 포도원에서 주의 날 일하지 말라. … 네 몸을 위해 필요한 경우에만 요리하고 주의 날 여행하지 말라. … 좋은 목적이 아니라면, 즉 거룩한 곳으로 걷는 일, 형제와 친구 혹은 환자를 방문하는 일, 어려움에 빠진 자에게 좋은 소식이나 충고를 전하기 위함이 아니라면 움직이지 말라. 이런 식으로 주의 날에 경의를 표하라.[7]

시리아판 주후 250년 디다스칼리아는 주의 날 성수의 본질은 성찬을 통한 그리스도의 몸(교회) 형성에서 찾는다.

> 그리스도가 교회의 머리이시니 주의 날 그분의 몸을 이루라. 매주 나와 그의 몸을 이루라. 주의 날, 만사를 제치고 열심히 교회로 달려오라.[8]

초대 교회 신앙공동체는 안식일과 더불어 '주의 날'을 함께 지켜왔다. 지역에 따라 차이는 있으나 안디옥의 이그나시우스의 글을 살펴보면 적어도 안디옥에서는 2세기 초부터 유대교와 관계된 기독교 공동체의 사회적, 심리적, 신학적 자기 정체성 확인 작업이 시작되고 있었음을 알 수 있다. 주의 날은 이미 안식일을 대체한 그리스도인들의 유일한 예배시간으로 정착되어 가고 있었던 것이다.

'주의 날'이 당대 유대교의 안식일, 이교도들의 각종 종교축제일처럼 쉬는 날이 아니었던 점을 감안한다면, 이 특별히 따로 정해진 날에 모였다는 사실은 그 자체로 하나의 신학적 선언이라 할 수 있을 것이다. 이날을 지킨다는 것은 신앙적 결단이 필요했던 일이었다. 세상일을 하나님의 말씀보다 더 중요시 말라. 주의 날 모든 일을 비켜두고 열심히 너의 교회로 달려 나오라. 그녀는 너의 영광이라. 이 주의 날에 생명의 말씀을 듣지도, 영원히 우리와 함께할 성찬을 먹지 않는다면 후에 어떤 말로 우리가 하나님 앞에서 스스로를 변호할 수 있으리오.[9]

'주의 날'을 지킴은 신학적 선포와 신앙 고백이기에 당연히 박해와 순교의 원인이 되기도 했다. 북아프리카 튀니지 근처 아비티나에는 '일요일을 고백한 순교자들'(martyrs for Sunday)에 대한 순교사가 전해 내려온다. 304년 2월 12일 카르타지의 한 법정 문헌에는 불법집회로 체포된 31명의 남자와 8명의 여자 그리스도인들에 대한 생생한 기록이 보존되어 있다. 이 문서에는 저들의 주의 날에 대한 사랑과 고백이 잘 표현되어 있다.

"우리는 주의 날을 지켜야 합니다. 이것이 우리에게는 법입니다." 집을 제공했던 에메리투스는 "주의 날을 지킴은 우리의 원칙입니다. 주의 날을 축하함 없이 우리는 살 수 없습니다." 한 처녀 빅토리아는 담대히 말한다. "나는 그리스도인이기 때문에 이 모임에 참석했습니다."[10]

(4) 태양의 날(Sunday)

기원전 140년에 있었던 프톨레미우스의 우주관에 따르면 지구는 토성, 목성, 화성, 태양, 금성, 수성, 달의 일곱 행성으로 둘러 싸여 있다. 이러한 다양한 행성 신들을 기념하기 위해 각 날을 신들의 이름으로 명명하는 관습은 이집트, 바벨론 그리고 그리스도 이전 그리스에 만연해 있었다. 이러한 세계상 안에서 태양의 위치는 "모든 천구들의 왕과 지도자이며 따라서 모든 세계의 주인"이었다. 1세기 이후 태양숭배는 단지 신비종교들 뿐 아니라 정치적 의도를 배경으로 한 로마에 의해 조직적으로 조장되었다. 예를 들어 로마의 황제 헬리오가불루스(Heliogabulus, 218~222)는 유대교와 기독교를 포함한 제국 내 모든 종교를 자신이 사랑하던 태양숭배 안에서 융합시키려 했다. 그는 스스로 무적의 태양(Invicti Solis Elgauli)이라 칭하였으며 태양숭배와 제국숭배를 동일시하려고 했다. 이러한 상황에서 2~3세기 기독교 변증가들과 교부들은, 소극적으로는 주의 날과 태양의 날을 구별시키고 적극적으로는 이 둘을 재해석하고 통합시키려는 시도를 시작했다. 특히 로마의 영향력이 전통적으로 강한 로마-라틴 교부들에게 태양의 날은 변증적 차원에서 적극적으로 다루어야 할 주제였다.

로마의 국교가 된 이후 사정은 달라졌다. 태양의 날은 주의 날에 대한 제국의 공식 명칭이 된다. 유세비우스에 따르면 콘스탄틴은 자신의 병사들에게 기독교의 주의 날을 태양의 날로 구별하여 지키라고 명령하였다고 한다. 이때부터 정치적, 사회적, 종교적으로 태양의 날은 기독교의 예배의 날로 그 의미를 굳히게 되었다. 콘스탄틴 이전까지 매주 돌아오는 태양의 날은 종교적 축일이나 거룩한 날은 아니었다. 오직 그리스도인들만이 당대 태양의 날에 해당되는 '안식 후 첫날' '제팔 일' '주의 날'을 거룩한 날로 잡아 그분의 삶, 죽음, 부활을 경축하고 있었다.

구약에서 태양의 날에 대한 언급은 찾아볼 수 없다. 단지 태양숭배와 관계된 우상 파괴적 경고는 눈에 띈다. 이미 629년 요시야의 종교개혁 시 주의 전에서 바알을 위한 숭배대상물을 제거하고 태양, 달과 같은 상징 들을 위해 향을 올리는 거짓 사제들을 추방한다(왕하 23:4~6). 우상숭배와 관련하여 구약에서는 한 주간의 이름에 행성이 아니라 숫자를 붙인다. 신약성서 안에서도 태양의 날(일요일)에 대한 직접적 언급은 찾아볼 수 없다.

2~3세기에 이르러 태양의 날은 이미 변증가들과 초기 교부들에 의해 심각하게 다루어지게 된다. 2세기 안디옥의 이그나시우스는 주후 102년 태양에 대한 이교적 종교이해를 배경으로 신약의 '부활하신 그리스도'를 '떠오르는 태양'으로 칭함으로써 당대 태양숭배를 기독론적으로 재해석한다. 동시에 그는 구약의 '의의 태양'(Sun of Justice)과 신약의 '진리의 빛'(The Light)이라는 상징들을 끌어들임으로써 태양의 날이 지닌 당대 이교의 문화적, 종교적 함의로부터 태양의 날에 대한 기독교적 사용의 배경과 내용을 분명히 차별화하려 했다.

로마의 변증가 저스틴은 주후 150년 로마의 황제에게 보내는 변증서에서 이방인들의 태양의 날이 그리스도인들에게는 하나님의 첫 창조와 예수 그리스도를 통한 재창조의 날이 됨을 지적하고 있다. 그럼으로써 이 태양의 날이 그리스도인들에게 어떤 일들이 벌어지게 했는지, 왜 그리스도인들에게 이 태양의 날이 집회의 날이 되었는지 당시 로마의 황제에게 설명한다. 이러한 대외적 변증은 동시에 안으로는 그리스도인들에게 이 태양의 날이 저들에게 갖는 의미를 해명하는 것이기도 하다.

소위 태양의 날이라 불리는 그날에 시와 근교에 사는 자들이 한 곳에 모입니다. 시간이 허락하는 대로 예언서들을 읽고 … 이 태양의 날은 우리가 모이는 날입니다. 이날은 하나님께서 어둠과 물질을 변화시켜 세계를 만드신 바로 그날이며, 우리의 구원자 예수 그리스도께서 죽음으로부터 일어나신 바로 그날이기 때문입니다. 저들은 그분을 토성의 날 하루 전에 십자가에 못 박았습니다. 토성의 날 다음이 태양의 날인데 바로 이날 그분이 사도들과 제자들에게

나타나셔서서 이제 제가 당신께 드리고자 하는 말씀을 가르치셨습니다.[11]

이집트 알렉산드리아의 클레멘트는 저스틴처럼 태양의 날에 대해 직접적으로 언급하지 않았으나 참 빛, 참 태양, 의의 태양을 기독론의 소재로 끌어들임으로써 당대 태양에 대한 문화-종교적 의미를 기독교 신앙 내용 속으로 재해석해 들인다.

빛이여! 찬양 받으소서! 어둠 속에 매장되고, 그늘에 누운 저희들 중에 하늘로부터 빛이 스며드나이다. 태양의 빛보다 순결하고 땅 위의 생명보다 향긋한 빛! 이 빛은 그것에 참여한 모두에게 영원의 빛이라. 밤은 빛을 두려워하고 두려움 속에서의 은신은 끝이 났으며 이제 주님의 날이 열렸도다. 이 빛은 결코 잠들지 않으며 모두의 머리 위로 떠오른다. … 이 빛이 그리스도요 의의 태양이로다.[12]

알렉산드리아의 오리겐도 직접 태양의 날이란 명칭을 사용하지 않는다. 대신 의의 태양으로서의 기독론을 발전시킴으로써 당대 이교적 종교성의 중심에 있던 태양의 실체를 변증적으로 해석한다.

그리스도는 진실로 의의 태양입니다. 그분을 따라 달이 함께 움직이듯 교회가 그러합니다. 교회는 그분의 빛으로 휩싸일 것이며 그분이 이 새로운 달의 출생에 환호하실 것입니다.[13]

이후 일요일은 교회 일각에서 성사적 실체(Sacramental Reality)로 까지 이해된다.[14] 이날이 담고 있는 신비의 깊이를 맛보았기 때문이다. 로마의 법까지도 이 일요일에 경외감을 가져 이날을 거룩한 날(holiday)로 정하게 된다. 321년 3월 일요일에 대한 첫 황제칙령에서 로마는 이 '태양의 날'(Sunday)을 안식의 날로 선포하고 날씨와 밀접히 관계된 농사의 계절적 상황을 제외한 삶의 전 영역에서 노동의 불허를 명시하고 있다. 321년 7월의 두 번째 법에서 이 '태양의 날'은 예배의 날로서 재판과 논쟁보다는 노예를 해방하는 날로 정하고 있다.

321년 니케아 회의에서 '태양의 날'은 말씀과 성찬 예배를 위한 날로 선포된다.[15] 아타나시우스는 이날은 모두에게 속한 날이 아니라 죄에 대해 죽고 하나님을 위해 지금 살고 있는 자들에게만 속한 날이라 말함으로써 주일의 세속화와 수평화를 경고하고 있다.[16] 4세기 이전까지 태양의 날은 일부지역에서 그리스도인들의 집회의 날에 대한 명칭으로 사용되어 왔다. 다른지역인 안디옥과 알렉산드리아에서 이 명칭은 주로 영적(알레고리적, 윤리적) 혹은 기독론적으로 해석되어 왔다. 그러나 콘스탄틴의 칙령으로 태양의 날은 국가적으로 광범위하게 기독교적 톤과 색조, 그리고 사회적 실체를 가지고 그리스도인들의 예배의 날에 대한 공식 명칭 중 하나로 사용되기 시작했다.

일일 주기

기독교의 일일주기는 하루의 기도를 위한 시간계획으로, 유대교의 기도관습에 영향을 받았다. 그리스도 시대 유대인들은 하루 정해진 시간에 두 번 혹은 세 번 기도하였다. 두 번 기도는 "네가 눕고 일어날 때" 기도하라는 신명기의 본문(신 6:4, 7)에서 유래한다. 세 번 기도의 전통은 다니엘의 기도 모범(단 6:10, 시 55:16~17), 바리새인의 기도관습으로 성전에서의 아침과 저녁 희생(출 29:30~42, 대상 16:40, 23:30, 대하 13:11, 왕하 16:15, 단 9:21)에서 유래한다. 유대인들의 기도의 목적은 율법에 대한 지속적 명상에 있었다.[17]

예수는 유대의 기도관습에 익숙하셨으며 철저했다. 예수는 기도하기 위해 "그의 관례대로"(눅 4:16, 막 1:21) 회당에 참석하셨다. 무엇이 첫 계명인가라는 질문에 예수는 회당 기도의 중심인 쉐마의 내용을 따라 대답하신다(막 12:29~30). 예수께서 바리새인과 세리의 기도를 비교하실 수 있었던 것(눅 18:9~14)은 그분이 성전의 제9시(오후 3시) 기도에 익숙하셨음을 보여 준다. 예수께서 제자들과 함께 하셨던 만찬 혹은 기도의 찬양은 그 구조가 유대교의 것을 따르셨다.(마 14:19, 15:36, 26:26, 눅 24:30, 마 26:30)

유대교의 기도관례와는 다른 예수만의 독특한 기도 습관으로 회중을 떠나 홀로 드리는 기도를 들 수 있다(막 1:35~6, 6:46, 눅 5:16). 예수는 삶의 마지막을 기도 중에 마무리 지으셨다. 수난이 다갈 올 때(요 12:27), 마지막 만찬(요 17:1~26), 겟세마네 동산(마 26:36~44), 십자가(마 27:46, 막 15:34, 눅 23:34, 46). 항상 기도하며 깨어 있으라(눅 21:36)는 말씀은 '끊임없는 기도'라는 사도들과 후대 그리스도인들 특히 수도원 기도생활의 근간이 되고 있다.

사도 공동체의 기도에 대한 이상은 예수의 말씀을 따라 끊임없이 기도하는 것이었다. 예수의 승천 이후 사도들의 기도생활은 여전히 유대교적 기도 구조 안에서 이루어졌다. 저들은 유대교의 기도시간에 맞추어 성전과 회당 기도에 참여하거나(행 3:1~2, 5:42, 21:27) 혹은 그 시간에 집에서 기도했다. 그러나 기도 내용은 기독교적 삶의 실천적 경험으로 채워졌다.

베드로는 욥바에서 제6시(정오)에 지붕 위에서 기도하던 중 고넬료를 전도하라는 계시를 받아 이방 선교의 첫걸음을 디디게 된다(행 10:9). 예루살렘 성도는 감옥에 갇힌 베드로를 위해 한밤에 기도한다(행 12:5~12). 빌립보의 감옥에서 바울과 실라가 한 밤에 일어나 기도와 찬양을 함으로 간수를 회개시키는 일을 하게 된다.(행 16:25)

바울은 그리스도인들의 기도자세에 대해 다음과 같이 말했는데 이후 기독교 공동체의 기도실천에 하나의 전형이 되었다.

한마음으로 혹은 마음을 합하여 드리는 기도(행 1:14, 2:46, 4:24, 4:32, 롬 15:6), 끊임없는 기도(롬 12:12, 골 4:2, 엡 6:18~19, 살전 3:10, 살후 1:11)

3세기 기독교 기도생활에 대해 교부들은 말한다.

너희 평생에 걸쳐 기도하라(클레멘트). 기도의 시간에 대해서는 모든 시간과 장소에서 기도하라는 것 이외에 특별히 주어진 규범이 없다(터툴리안). 끊임없이 기도하는 자의 영혼에 악한 영은 발붙일 수 없다. 성인의 삶에는 오직 한 번의 기도가 있을 뿐이다.(오리겐)[18]

3세기 이후 그리스도인들의 기도 스케줄은 유대교적 배경(하루 두 번, 세 번, 혹은 일곱 번)을 근간으로 했는데, 사도적 그리고 기독론적 경험을 반영하고 있다. 제6시(정오)는 베드로가 욥바에서 환상을 본 시간, 한밤은 예루살렘의 성도가 베드로를 위해 기도하고 빌립보의 감옥에서 바울과 실라가 기도한 시간으로서 그리스도인들의 기도 스케줄 작성의 배경이 된다. 기독론적 관점에서의 기도시간 설정은 특히 로마의 감독 히폴리투스의 사도전승에 잘 나타나 있다.

제3시에 하나님을 찬양하고 기도하라. 이 시간에 그리스도께서 나무에 못 박혀 달리셨느니라. 제6시에 기도하라. 불신앙의 유대인들로 인해 기도하고 온 땅을 어둠으로 덮으신 그분의 목소리를 따라 힘 있게 기도하라. 제9시에 힘찬 기도와 최선의 찬양을 돌리라. 말씀을 주신 거룩한 분을 생각하라. 이 시간 그리스도의 옆구리가 창으로 찔렸으며 물과 피가 흘렀도다. 그의 빛이 남은 날을 채우고 저녁에까지 이르렀도다. 닭 우는 시간에 기도하라. 이 시간 이스라엘의 자녀들이 그리스도를 부인했도다.[19]

이후 4세기 수도원 운동을 통해 기도의 시간은 두 번(이집트 수도원) 혹은 여덟 번(바실과 베네딕트 수도원)이 되며 이 모든 기도의 내용은 시편이었다. 종교개혁 때 루터는 세 번(아침, 정오, 저녁), 영국국교회는 두 번(아침과 저녁 기도회)으로 하루 기도시간을 정하게 된다.[20]

표 14. 예배와 교회력

● 연 주기

교회력	색깔	목적	의미, 활동
대강절	보라색	성탄일에 대한 준비	예수 그리스도와 재림하실 예수 그리스도를 기다림
성탄절	흰색	성육신 신비의 현재적 의미 확인(신성+인성)	성육신 신비의 온전한 구현을 기다림
사순절	보라색	세례예비자와 회중들을 세례와 세례갱신으로 준비	예수 그리스도를 따라 자신을 비우고 거룩한 채찍과 면류관으로 일상적 삶의 표면을 부순다.
고난주간	적색	예수 그리스도의 성육신적 삶으로 그리스도인들을 초대	종려주일 : 재의 수요일-세족목요일-성금요일-토요일 부활비질
부활절	흰색	부활과 생명의 현재적 실체를 확인, 예배력에서 가장 중요, 세례의 최적기	전 세계가 부활의 첫 열매이자 장자이신 예수 그리스도를 따라 하나님 앞에 성령으로 일어서는 부활의 종말적 사건을 기다림
성령강림절	녹색	세례의 성령론적 차원을 조명	세례갱신을 위한 시간 구조의 주축 형성

● 주간 주기

주일의 다양한 명칭	역사적 의미	신앙적 함의
안식 후 첫날	초대 교인들은 부활하신 주님의 현현에 사로잡힘	우리의 안식 후 첫날로 그분의 현현과 말씀하심에 대한 기대와 예감으로 차 있어야 한다.
제8일	주님의 날, 부활의 날, 유대인들의 안식이 예표하는 바 진정한 안식 예수 그리스도를 뜻함, 주의 날은 그리스도의 부활에 의해 성별된 제8일	제8일을 통해 그리스도의 은총이 일상의 7일 속으로 흘러든다. 거룩함, 계시상징.
주의 날 (Lord's Day)	세상에서 머리 둘 곳 없는 그리스도인들이 안식할 곳은 '주의 날', 안식일을 대체한 그리스도인들의 유일한 예배 시간으로 정착	'주의 날'은 거룩한 장소에서 하나님께 기도하며 경외함으로 지키라. 일하지 말고, 여행하지 말고, 좋은 목적이 아니라면 움직이지 말라.
일요일 혹은 태양의 날 (Sunday)	주의 날과 태양의 날 구별, 재해석(2~3세기 이후). 태양의 날 =주의 날(로마 국교화 이후)	말씀, 성찬예배를 위한 날로 선포(321년, 니케아 회의). 믿음 안에서 나의 삶의 지평에 떠올라 밝히시는 그리스도

● 일일 주기

하루의 기도를 위한 시간 계획	정해진 시간에 2~3번 기도(유대교의 기도관습)
예수의 독특한 기도 습관	회중을 떠나 홀로 드리는 기도
사도 공동체의 기도 이상	예수의 말씀 따라 끊임없이 드리는 기도
4세기 수도원 운동	2번(이집트 수도원), 8번(바실과 베네딕트 수도원) : 시편
종교개혁(루터)	하루 세 번(아침, 점심, 저녁)
영국국교회	두 번(아침, 저녁 기도회)

2. 공간

교회(Church)라는 용어는 광야를 유랑하는 이스라엘 회중 혹은 예배를 위해 모여 있는 이스라엘 회중이라는 의미를 가진 '카할'(qahal) 혹은 '에클레시아'(ecclesia, 칠십인 역)에 어의적 기원을 둔다. 따라서 교회란 건물이 아니라 사람의 모임인 공동체 혹은 회중을 뜻한다. 교회는 물리적 개념이 아니라 인격적이며 유기적 개념이다. 바울은 자신을 지혜로운 건축자에 비유했는데 여기서 바울이 짓고 있다고 하는 교회는 공간적 건물이 아니라 예수 그리스도의 죽음과 부활을 기초로 하고, 사도들과 선지자들을 통해, 그리스도의 몸에 연합된 그리스도의 신비한 몸으로서의 기독교 공동체를 가리킨다. 교회란 예수 그리스도와 세례를 통해 연합하여 하나님께서 임재하시는 성전으로 함께 세워져 가는 그리스도인 공동체를 뜻한다.

교회를 위한 건물의 역사

예수께서는 자신의 몸을 성전이라 하셨다. 사도 바울은 세례를 통해 그분의 죽음과 부활에 참여한 그리스도인 공동체를 그리스도의 신비한 몸으로 이해함으로써 기독교 공동체를 성전으로 이해했다. 따라서 본질적으로 예배를 위한 건물의 존재는 구약의 성전과 달리 초대 기독교 공동체에게 본질적으로 구원론적 이슈는 될 수 없었다.

그럼에도 불구하고 역사적으로 기독교는 다양한 시대적, 지리적, 문화적 전통을 따라 나름대로의 독특한 교회 건물의 형태들을 발전시켜 왔다. 교회는 하나님과의 예배적 사귐을 비문자적 공간 언어들을 통해 해석하고 그 실체를 조형해 나감으로써 자신의 신학과 영성을 창조하고 표현해 왔다. 많은 전통적 교회 건물들이 십자가, 예수의 무덤, 노아의 방주, 세례의 물병, 요나의 물고기와 같은 형태들을 취하고 있는데 이러한 이미지가 의식적, 무의식적으로 예배를 해석하고 회중들의 삶을 형상화시켜 왔다.

(1) 신약성서 시대 : 성전, 회당, 가정

신약성서에 나타난 첫 그리스도인들의 모임의 장소는 성전, 회당 그리고 가정이었다. 성전은 뜰과 성전건물로 구성되어 있는데, 희생제사를 위해 설계되었다. 뜰에는 번제단과 제사장들이 손을 씻는 물두멍이 있다. 성전은 성소와 지성소로 나뉘어 있다. 성소에는 일곱 개의 가지를 가진 촛대가 불을 밝히고 열두 지파를 상징하는 열두 개의 떡이 두 줄로 세워져 있는 떡 진설대와 분향단이 있다. 성소에서 휘장을 제치면 바로 옆에 지성소가 있다. 그 안에 돌판, 아론의 싹 난 지팡이, 만나를 담은 법궤통이 있다. 법궤통 위 공간을 속죄소라 하는데 여호와 임재의 자리이다. 번제, 속죄제, 속건제, 거제, 요제, 화목제와 같은 희생제사는 번제단을 중심으로 드린다. 생명의 자리로 알려진 피를 제단의 사면에 뿌리고 그 위에서 기름을 태우는데, 하늘로 오르는 거룩한 연기를 하나님께서 흠향하심으로 예배는 절정에 오른다. 사제와 회중의 철저한 이원적 구조 속에서 예배는 수직적이고 제사장 중심적이었다.

회당은 수평적이며 회중 중심적이다. 희생이 아니라 율법의 낭송, 기도와 찬양의 봉헌이 이 모임의 목적이며, 회당은 이러한 목적을 위해 설계되었다. 회당의 중심에는 전 회중이 함께 말씀을 읽고 듣고 기도를 올리는 독서대가 있다. 말씀의 낭송은 할례 받은 모든 이스라엘 회중의 특권이며 의무이다. 예배의 주체는 회중이다. 회당은 모두가 말씀을 들을 수 있는 작은 규모였으며, 성전처럼 사제와 회중의 공간으로 나뉘지 않는다.

유대인들에게 가정은 예배의 가장 기초적 단위였다. 매 안식일은 가정에서의 안식일 기도모임으로 시작하고, 유월절 같은 대축제일도 그 공간적 중심은 가정에 있었다. 성전의 제단, 제사장들, 그리고 타오르는 제물들 속에서 이 모든 제사를 단 한 번에 온전히 전 피조세계를 위해 올리시고 완성시키시고 드리신 참된 제단, 참된 대제사장, 참된 속죄와 화목의 제물 예수 그리스도를 본다. 회당에서 울려 퍼지는 율법과 예언의 말씀 속에서 이미 오신 메시아로서의 예수 그리스도의 존재와 삶을 해석한다. 그 후에는 그리스도인들만 따로 저들의 가정에 모여 함께 떡을 떼며 구원의 역사를 이미 시작하시고 그 종말적 완성을 향해 일하시는 하나님의 사역에 감사와 찬양을 돌렸다.

(2) 2세기에서 4세기 초 : 가정 집

회당과 성전예배의 참석이 불가능해지고 불필요해졌을 때 그리스도인들은 자신들의 모임을 위해 주로 회중의 가정을 이용했다. 200여 년의 길고 지루한 박해는 간헐적이었으며, 우호적인 황제의 치하나 로마의 행정력이 미치지 못하는 제국의 변방에서는 가정을 모델로 한 조금 큰 규모의 독립된 모임의 장소도 있었던 것으로 보인다. 기원 후 231년대의 것으로 추정되는 시리아의 한 교회를 위한 건물은 세례 예비자를 위한 것으로 보이는 부속실 그리고 별도의 세례소를 가지고 있다.[21]

카타콤의 벽화들은 당시 예배를 위한 기물들이 당대 가정에서 흔히 쓰이고 있었던 생활용품들이었음을 보여 주고 있다. 박해받던 지하종교로서의 기독교 공동체의 모임의 장소는 규모의 차이는 있으나 주로 가정이었다. 기독교 공동체는 당시 이교신전의 위엄과 영광 그리고 그 제의의 화려함에 현혹되지 않았다. 건물의 규모와 외관이 아니라 예수 그리스도와 함께 죽고 다시 산 그리스도의 몸으로서의 사랑의 공동체를 빚어내고 다듬는 일에 절대적인 종교적, 예배적 가치를 부여했다.

(3) 4세기에서 10세기 : 바실리카

교회가 로마에 승리한 것인지 혹은 로마가 결국 교회를 정복한 것인지 시각에 따라 판단이 다를 수 있으나, 현상적으로 콘스탄틴 이후 교회는 황제를 후원자로 얻게 되었고 어제의 순교자 교회가 제국의 영적 권좌에 오르게 되었다. 제국은 국교의 권위를 반영할 수 있는 위엄 있는 건물을 제공하게 되었는데 바실리카라 부르는 이 제국적 스타일의 세속건물은 직사각형의 큰 규모와 긴 회랑을 구조적 특징으로 하고 있었다. 규모는 가정교회와 달리 많은 대중을 수용할 수 있었다. 그 긴 길이는 특히 예배 시 입장과 퇴장 행렬의 장관을 돋보이게 하였으며, 제단을 회중의 시야 끝으로 멀리 끌어냄으로써 제단과 그곳에서 행해지는 종교적 행위와 성직자의 모습에 일종의 신비감과 경외감을 촉발시키는 공간적 구성을 취하고 있었다.

이러한 건물구조는 이후 교회의 신학, 정치, 영성을 새롭게 빚어나가는 해석의 틀로 기능하게 된다. 이 건물이 펼치는 공간적 언어의 시야를 따라 회당-가정교회 전통의 '수평적-회중-말씀-들음(hearing)의 영성'은 '수직적-사제-성찬-봄(seeing)의 영성'으로 바뀌게 된다. 건물과 영성 간의 상호 긴밀한 해석 관계를 실증하는 역사적 예이다.

밀란의 암브로우스는 자신의 바실리카인 아포스톨로룸(A.D. 382)에 양 날개를 추가시킴으로써 후기 라틴 서방교회의 전통적 십자형 건물의 첫 모델 건물을 디자인하였다. 십자가적 신앙의 최후 승리라는 당대 교회의 경험이 반영되어 있는 듯하다. 암브로우스에 따르면 이 성전은 십자형으로 디자인되어 있다. 이 영광스런 이미지는 그리스도의 승리를 드러낸다.[22] 그는 또한 그리스도께서 희생제물이 되신 제단 밑에 순교자들의 유골을 모셨고 후에 성자들의 유골 옆에 자신의 무덤을 만들었는데, 이를 위한 건물의 구조 변화는 역으로 사제직과 관계된 거룩한 공간으로 제단 개념, 성자유골 숭상이라는 대중신앙의 패러다임 발전으로 이어지게 된다.

로마의 그레고리 교황(590~604)은 성 베드로 성당 개축공사 때 예배와 관계없이 언제고 제단 밑의 성 베드로 순교자 사원에 들어가 경건의 시간을 가질 수 있도록 건물구조를 변경시켰다. 예수 그리스도의 십자가가, 제단 순교자라는 예배 공간적 수직 중심축을 따라 이후 중세 서방교회의 영성이 빚어지게 된다. 성찬의 희생제의적 이해, 그리스도의 수난과 죽음에 대한 강조, 성자와 성물의 성매적 이해, 이 모든 은총을 독점적으로 나누어 주는 종적 사제구조와 성례전 시스템 등 모든 중세의 전형적 대중신앙의 골격은 성 베드로 성당의 건물구조와 일치한다.

한 교회의 건물구조는 그 공동체의 신앙과 삶의 구조와 상응한다.[23] 콘스탄티노플, 밀란, 로마와 더불어 예루살렘 역시 바실리카 스타일의 교회가 세워졌다. 예루살렘은 긴 직사각형의 바실리카 스타일과 더불어 그 지역 고유 스타일의 건물구조를 발전시켰는데, 이 건물은 하나 혹은 여러 개의 돔, 혹은 반원돔의 천장이 붙은 중앙집중적 형태의 것이다. 이 돔 형태의 스타일은 예수께서 묻히시고 부활하사 온 세계의 구원의 태가 되고 약속의 땅이 된 예수의 무덤을 이미지로 한다.[24] 무덤에서 교회 건물 스타일의 영감을 얻을 수 있었다는 것은 예수의 수난 현장을 품고 있었던 예루살렘 교회의 특권이 아니었겠는가 생각된다. 많은 순교자들을 배출한 예루살렘 교회는 순교자 기념교회도 같은 돔형의 건축 스타일을 규범으로 적용시켰다.

6세기 콘스탄티노플에 세워진 동방정교회의 소피아성당은 이후 비잔틴 교회 건축양식의 전형이 되었다. 이 건물은 비잔틴 교회들과 오늘의 그리스, 러시아 정교회의 건물, 신학, 예배, 영성, 세계관을 결정짓는 시각을 제공하고 있다. 돔형의 천장을 갖고 있으며 중앙집중식으로 지어진 이 건물은 예루살렘의 무덤교회와 비슷하나, 이 건물이 표현하고자 하는 바가 그리스도의 승리와 영광과 부활에 집중되어 있는 탓에 건물이 열어 주는 빛과 결이 예루살렘의 것과 다르다.

이 건물은 천상의 예배라는 비잔틴 예배의식의 비전을 구현시켜 줄 수 있는 철저한 예배적 공간으로 건축되었다. 성화(icon), 향, 금빛 주조의 모자이크, 돔과 빛 그리고 성 바실과 성 크리소스톰의 성찬 예문, 희랍어, 키리에, 판토크라토이신 예수 그리스도, 천사, 사도들, 순교자와 성자들의 수직적 구원의 계단을 문신처럼 몸에 새긴 건물, 이 모든 것을 통해 회중은 아버지께 영원한 제사를 올리는 하늘 예수 그리스도의 봉헌과 찬양의 예배에 참여한다. 이 건물은 단지 예배를 위한 물리적 공간이 아니다. 그것은 예배의 구성적 요소가 된다.

(4) 10세기에서 종교개혁 전 : 고딕

서방교회는 바실리카를 발전시켜 로마네스크를 거쳐 중세 신앙과 세계상의 완벽한 표현이라 할 수 있는 고딕 스타일을 창출하게 된다. 고딕은 십자형 구조에 철탑을 올린 스타일이다. 건물의 외부를 조각으로 장식해 당시 기독교 우주관을 표현했다. 벽에는 스테인드글라스를 장치했는데 그 빛의 조화가 이루는 신비감은 하늘 예루살렘을 방불케 하고 있다.[25] 천장은 그레고리안 단성 찬트가 굽이쳐 성당을 흘러 감아낼 수 있도록 만들어졌다. 고딕 역시 '수직적-사제 중심적-희생제의적 성찬-봄(seeing)'을 중심으로 한 예배의식을 뒷받침해 줌으로써 예배로부터 회중을 소외시키는 건축 양식이다.

(5) 종교개혁 이후 : 보편적 양식이 없다

종교개혁은 중세 성례 시스템의 타락과 사제 중심 예배를 비판하고 말씀과 회중 중심의 예배를 축으로 신학과 실천을 재해석한 것이다. 종교개혁운동은 보수적인 루터교에서부터 극좌파인 재세례파에 이르기까지 그 신학, 영성 그리고 공간개념의 스펙트럼이 다양하다. 따라서 한마디로 개신교의 보편적 교회 건물 스타일을 말할 수는 없다. 그럼에도 중세와 다른 것은 설교와 회중의 예배 참여를 장려하는 방향으로 나아가고 있다는 사실이다.

가시권과 가청권 확보는 말씀을 중심으로 하는 모든 개신교 교회 건물의 필수적 충족 요건이다. 이층 발코니는 더 많은 회중을 설교자의 가청권 내로 끌어들이려는 전형적 개신교적 건물 디자인이었다. 말씀의 들음을 방해하는 모든 내부적 장식물이나 그림이 없는 것도 개신교 건물의 특징 중 하나이다. 종교개혁자 쯔빙글리는 건물 내의 모든 그림과 조각을 없앴고, 성가대와 오르간 그리고 회중 찬송조차 예배 시 금지시켰는데 이유는 침묵 가운데서 방해받지 않고 말씀 듣는 것에 집중하게 하기 위함이었다. 이러한 건물의 내부와 외관의 단순성은 개신교의 예배적 비전을 잘 반영하고 있다.

표 15. 교회를 위한 건물의 역사와 의미

시기	건물	의미
신약시대	성전	수직적 예배, 제사장 중심적
	회당	수평적, 회중 중심적
	가정	예배의 가장 기초적 단위
2~4세기 초	가정 집	건물의 규모와 외관이 아니라 예수 그리스도와 함께 죽고 다시 산 그리스도의 몸으로서의 사랑의 공동체를 빚어내고 다듬는 일에 절대적인 종교적, 예배적 가치를 부여함
4~10세기	바실리카	기독교가 국교화 됨에 따라 권위를 반영할 수 있는 위엄 있는 건물을 제공 : 직사각형의 큰 규모와 긴 회당이 구조적 특징
10세기~ 종교개혁 전	고딕	중세신앙과 세계상의 완벽한 표현, 그러나 예배로부터 회중을 소외시키는 건축양식
종교개혁 이후	보편적 양식이 없다	중세 성례 시스템의 타락과 사제 중심적 예배 비판, 말씀과 회중 중심의 예배를 축으로 신학과 실천을 재해석(설교와 회중의 예배참여)

건물의 예배학적 기능

제임스 화이트와 수잔 화이트는 그들의 공저 「교회건축」(*Church Architecture*)에서 교회를 위한 건물을 크게 6개의 기능 공간, 즉 모임을 위한 공간, 움직임을 위한 공간, 회중을 위한 공간, 찬양대를 위한 공간, 제단-상(Altar-Table)을 위한 공간, 세례대를 위한 공간으로 구분한다. 그리고 이 여섯 기능의 예배적 중심과 초점으로 제단-상(성찬), 세례대, 설교대가 있다.[26]

(1) 모임을 위한 공간

첫째 공간은 모임을 위한 공간이다.[27] 예배행위에서 가장 상징적 행위는 그리스도의 이름으로 흩어졌던 지체들이 모여 한 공동체를 이루어 내는 행위이다. 공동체가 그리스도의 몸을 형성하기 위해 모일 때마다 그분의 현존이 새롭게 계시된다. 매 주일예배를 위해 함께 모일 때마다 성육사건의 신비를 구현해 내는 것이다. 나이, 학력, 직업, 삶에 대한 감각과 경험의 제각기 다른 삶의 언어들을 가지고 하나의 몸을 이루기 위해 모여드는 행위는 그 자체로 교회의 본질적 자기표현행위이다.

따라서 이러한 부름과 초대에 응답해 그리스도의 몸을 이루기 위해 함께 모이는 모임 행위의 신학적·예배학적 함의를 표현할 수 있는 건물 공간이 요구된다. 그것이 현관이든 혹은 실외의 어떤 장소이든 주일예배를 위해 모여든 자들이 자신들이 모이게 된 이유를 피차 확인할 수 있는 공간이 필요하다는 것이다. 중세 교회는 건물의 뜰이 교우들의 무덤으로 둘러싸여 있어 뜰 자체가 모임의 예배학적 의미를 해석해 주는 바가 있었다. 간혹 현관 혹은 예배실 앞 로비에 세례를 상징하는 성구가 놓여 있어 예수의 죽음과 부활에의 참여라는 모임의 의미를 분명히 해 주고 있다. 이것은 예배학적 공간조성의 좋은 예이다.

(2) 움직임을 위한 공간

둘째 공간은 움직임을 위한 공간이다.[28] 14세기경 의자가 예배 공간에 도입되기 전까지 교회 건물 내부는 대부분이 움직임을 위한 공간이었다. 회중은 서고, 무릎 꿇고, 손들고 성찬을 위해 입장하고 퇴장할 수 있었다. 중세 말 의자의 도입은 기독교 예배에 급격한 변화를 몰고 왔으니, 그렇지 않아도 수동적, 관망적이었던 예배자를 더욱 예배의 중심에서 소외시킨 것이었다. 특히 개신교는 말씀에 대한 강조로 예배 내 움직임을 되도록 자제해 왔다.

몸의 움직임을 견제하고 오직 귀만 열어 마음으로 받아들인다는 개신교 예배자세와 그를 위한 공간구조는 오늘날 개신교가 앓고 있는 윤리감각 상실이라는 병의 병리학적 원인으로 볼 수 있다. 예배 시 몸의 움직임은 보다 적극적으로 예배의 구성적 요소로 이해되어야 하며 움직임을 위한 공간에 예배학적 가치를 둘 필요가 있다. 고정된 의자로 가득 채워 넣은 예배 공간은 오늘날 몸과 움직임 부재의 기독교적 영성과 삶을 대변하고 있는 듯하다.

(3) 회중을 위한 공간

셋째 공간은 회중을 위한 공간이다. 화이트는 회중석을 좌석 공간(seating space)이라 부르지 않고 참여를 위한 공간이라 부름으로써 고착된 좌석이 열어줄 수도 있는 수동적, 관망적 예배 이해 가능성을 제거해 보려 한다.[29] 회중은 적극적 예배참여를 위해 일어서고, 앉고, 무릎 꿇고, 박수치고, 나가고, 들어오는 행위를 하게 된다. 화이트는 이러한 움직임을 통한 예배에의 참여를 유도하고 권장하는 건물구조가 이상적이라 말하며, 큰 규모의 건물보다는 작은 건물, 직선적 건물보다는 모든 회중을 예배의 중심이 되는 설교단, 세례단, 성찬상으로 최대한 가까이 끌어들일 수 있는 중앙집중식 건물(원형이나 사각형)을 이상적 예배 건물 스타일로 제시하고 있다.[30]

(4) 교회음악을 위한 공간

넷째 공간은 교회음악을 위한 공간이다. 예배의 본질은 찬양이며 찬양은 회중이 주체이다. 회중찬양이 이처럼 중요하다면 교회 건물은 가능한 회중들의 찬양이 극대화될 수 있도록 설계되어야 한다. 회중이 부르는 음악 스타일 중 하나는 찬송(hymn)이다. 회중의 찬송을 격려하기 위해서는 피차의 찬양을 들을 수 있고 그것을 심도 있게 담아낼 수 있는 건물 형태가 좋은데 원형의 형태가 이상적이다. 찬양을 부르는 개인은 자신의 옆과 뒤 그리고 앞쪽으로부터 들려오는 찬양의 소리에 고무될 것이며 선포와 들음의 행위인 이 찬양의 예배에 적극적으로 참여할 수 있을 것이다.

회중찬양의 목록에는 찬송과 더불어 시편송이 있다. 전통적으로 시편송은 유대-기독교의 예배와 성무일과의 주 내용이었는데 종교개혁기를 지나며 특히 칼빈 전통에 의해 교회의 유일한 음악으로 선택되었다. 시편은 교창으로 두 그룹이 주고받으며 화답하는 것이 전통이다. 옛 수도원에서는 제단 위에 서로 마주 볼 수 있는 찬양석을 마련하고 수사들이 피차 시편 교창으로 성무일과를 올렸는데 교창을 위한 이상적 구조라 할 수 있다. 만일 주일예배의 고정 의자가 이러한 교창을 불가능하게 한다면 새벽기도나 혹은 정기적 찬양의 기도시간에 서로 마주 보는 의자대형을 꾸며보는 것도 좋을 것이다.

찬양대의 본래적 기능은 회중찬양을 돕고 격려함에 있다. 무엇도 회중으로부터 찬양을 빼앗아갈 수 없다. 찬양대의 공간적 위치는 회중찬양을 도와야 한다는 찬양대의 본래적 과제와 무관하지 않다. 화이트는 회중의 찬양을 고무할 수 있는 찬양대의 공간적 위치에 대해 세 가지 가능성을 제시한다.[31] 먼저 회중석 뒤에 분리된 공간에 찬양대를 위치시킬 수 있다. 이때 회중은 뒤에서 들려오는 찬양에 격려될 것이다. 찬양대는 회중들의 관심으로부터 자유로워질 것이다. 약점은 회중과의 분리로부터 오는 소외감이 있을 수 있다. 찬양대를 회중석 안에 두는 경우다. 한 단 혹은 두 단 정도의 스테이지를 만들어 회중과의 분리감을 제거하고 동시에 회중의 주목으로부터 어느 정도 자유로울 수 있다. 마지막으로 모든 성가대원을 회중 안에 심는 방법이다. 특별 찬양을 위해 앞에 모이는 것 이외에는 자신의 자리에서 주변 회중의 찬양을 도울 수 있다. 화이트가 제시한 이 세 가지 위치는 그 장단점을 각기 가지고 있으나, 회중찬양의 중요성을 부각시키고 그 찬양을 위한 회중석과 찬양석의 배치를 실제적으로 제안했다는 점에서 주목할 만한 것이다.

⑸ 성찬과 세례를 위한 공간

다섯째와 여섯째는 각기 성찬과 세례를 위한 공간이다. 예배의 초점은 세 가지 상징물, 즉 세례대, 성찬대, 강단에 모여 있다. 교회 건물은 회중이 이 세 개의 예배적 초점을 자신의 가시권, 가청권 안에 넣을 수 있게 그리고 이 상징물에 대한 접근이 용이하도록 디자인되어야 한다. 상징물은 예배의 의미를 조명해 주는 해석의 틀이다. 따라서 각 상징물과 예배순서 간에 밀접한 관계가 있음을 인식하고 예배를 집례해야 한다.

강단은 말씀이 봉독되고 선포되는 곳이다. 세례대는 예배순서 중 특히 죄의 고백과 사죄, 말씀에 대한 응답으로서의 각종 헌신의 순서들이 행해져야 할 공간이다. 성찬대(제단-상)는 봉헌과 봉헌물을 위한 성별의 기도, 성도의 교제의 의미를 잘 조명해 줄 수 있는 예배적 공간이다.

집례자가 예배의 순서를 따라 각각의 의미 공간들(세례, 성찬, 말씀)에 자신을 위치시키고 그곳에서 예배적 행위를 한다면 공간과 예배순서는 보다 분명히 서로의 의미를 강화시켜 주게 될 것이다. 이와 함께 예배적 중심을 위해 이 세 공간에 보다 많은 공간을 할애해야 한다.

표 15. 건물의 예배학적 기능

모임	예수의 죽음과 부활에 참여하는 모임의 의미가 부각되도록 하라
움직임	몸의 움직임을 예배적 구성요소로 이해하라
회중	참여를 위한 공간
교회음악	찬양은 예배의 본질이며 회중이 주체
성찬과 세례	상징들과 예배순서 간에 밀접한 관계가 있음을 인식하고 예배를 집례하라

생각과 실천을 위한 질문 ✍

• 우리 교회에는 세례, 성찬, 말씀의 의미를 나타내는 공간이 있는가?

• 이러한 공간들이 예배 때 잘 설명되고 있는가?

• 현재의 예배환경에서 새신자들에게 좀 더 접근하고 그들을 끌어들이기 위하여 어떤 변화를 시도할 수 있는가?

3. 음악

예배음악의 역사

초기 기독교 예배 음악은 유대교 예배 음악의 영향을 받았다. 예수의 시대에 유대교 예배는 성전, 회당, 가정을 중심으로 이루어졌다. 성전에서는 레위지파에서 선별된 전문 음악인 집단이 활동했다. 이러한 전문 음악인의 존재와 활동은 다윗 왕이 레위지파에게 성전에서의 찬양직을 맡겼다는 성서적 증거를 통해서 확인할 수 있다(대상 25:1). 예수 당시 헤롯 성전에서는 12명의 남자 성악가와 거의 동 수의 악기로 구성된 악단이 예배를 도왔다. 저들이 부른 찬양의 가사는 시편과 성서에서 발췌한 시 장르에 속한 본문들인데 성전 희생제의 중 불렀다. 성전 예배에서의 음악적 기능은 주로 이 전문 음악인들에게 주어져 있었으며 회중은 후렴구의 반복과 같은 소극적 역할만 감당했던 것으로 알려져 있다.

회당예배는 성전예배와 달랐으며, 이러한 회당예배에서의 음악은 후에 기독교 예배음악에 성전음악보다 더 깊고 직접적인 영향력을 행사하게 된다. 성전예배가 사제 중심적, 수직적, 전문적 희생제의 모습을 띠었다면 회당모임은 회중 중심의 수평적, 말씀의 낭송, 연구, 기도와 찬양의 봉헌이 중심을 이루었다. 회당모임은 모든 회중이 참여하는 쉐마 낭독, 율법 낭독, 기도 낭독이었는데 언어를 기본 매체로 한 낭송 혹은 말하기 중심의 예배라고 할 수 있다.

낭송, 말하기, 선포는 대중적 연설로, 말하는 자는 자연히 선포의 행위 속에 가락과 억양(intonation)을 넣는다. 모든 언어는 그것의 내용과 문장구성에 따라 장단과 높낮이라는 의미의 에너지를 함축하고 있다. 말은 이미 그 안에 음률, 즉 가락을 품고 있다는 뜻이다. 모든 고대 문명이 그러했듯 유대교 음악에서도 노래하는 것과 말하는 것 사이를 특별히 구별하는 일은 없었다. 음악적 차원을 가진 언어를 중심으로 하는 예배에서 음악을 말과 구별된 예배의 어떤 독립되고 구별되며 고립된 한 단위의 요소로 논의한다는 것은 불가능하다.

신비와 놀라움의 종교적 경험을 표현하는 모든 종교적 언어는 그 본질상 은유적이며 시적이다. 따라서 말씀을 마음에 깊이 가라앉히면 가락이 솟아나와 말씀을 해석한다. 말씀이 언제나 작곡가인 셈이다. 따라서 말씀 중심의 회당예배에서는 언제나 말하기와 노래하기가 서로의 경계를 오가게 되어 있다.[32] 말하고 선포하는 일은 자연히 리듬과 템포를 타게 되어 있으며, 이것이 노래의 형식으로 발전하게 되는 것이다. 말하고 들어야 하는 회당예배의 청각적 요소는 본질적으로 음악적이었다고 할 수 있다. 사도행전 13장 15절에서 볼 수 있듯이 회중은 누구라도 회당장의 초대로 앞에 나가 가락이 있는 기도를 인도했다. 이러한 말씀의 음악성은 그대로 기독교 예배음악의 한 전통을 이룬다. 예수 당대 가정에서의 예배 역시 말씀 중심으로 그 안에는 말씀에 따른 독특한 가락의 예배음악이 있었으리라 추측된다.

초기 기독교 예배는 그 안에 식사, 예수의 생애에 대한 이야기, 사도들의 편지 낭독, 기도와 찬양의 요소가 있었다. 대중적 선포는 이미 회당예배에서 살펴보았듯이 언어 중심적이며, 그럼으로써 예배 전체가 일종의 음악적 차원을 가지고 있었다고 할 수 있다. 따라서 유대교 예배가 그러했듯 초기 기독교 예배에서 음악적, 비음악적 구성 요소들을 간단히 그리고 확정적으로 구별하고 가려내는 일은 불가능하며 시대착오적 시도이다.[33] 물론 신약성서 안에는 이러한 언어 혹은 말씀 중심의 예배 자체가 지니게 되는 음악성을 넘어 뚜렷하게 음악적 요소로 구별될 수 있는 것들도 존재한다.

그럼에도 이 음악적 요소들은 철저히 말씀에서 기인하며 말씀에 봉사하도록 되어 있었던 것으로 추측된다. 사도 바울에 의하면 성령의 은총으로 여겨진 방언조차도 회중이 알아들을 수 있도록 해석되고 듣는 자의 마음과 삶 속에 그리스도인의 덕과 아멘을 불러일으킬 수 있도록 해석되지 않는다면, 알아들을 수 없는 방언은 일만 마디라도 가치가 없다(고전 14:13~19). 말씀의 선포가 모든 은사의 존재 이유라는 당대 정서에 비추어 초대 교회의 교회 음악은 철저히 말씀의 전달과 이해를 돕는 기능을 수행했다고 본다. 한(Hahn)에 따르면 예배와 삶이 분리되지 않았듯이 초대 교회 예배에서 아직 예배와 음악은 분리되지 않았다. 예배, 삶, 찬양은 통합된 하나의 실체로 있었다는 뜻이다.[34]

2~3세기 교회예배에서 말씀 선포와 음악은 상호 독립된 요소로 구별해 낼 수 없었다. 이 간헐적 박해의 시대에 예배는 주로 가정에서 드렸으며 이 친밀한 가시권, 가청권 내에서 이루어지는 예언서와 복음서의 낭독, 보다 자유로운 기도들, 회중적 응답과 식사는 여전히 말씀 중심의 회당전통 위에서 있었다. 그리고 이 말씀의 운율적 장단, 고저, 가락이 하나의 음악적 실체를 빚어내고 있었다. 다양한 사역들에도 불구하고 이 시기 문헌에 아직 캔토, 시편 영창가 혹은 독창자에 대한 언급은 찾아볼 수 없다. 터툴리안의 문서에 독창자에 대한 언급이 있으나, 독창자가 제도화된 전문적 교회음악인을 가리키는 것이 아니다. 말씀이 전 회중에 의해 낭송되고 응답되던 이 시절 아직 음악은 말씀과 함께 회중에게 속한 것이었다.[35] 회중의 육성과 그 음악적 차원에 대한 강조는 악기에 대한 거부감과 저항감으로 이어진다.

4세기 이후 교회음악은 이전과는 다른 방향으로 모습을 갖추어 나가게 된다. 이 모든 교회음악의 변화는 기독교의 로마 국교화로부터 시작된다. 박해받던 지하의 순교자 교회가 로마 제국의 종교로서 제국의 시간적, 공간적, 영적 중심으로 떠오르게 된 것이다. 가정에서 드리던 불법적 모임이었던 대가족 수준의 예배가, 로마 제국 황제를 후원자로 한 로마 시민들의 공적 예배가 된 것이다. 이름 없던 평민과 노예들의 예배에서 제국의 황제와 지배계층의 종교가 되었다. 교회의 건물, 사제들의 사회적 지위, 예배복장, 예배의식과 성례 신학 등 기독교 예배와 영성과 실천에 대변화의 바람이 불었다. 제국의 종교로서의 위엄과 영광이 교회의 건물, 예배복식, 예배의식에 반영되어 갔다.

로마는 교회에 바실리카 양식의 대건물을 예배의 모임처로 제공했다. 이전의 가정예배 처소는 그 장식, 위엄, 규모에 있어 바실리카에 감히 견줄 바가 못 되었다. 4세기 이후 예배와 영성에 영향을 끼친 이 건물의 예배학적 공간구성의 특징은 제단과 회중 공간 사이의 긴 간격이었다. 얼굴을 맞대고 식탁에 둘러앉아 말씀을 낭송하고 아멘으로 화답하던 가정 교회와는 전혀 다른 예배의식과 영성을 이 바실리카는 빚어나가고 있었다. 제단과 회중 사이의 간격은 성직자와 회중을 이원화시켰고, 이러한 회중의 가청권을 넘는 공간적 간격은 말씀보다는 성찬 중심의 보는 예배를 촉진시키게 되었다.

예배의식은 매우 복잡하고 정교하게 발전되었으며 이를 위한 전문 성직자 집단이 나타나게 되고, 후에는 일반 시민들이 모르는 라틴어가 예배의 유일한 공식 언어로 등장하게 되었다. 스스로 말씀을 낭송하고 아멘으로 화답하며 기도와 찬양을 드리던 회중들은, 이제 제단과 회중 사이의 공간적 벽과 언어의 벽(라틴어)으로 인해 역사가 진행됨에 따라 말씀 선포와 찬양의 주체로부터 성찬을 참관하는 성직자 중심 예배의 수동적 객체와 삼자로 물러나게 되었다. 회중은 받은 은총에 대해 감사와 찬양을 드리던 예배의 주체로부터 교회가 성직계급을 통해 수여하는 은총의 가난한 수혜자로 떨어지게 된 것이다. 이러한 바실리카의 새로운 공간구조와 그 구조와 위엄에 맞는 복잡한 예배의식 절차의 발전은 회중중심, 말씀중심의 가정교회 예배의 음악적 차원을 일소시켰다.

말씀을 빼앗긴 회중들은 이와 함께 찬양으로부터도 소외되었다. 회중을 대신해 교회음악을 인도할 보다 전문적 음악집단이 출현하게 된 것이 바로 이 즈음이다. 이미 4세기에 캔토(Cantor)와 소년 성가단이, 7세기에는 예배 영창자들이 등장하였다. 7세기 이후 그레고리 대제를 중심으로 찬트(Chant, plainsong)라는 새로운 예배음악이 발전하였으며, 이 단성창은 9세기 이후 기보법의 완성과 함께 다성화음으로 발전해 나갔다. 새로운 예배공간, 예배의식의 복잡화, 전문 예배인도 집단의 출현은 예배로부터 회중을 언어적으로, 공간적으로, 음악적으로 소외시켰다. 이러한 상황은 4세기 이후 16세기 종교개혁 전까지 이어졌다.[36]

종교개혁은 회중의 말씀과 찬양으로부터의 소외라는 4세기 이후 기독교 예배 발전의 부정적 측면을 반전시키는 계기가 되었다. 루터는 그의 만인사제직에 근거해 회중을 은총수여의 수동적 객체에서 말씀과 찬양의 주체로 회복시켰다. 회중의 입과 귀와 마음에 다시 말씀을 되돌리기 위해 성직자들의 언어였던 라틴어 대신 독일어를 사용하기 시작했다. 독일어 예배서와 독일어 성서가 간행되었고 회중들은 다시 말씀을 읽고, 듣고, 말씀을 노래하기 시작했다.

사제로서의 회중의 입술에 다시 찬양을 돌려주기 위해 찬송가를 작사 작곡하였으며 회중음악을 예배와 영성 그리고 교회음악의 중심으로 회복시켰다. 루터는 음악이 하나님의 말씀 다음가는 은총이라고 말할 만큼 예배에서의 음악의 중요성을 높이 평가했다.[37]

루터에게 음악은 하나님의 창조물이고 우리에게 주신 위대한 선물이므로 창조주께 드리는 예배에서 적극적 사용을 권장했다. 루터의 교회음악에 대한 평가는 찬송의 문학성이나 심미적 아름다움이 아니라 찬송이 담고 있는 말씀의 신학적 영적 의미와 관계되어 있다. 루터가 시편을 사랑한 것은 그 말씀이 주는 교훈, 위로, 격려, 환희와 같은 영적 능력과 관계되어 있다. 그에게 음악은 복음 선포의 도구였다. 모든 회중이 하나님의 말씀을 직접 읽어야 하듯 모든 회중은 함께 찬송을 불러야 하는데, 이때 회중찬송은 루터에게 그 자체로 살아 있는 복음의 소리였다.

음악은 인간을 그 내면 깊은 곳으로부터 말씀에 응답할 수 있도록 돕는 성령의 매체이며 경건의 교육에 유익하다. 루터에게 찬양은 언어를 초월하시는 하나님의 신비 앞에서 우리가 사로잡혀 들어가게 되는 환성과 탄성을 표현할 수 있는 유일한 도구였다. 찬양의 추진력은 하나님 앞에서의 놀라움과 기쁨의 충만이다. 루터는 여러 음악의 장르에 대해 개방적이었다. 그는 회중과 함께 찬양대, 기악, 독창자에게도 예배음악적 기능을 부여했다. 본래의 곡에 가사만 새것으로 대체하는 콘트라팍툼(Contrafactum) 방식을 통해 세속가락을 교회음악에 도입했으며 기존의 로마 가톨릭 예배 음악이나 수도원 전통의 음악도 끌어들였다. 가사는 성서적이고 신학적이면 족했지만 반드시 자국어로 번역해야 했다.

루터와 동시대인으로서 종교개혁자의 한 사람이었던 쮜리히의 쯔빙글리는 루터와 달리 예배에서의 음악사용을 불허했다. 물론 개인적으로 출중한 음악가였던 쯔빙글리는 예배 이외에서의 음악의 역할에 대해서는 매우 긍정적 평가를 내린 인물이었다. 가정과 학교에서의 음악교육은 장려하였다. 그는 성가대를 해체시키고 오르간을 예배실 밖으로 추방시켰으며 회중음악도 금지시켰다. 오직 완전한 침묵 속에서 하나님의 말씀만 울리게 하라는 것이 쯔빙글리의 예배신학이었다.

영과 육의 이분법에 기초해 타락한 육이 영을 살리는 구원의 매체가 될 수 없다고 생각한 쯔빙글리는 음악뿐 아니라 모든 문화적 매체의 예배 시 사용에 대해 극단적으로 부정적이었다. 음악의 아름다움은 육신의 귀에 머무를 뿐 그것을 뚫고 우리의 영혼에까지 이를 수 없다는 것이었다. 오직 성령께서만 인간의 영에 구원의 확신과 확증을 주신다고 보았다. 세속적이든 종교적이든 음악이라는 문화적 매체는 인간의 구원에 어떠한 영향도 주지 못하는 것으로 여겼다. 이런 의미에서 예배에서의 음악 사용은 불필요했다.

루터와 쯔빙글리보다 한 세대 후에 활동한 제네바의 칼빈은 쯔빙글리와 같이 예배음악에 대해 극단적으로 부정적이지 않았지만 루터에 비해서는 다분히 절제되고 금욕주의적인 자세를 견지했다. 칼빈은 예배 안에서 오직 자국어로 된 회중 찬양만을 부르게 했다. 따라서 성가대는 해체되었다. 멜로디는 반드시 단성음을 사용하도록 했는데, 화려하고 풍부한 다성화음은 몸을 입고 성육하신 겸비의 그리스도를 찬양하는 데 적절하지 않다고 생각했기 때문이다. 기악 연주는 신앙고백과 무관하다는 이유로 예배에서의 사용을 금지시켰으며, 찬양은 오직 시편만을 사용하도록 했다. 칼빈 역시 교회음악의 선포적, 교육적 기능을 높이 평가했다. 루터가 찬송가 전통을 발전시켰다면 칼빈은 시편 송가 전통을 발전시켰다.

종교개혁 이후 18세기 영국의 존 웨슬리 형제, 왓츠, 19세기 미국 부흥운동의 무디, 아프로-아메리칸들의 영가, 20세기 후반의 다양한 장르의 CCM에 이르기까지 교회음악은 발전해 왔다.

표 15. 예배와 음악의 역사적 이해

	활동	회중	특징
성전	레위지파 선별 전문 음악인	회중은 후렴구 반복 등 소극적 역할	사제 중심적, 수직적, 전문적 희생제
회당	말씀의 전달과 이해를 돕는 기능	예배, 삶, 찬양이 통합된 실체	수평적, 말씀낭송, 연구, 기도, 찬양, 봉헌 등 말하기 중심의 예배
가정	회중의 육성과 그 음악적 차원을 강조	말씀과 함께 회중에 속한 음악	악기에 대한 거부와 저항
4세기 이후 (로마국교화)	제국의 종교로서의 위엄과 영광	제단과 회중 공간 사이의 긴 간격, 성직자와 회중을 이원화	말씀보다는 성찬 중심의 보는 예배 촉진
16세기 종교개혁 (루터)	독일어 사용, 찬송가 작사곡, 음악의 중요성	회중을 은총 수여의 수동적 객체에서 말씀과 찬양의 주체로 회복	회중찬송은 살아 있는 복음의 소리

표 16. 웨슬리 형제의 찬송가 지침

겸손하고 알맞게 부르십시오. 회중과 구별되어 자신의 목소리를 들리게 하기 위해 외치듯 부르지 마십시오. 여러분의 목소리들을 함께 모으고 일치시키도록 노력하십시오. 그럼으로써 하나의 선율만이 들리게 하십시오.(존 웨슬리)

이 찬양의 일 저희 참여할 때
당신의 영광이 유일한 목적 되게 하소서.(고전 10:31)
저희의 영광이 아니라(요 7:18) 저희로 목적 잃지 않게 하소서.
늘 즐겁게 해 드리는 일 하게 하소서. 오직 우리 하나님만을.(살전 2:4)
감추어진 교만, 교활한 죄, 오 더 이상 그런 것들
저희의 찬양에 숨어들지 않게 하소서.
당신의 영광스러운 눈 거슬리게 하고(사 3:8)
저희의 이 신성한 투쟁 모독하며 저희의 이 거룩한 봉사 헛되게 만들고(사 1:13)
저희의 이 희생제물 더럽히는,
늘 저희 자신을 지키게 하소서.
거룩한 질투심 가지고 소리의 힘에 경계심 갖게 하소서.
일시적 느낌이 찬양의 목적 좌절시키지 않도록
음악의 매력이 저희를 황홀케 하여
저희의 마음 당신으로부터 훔쳐가지 않도록
조급히 경쟁하는 일 제거하소서.
질서정연한 노래를 부풀리고 격하게 만드는
이기적 사랑에서 나오는 시끄러운 감정의 격발들도
그렇게 저희로 한 주님을 찬양하게 하소서.
아름답게 한 목소리로 당신의 선함 선포하게 하소서.
예수여 당신 자신을 저희 안에 드러내소서.
저희의 모든 감각으로 느끼게 하소서.
저희를 일치시키시는 당신의 이름을(찰스 웨슬리)[38]

- 우리 교회에서는 음악이 회중의 찬송으로 나타나는가? 또는 성가대의 찬송으로 나타나는가?

- 음악은 하나님께 드리는 성가대의 예물로 기능하는가? 아니면 사람들을 향한 선포로 기능하는가?

- 쯔빙글리는 예배에서 음악사용을 불허했다. 그 이유는 오직 완전한 침묵 속에서 하나님의 말씀만을 울려야 한다고 생각했기 때문이다. 예배와 음악과의 관계를 어떻게 조율해야 하는가?

- 칼빈 또한 예배와 음악의 관계에서 루터에 비해 절제되고 금욕적 자세를 견지하면서 교회음악의 선포적, 교육적 기능을 강조했다. 교회음악의 선포적, 교육적 기능을 위한 방법으로 어떤 것들이 있는가?

- 우리 교회의 예배음악은 역사에 나타난 것들 중 어느 것과 유사한가? 회중의 참여를 위한 음악적인 방법은 무엇인가?

계시의 언어로서의 음악

음악은 네 가지 속성으로 인해 초월을 표현할 수 있는 적절한 신학적 언어로 간주되었으며, 이로 인해 하나님과의 만남과 경험을 표현하고 매개하는 예배의 구성적이고 필수적인 언어로 사랑받게 되었다.

⑴ 질적 시간의 매개
음악은 질적 시간을 매개할 수 있는 능력과 관계하여 예배의 언어가 된다. 수잔 랭어(S. Langer)는 '음악은 시간을 들을 수 있게 해 주는 시간예술'이라 정의한다.[39] 그림이나 조각 혹은 건축과 같은 공간예술은 공간을 소재로 인간의 경험 속에 의미공간을 계시한다. 음악은 공간적, 계량적, 연대기적, 물리적 시간을 인격적이며 질적인 시간으로 창조해 내는 힘이 있다. 음악은 흙처럼 누워 있던 죽은 시간들 속에 단절과 긴장과 에너지의 파동을 일으켜 이러한 물리적 시간 속에서 인간이 숨 쉬고 살 수 있는 의미 있는 인격적 순간을 계시한다. 이런 의미에서 음악은 영원한 현재가 되시고 모든 의미 있는 질적 시간의 출처가 되시는 삼위 하나님의 예배적 현현을 매개할 수 있는 언어가 된다.

건물은 존재하기 위해 공간이 필요하다. 그러나 음악은 존재하기 위해 반드시 특정한 시간과 누군가의 입술과 귀가 필요하다. 음악이라는 소리의 존재는 그것을 만들고 듣고 교감하며, 지금 어떤 식으로든지 반응을 보이고 있는 인격적 존재들 간의 실존적 현재(동시성) 속에서만 일종의 사건으로 존재할 수 있다. 이런 뜻에서 옹(W. Ong)은 다음과 같이 말한다.

> "음악의 기본적 소재로서의 소리(sound)는 그 어떤 감각의 대상보다 더 실체적이며 실존적이다. 우리를 현실과 동시성의 한가운데로 밀어 넣는다."[40]

소리는 잡아둘 수 없다. 입술도 귀도 마음도 소리(음악)를 소유할 수는 없다. 소리는 반응을 일으키고 사라질 뿐이다. 어둠 속에서 명멸하는 아름다운 불씨처럼 소리와 음악은 침묵 속에서 잠시 반짝이다 더 깊은 침묵 속으로 잠겨든다. 실존적 귀 기울임 속에서 듣는 그 순간에만 소리는 마음에 어떤 인상을 남기고 반응을 일으킨 후 사라진다. 성서에 따르면 하나님의 말씀 역시 그런 식으로 나타나시고 그런 식으로 응답되어야 한다. 이렇게 음악은 듣는 자를 소리와의 현재적 동시성 안으로 끌어들인다.

(2) 하나님의 자기계시의 주요 매체

음악은 성서에서 하나님의 자기계시의 주요 매체로 인식되었다.[41] 유대-기독교 전통에서 하나님은 단순히 추상적 개념이 아니라 사랑하는 자를 위해 시공에 개입하시는 인격적 존재이다. 구약에서 이러한 개입은 청각적 형태인 말씀을 통해 이루어진다. 신약에서도 하나님 현현의 매체로 청각적인 것이 계속 강조되는데, 인격적 하나님의 계시는 말씀으로 표현되고 있다(요 1:1)는 사실에서 그 사실을 확인할 수 있다.

성서는 하나님 현현의 수많은 매체 중에서 특히 소리에 대해 깊은 애착을 갖는데, 이는 소리의 가장 정교한 형태로서의 음악이 하나님의 자기계시의 인격적 본질을 가장 잘 매개하기 때문이라고 본다. 따라서 이러한 소리로서의 음악이 계시사건으로서의 예배언어가 되는 것은 자연스러운 일이다.

(3) 하나님 계시의 매체

역동성과 관계하여 음악은 하나님 계시의 매체가 된다.[42] 음악은 타자의 세계 내로 침투하여 그 깊은 내면에 어떤 종류의 반응을 일으킬 수 있는 힘을 가지고 있다. 이러한 역동성으로 인해 음악은 불투명한 세상의 한가운데서 응답의 사건을 불러일으키는 예배의 언어로 주목받아 왔다.

(4) 하나님의 초월과 내재의 매개

음악은 그 비가시성으로 인해 하나님의 초월과 내재를 가장 잘 표현하는 언어로 예배의 구성적 요소가 된다.[43] 음악을 포함한 소리라는 현상의 본질은 그것이 지니는 실체성과 비가시성의 역설적 구조에서 찾아볼 수 있다. 소리라는 것은 들리고 인식되고 경험을 일으키는 어떤 실체이다. 그러나 소리는 눈으로 볼 수 없고 손으로 잡을 수 없다. 경험세계를 휩쓸고 다니나 결코 소유되거나 포착되지 않는다. 이러한 소리의 경험 내재적이며 동시에 경험 초월적 양면성과 관계해서 음악은 자신을 인간의 인식에 노출시킨다. 그러나 여전히 이름 붙일 수 없는 분(I am who I am, 출 3:14), 자신을 계시하시며 그러나 동시에 은폐시키시는 분, 사랑으로 인해 몸을 입으셨으나 여전히 자유로 인해 우리를 초월하시는 분과의 사귐과 교제를 매개하는 예배적 언어로 기능한다.

표 17. 음악 : 계시의 매개적 언어의 특징

질적 시간의 매개	음악은 의미 있는 인격적, 질적 시간 창조의 힘이 있다.
하나님의 자기계시의 주요 매체	하나님 현현의 매체로 청각적인 것이 강조된다.
하나님 계시의 매체	역동성이 있어 응답의 사건 생성이 가능하다.
하나님의 초월과 내재의 매개	비가시성으로 인해 하나님의 초월, 내재를 잘 표현한다.

생각과 실천을 위한 질문 🖋

• 우리의 예배에서 사용하는 음악은 계시적 매개인 언어적 기능을 잘 감당하고 있는가?

• 음악에서 인격적, 질적, 하나님 현현, 초월과 경험을 나타내려면 어떻게 해야 하는가?

• 찬양의 가사에 주목하여 회중을 가르치는 주석적, 교육적 작업이 이루어지고 있는가?

교회음악의 본질과 기능

(1) 진리의 증거

음악은 진리를 증거하고, 진리를 마음에 깊이 담아 둘 수 있게 한다. 가이사랴의 감독이었던 바실은 음악과 시의 아름다움과 힘은 예배에 날개를 달아 주어 하나님과 인간의 교제를 매개하여 진리를 배우고 잘 암기할 수 있도록 해 준다고 했다. 그는 음악을 성령의 선물로 이해했으며, 따라서 음악의 기능을 진리에 대한 증거로 이해했다. 반복되는 노래의 효과는 부르는 자에게 무의식적으로 노랫말을 믿게 한다는 데 있다.

따라서 회중예배를 위한 음악을 선택할 때 조심해야 하는데, 거짓 진리와 문제가 있는 신학적 개념들 역시 순수하고 거룩한 진리와 함께 음악을 통해 들어오기 때문이다.

(2) 교회의 본질의 경험도구

음악은 사귐과 교제로서의 교회의 본질을 경험할 수 있게 한다. 크리소스톰은 시편찬양의 기능을 다음과 같이 설명한다.

"시편을 통해 모든 목소리는 함께 어울려 조화를 이룬다. 젊은이와 노인, 부자와 가난한 자, 여자와 남자, 종과 자유인, 모두가 한 목소리를 올린다. 모든 사회적 불평등이 사라지고 함께 자유로 하나의 찬양대를 이룬다. 이것이 교회의 본질이다."[44]

(3) 찬양(Praise)

교회음악은 찬양이다.[45] 특히 개신교에서 교회음악은 그 본질이 찬양이다. 루터는 받은 은총에 대한 감사의 응답으로서의 예배를 본질상 찬양으로 이해했다. 같은 맥락에서 바르트는 기독교 공동체는 노래하지만 이 공동체가 어떤 음악집단이라는 뜻은 아니라고 했다. "저들의 노래는 콘서트가 아니다. 찬양은 저들 공동체의 내적 본질로부터 필연적으로 분출되어 오르도록 되어 있으며 어떤 그리스도인들도 찬양의 흐름에 저항할 수 없다."

(4) 기도

교회음악은 기도이다. 하나님 앞에서 인간이 취하는 모든 행위를 지칭하는 가장 넓은 범주의 용어가 있다면, 그것은 '기도'라는 말일 것이다. 예배행위도 그 본질에서 보면 결국 기도라 할 수 있다. 기도로서의 예배는 전통적으로 불리었다. 구약의 성전과 회당예배로부터 시작하여 기독교의 동방교회, 로마 가톨릭이 아직도 이러한 음악적 예배전통을 이어 오고 있다.

솔레스메스의 한 베네딕트 수도원에서 시작된 19세기 로마 가톨릭 예배운동의 한 그룹은, 자신들의 예배음악인 그레고리안 찬트의 본질을 기도라 정의하고 있으며, 이 찬트를 일컬어 하나님께 오르는 길이라 불렀고 성화의 수단으로 이해했다.[46]

(5) 선포

교회음악은 선포이다. 교회의 노래는 그 자체로 선포행위이다. 바울은 노래를 통해 회중이 피차 선포와 응답(화답)의 관계에 들어갈 것을 권면한다. 골로새서 3장 16절을 해석하면 음악의 목적이 선포, 교육, 실천을 위한 동기 부여에 있다. 찬양을 부를 때 멜로디는 말씀을 선포, 해석하고 그 말씀의 비밀을 여는 도구로 사용된다.

(6) 이야기

교회음악의 기능 중 가장 깊이 잊힌 부분은 교회의 노래가 이야기라는 사실이다.[47] 성서는 인간을 향한 하나님의 사랑을 노래한다. 성서는 이야기로서 언제나 낭송되고 불리었다. 애굽에서 탈출 후 모세와 백성은 함께 그분이 보여 주신 구원의 사건을 노래했다. 시편에서 주를 찬송하는 이유는 하나님께서 행하신 놀라운 일(시 98:1) 때문이다.

신약의 찬송가들(Canticles)도 모두 하나님의 행위에 대한 이야기이다. 마그니피카트(Magnificat)라고 알려진 찬송가에서 엘리사벳과 만나 대화하던 마리아는 하나님께서 자신에게 행하신 일들을 이야기로 부른다. 베네딕투스(Benedictus)라 알려진 다른 찬송가는 입이 풀린 사가랴가 하나님의 구원 사역의 이야기를 노래로 부른 내용이다. 계시록의 노래들은 종말론적 틀 안에서 하나님의 위대한 행위에 대한 이야기를 노래한다. 성서의 처음부터 마지막까지의 이야기는 불리어야 할 구원의 서사시이다.[48]

(7) 목회적, 치유적 음악

교회음악은 목회적이며 치유적이다. 음악의 힘은 이미 다윗이 수금을 연주함으로 악령을 쫓아냈다는 성서적 증거(삼상 16:15~16)에도 잘 나타나 있다. 루터는 음악의 목회적 능력을 다음과 같이 제시하고 있다.

"슬픈 자를 위로하고, 행복한 자를 두려움으로 몰아넣으며, 절망한 자를 일으켜 세우고, 교만한 자를 겸비케 하며, 열정에 사로잡힌 자를 평정케 하고, 증오로 가득한 자를 달랜다. 누가 인간을 선 혹은 악으로 몰아넣는 그 힘의 다양성을 셀 수 있을까? 음악 이상 가는 도구를 발견할 수 있을까?"[49]

(8) 삶의 표현

예배음악은 반드시 찬양적 삶에서 구현된다. 음악은 삶의 표현이다. 삶이 없는 찬양을 아모스는 "네 노랫소리를 내 앞에서 그칠지어다 네 비파 소리도 내가 듣지 아니하리라 오직 정의를 물 같이, 공의를 마르지 않는 강 같이 흐르게 할지어다"(암 5:23~24)라는 표현으로 비난한다. 어거스틴은 그의 설교에서 회중에게 "주님께 새 노래로 노래하라. … 너의 삶으로 너의 말에 모순되지 않게 하라. 심령을 다해 노래하라. 그러나 네 모든 삶으로써 노래하라."[50]라는 내용으로 찬양의 삶에 대해 권면하고 있다. 옛 기도문은 찬양과 삶의 관계를 "입술로 노래하는 것을 저희의 마음속에서 느끼게 하시고 저희의 마음속에서 느낀 것을 저희의 삶을 통해 빚어내게 하시옵소서."[51]라고 말한다.

(9) 교회 음악가 : 예배를 섬기는 자

음악의 본질과 기능과 관계해서 교회 음악가는 목회자와 함께 예배를 섬기는 자이다. 교회를 그리스도의 몸으로 세워 나가고, 교회의 덕을 높이는 사역을 위해 부름 받은 자다. 신앙적 동기는 교회 음악가에게 필수적 조건이다. 17세기 독일 그로스게 바우어는 교회를 콘서트 홀로 간주하고 예배를 자신의 발전을 위해 이용하는 교회 음악가들을 다음과 같이 비판했다.

"오르간 반주자, 성가대 지휘자, 플루트 주자, 다른 음악가들, 비신앙적 인물들이 오늘날 우리의 교회를 지배하고 있다. 저들은 노래하고, 연주하고 자신들의 마음의 충족을 위해 일하고 있다. 다양한 소리, 시끄러운 잡음들을 듣긴 하나 무슨 뜻인지 모른다. 사람 앞에서 콘서트하는 기분으로 서서 누가 가장 예술적으로 연주하고 누가 가장 나이팅게일에 가까운지 보이기 위해 경쟁하고 안달한다."[52]

종교개혁 전통에서 찬양은 회중 전체의 몫이다. 성직자도 찬양대도 회중 전체의 찬양을 대체하거나 대리할 수 없다. 전 회중이 응답으로 올리는 감사와 기쁨의 찬양이 곧 예배의 핵심이기 때문이다. 이렇게 볼 때 교회 안에서 진정 유일한 찬양대가 있다면 이는 바로 회중이다. 성가대는 예배의 한 부분에서 회중의 역을 대변할 뿐이다. 마치 목회자의 기도가 회중의 삶을 꿰뚫고 이해하듯, 성가대도 회중찬양이 되기 위해서는 회중의 삶에 깊이 초점을 맞추어야 할 것이다. 교회 음악가는 회중 찬양대가 저들의 구원의 이야기를 노래로 담아 아버지 하나님께 올릴 수 있도록 모든 회중의 영적 음악적 능력을 길러 주어야 할 것이다.

표 18. 찬양의 본질과 기능

진리의 증거	음악은 진리를 배우고 암기할 수 있게 한다.
교회 본질의 경험도구	사귐과 교제로서의 교회본질 경험
찬양	받은 은총에 대한 감사의 응답
기도	하나님 앞에서 인간이 취하는 모든 행위의 넓은 범주의 용어
선포	노래를 통해 회중이 피차 선포와 응답 관계로 들어간다.
이야기	성서는 인간을 향한 하나님의 사랑 노래, 이야기(구원사)
목회적, 치유적 음악	음악의 힘은 악령도 쫓는다.
삶의 표현	예배음악은 반드시 찬양적 삶에서 구현된다.
교회 음악가	예배를 섬기는 자이다.

생각과 실천을 위한 질문

• 예배음악을 통해 교회의 본질, 진리와 감동을 느낄 때가 있는가?

• 교회의 진정 유일한 찬양대는 회중이다. 따라서 회중의 영적이며 음악적 능력을 길러 주기 위한 교육적 방법은 어떠한 것들이 있을지 논의해 보라.

4. 예술 매체들

예배와 극

극의 모태는 역사적으로 종교적 제의에 자리하고 있다. 신화를 극으로 재연함이 원시 종교의 특징이었으며, 어느 고등 종교라도 기본적으로 예배는 그 틀에 있어 극이라 할 수 있다. 극은 신적 계시의 이야기를 재연하거나 신탁을 전하는 수단으로 쓰이기도 했다. 교부 시대에 극은 잠시 교부들에 의해 억제되었다. 이는 당시 극이 이교신전에서 제의용으로 사용되었다는 사정을 감안하면 이해할 만하다. 예배극은 중세를 지나며 다시 회중의 사랑받는 계시 매체가 되기 시작했다. 미사 삽입시가 중세 이후 예배극의 온상이 되었다. 예배운동 이후 회중의 적극적, 의식적 예배참여가 강조되면서 현대 교회는 서서히 예배가 지니는 극적, 대화적 구조에 관심을 기울이고 있다.

인류 문명사를 통해 현대 서구처럼 종교적 의식과 극이 분리되어 피차 소외되었던 때도 없다. 종교의식과 극의 관계는 이미 구석기 시대 유물에서부터 발견된다. 인간은 상징, 신화, 노래, 춤 그리고 모방적 행위를 통해 거룩이라는 차원의 문을 두드린다. 기독교 전통에서 예배라는 극은 창조와 성육신 교리에 그 신학적 뿌리를 내리고 있다. 하나님의 말씀이 자신을 비어 몸을 입으셨다는 성육신의 신비는 모든 피조세계가 그 스스로의 물리적 한계를 초월하여 신적 차원을 가리키고 참여할 수 있음을 선포한다.

성서는 하나님의 말씀이 어떻게 극화되어 왔는지에 대해 많은 예들을 제시하고 있다. 예레미야는 하나님 말씀의 파괴력을 구체화시키고 가시화시키기 위해 토기를 부수어 버린다(렘 19). 에스겔은 예루살렘을 덮치게 될 참상을 예시하기 위해 땅에 길게 가로 눕는다(겔 4). 최후의 성찬에서 예수는 이웃과의 관계양식에 대해 단순히 이야기하기보다는 허리에 수건을 동이고 제자들의 발밑에 무릎을 꿇은 채 발을 닦는다. 이러한 예수의 극적 메시지는 발산하는 에너지가 강렬하여 보고 듣는 자를 긴장하게 했다. 극은 공감을 일으키고 감정이입을 불러일으킴으로써 관객을 끌어들이는 흡인력과 저들의 삶을 뒤흔들어 놓는 힘이 있다.

연극은 종교적 제의에서 유래되었는데 고전 희랍이나 로마의 극장들이 이러한 세속극의 기원과 발전의 온상이 되었다. 4세기까지 폭력과 얕은 유흥성이 연극의 성격을 결정하고 있었다. 당연히 터툴리안 같은 교부에게 극장은 마귀의 제단으로 이해되었다. 568년 롬바르드인의 침공으로 인한 사회적 대격변으로 극장은 몰락하였다. 극장의 붕괴와 함께 연극은 떠돌이 광대, 음유신인들 혹은 제의적 시와 노래에 익숙한 무당들의 품속으로 숨어들어갔다.

예배는 자체로 극이다. 극은 대화, 움직임 그리고 연기로 구성되어 있는데 예배의 대화적 구조는 그 자체로 극적 구성의 요소를 지니고 있는 셈이다. 예배는 움직임으로 이루어진다. 중세 신앙인들은 예배 행위가 일종의 연기적 차원을 지니고 있다고 생각했다. 9세기 초 메츠의 아말라리우스는 예배의 전반적 흐름 속에서 극적 구성을 읽어 낸 바 있다.[53] 그에 따르면 복음서의 입장에 맞추어 부른 입당송은 예루살렘 입성까지의 그리스도의 삶을 묘사하는 것이며, 봉헌은 그리스도의 수난과 묻히심을, 예배의 나머지 순서는 그분의 부활과 승천을 표상하는 행위라 하였다.

사제의 벌린 두 팔은 십자가 상의 예수의 모습이며 보조사제들은 예언자, 제자 혹은 십자가 주변의 여인들을 상징한다고 보았다. 어톤의 호노리우스에 따르면[54] 집례자는 마치 배우가 비극의 주인공을 연기하듯 그리스도를 연기해야 한다고 했다. 이러한 비유적 해석은 그 신학적 근거의 취약함에도 불구하고 매우 대중적이며 역사적으로 회중의 경건의 모습을 결정짓는 중요한 요소가 되어 왔다. 이러한 비유적 해석은 극의 발전을 위한 개념적 틀을 제공해 왔다. 특별히 교회의 종교극은 교회력의 주제를 따라 발전해 왔으며[55] 중세에는 회중의 종교적 경건과 훈련의 교육적 도구로 많이 사용되어 왔다.

예배극은 근대 서구사회 드라마의 모태가 되었다. 신비, 윤리, 기적과 같은 소재를 중심한 극들이 발달하였다. 신비를 소재로 한 극들은 성서적 이야기에 근거하고 있으며 지역의 방언을 주요 언어로 하여 발달하였다. 스페인 선교사들이 아메리카 대륙에 이 종교극을 소개하였으며, 복음화의 중요매체로 쓰였다. 도덕극들은 여러 유형의 인간 모델들의 삶을 제시함으로써 선과 악의 주제들을 다루게 되었다. 기적을 소재로 한 극들은 비교적 후기에 발달한 것으로 성자들의 삶을 소재로 삼았다.

로마 가톨릭에서 1963년 제2차 바티칸 공의회가 채택한 전례법은 회중의 적극적 예배참여를 요청하고 있는데 이러한 참여를 위해 예배극의 적극적 활용을 권면하고 있다. 마이클 모이나한은 예배극을 대략 7개의 유형으로 나눈다.[56]

(1) 성서와 성서 외적 자료들에 대한 해석적 선포 (2) 수난사화에 대한 다양한 극 (3) 무언극이나 팬터마임 (4) 어떤 주제에 대한 즉흥적 극화(예배 전의 순서로 발전되어 옴) (5) 변형된 심리극 (6) 성서적 본문 혹은 그 본문을 해석하고 있는 현대적 이야기를 극화시키는 타입 (7) 예배 전체를 극화(고난주간 예배)

20세기 중반에 이르게 되면 미국의 많은 교파들이 예배극의 진흥을 위해 위원회나 조직들을 만들고 활동하기 시작한다. 1960년대부터 1980년대까지 교파별 드라마 그룹의 숫자는 늘었으나 전반적으로 에큐메니컬 그룹을 형성해 나갔다.

예배와 춤

춤은 원시종교로부터 세계종교에 이르기까지 모든 종교의 자기 표현매체가 되어 왔다. 구약에서 춤은 하나님에 대한 예배와 찬양의 지고의 표현 수단이었다. 초대 교회 이후 교회의 구원론과 개념을 제공해 온 네오-플라 토니즘의 영육 이원론은 진리 표현과 구현문제에 있어 육체의 역할을 부정 적으로 평가해 왔다. 이로 인해 교회 내에서 예배춤은 역사적으로 몇 경우 를 제외하면 대부분 의심과 거부의 대상이었고, 예배춤 거부 전통으로 이어 져왔다. 20세기 이후 춤의 진리 매개적, 예술적 차원이 밝혀지면서 예배춤 의 다양한 실연과 실험이 계속되고 있다. 춤은 이제 단순히 어떤 이야기를 설명해 주는 수준을 넘어 새로운 경험을 이끌어 내는 창조적 매체로 이해되 고 있다.

종교적 예배의 한 형태로서의 춤은 이미 석기시대의 동굴벽화 속에도 나타나 있다. 춤은 시공을 초월하여 발견되는 보편적 종교행위 중 하나 이다. 1750년경 폴란드에서 시작된 유대 신비주의의 한 파였던 하시디즘 (Hasidism)은 율법 두루마리를 품은 채 춤을 추며, 회교의 탁발승 공동체 더 비쉬(Whirling Dervishes)에서는 중심을 축으로 맴도는 스태프를 저들의 영 적 훈련의 가장 기초적 방편으로 삼는다. 힌두교의 성전춤은 수세기에 걸쳐 예배의 구성적 요소로 자리 잡아 왔다. 예배춤은 오순절 계통의 전통으로부 터 예전적 자기표현의 구조로 인식되어 오고 있다. 종교적 춤은 신적 존재 와의 교제를 지향한다. 예배춤은 예배 내에서 다양한 형태와 수행해야 할 기능들을 가지고 있다.[57]

춤이 그 형상상 묘사적일 경우, 춤은 신들의 이야기 혹은 어느 부족, 국 가, 공동체의 역사를 풀어낼 수 있을 것이다. 성공적인 사냥, 전쟁에서의 승 리, 좋은 날씨와 풍년 등 저들의 기원 행위에 적절한 표현의 틀이 될 수도 있다. 춤은 소리 없는 기도가 될 수 있고, 기독교 입교식, 결혼, 장례와 같은 통과제의들 속에서 삶의 신비를 해석해 내는 육체적 매체가 될 수 있다. 행 렬춤(processional dance)처럼 축제적일 수도, 원춤(ring dance)처럼 공동체의 연대감을 깊게 해 줄 수도 있을 것이다.

종교춤에 대한 기독교의 입장은 양면적이다. 구약성서가 증거하는 예배춤에 대한 적극적 평가에도 불구하고, 교부시대는 예배춤을 포함한 춤 일반에 대해 전반적으로 부정적 자세를 견지했다. 춤은 이방제의의 특징적 구성요소이며 유대교와 몇몇 이교집단의 예배구조를 이루고 있으므로 이 모든 공동체로부터 기독교를 보호하고자 했던 교부들에게 종교적 춤은 거부되었다. 더욱이 교부시대 구원관과 신학적 개념들을 제공했던 네오-플라톤적 영육 이원론과 구원론은 교부들에게 인간의 육을 상징하는 춤에 대해 신학적으로나 심리적으로 심한 거부감을 주었다.

중세를 거치며 예배춤은 많은 발전을 보게 된다. 비록 그 내용에서 종교적인 것과 더불어 사회적인 것이 많이 있었지만 수많은 종교적 대축제의 내용을 춤으로 꾸몄다는 사실은 종교춤에 대해 보여 준 중세 교회의 관심과 사랑의 깊이를 감지하게 한다. 종교개혁의 전통에 서 있는 교회들에서 예배춤의 공연은 거의 찾아볼 수 없다. 놀라운 사실은 육체의 향락을 비판하는 청교도들에게서 의외로 예배춤에 대한 긍정적 자세를 발견할 수 있다는 것이다. 청교도 목사 필립 스티브스에 따르면 "춤이란 하나님께 영광을 돌리고 회중을 헌신으로 이끌며 하나님에 대한 감사와 찬양을 우러러 나오게 하고, 노동과 삶의 부담으로 눌린 마음을 새롭게 할 수 있는 것"으로 일종의 신적 가치를 지닌 행위가 된다.[58]

예배춤에 대한 이러한 높은 평가는 18세기와 19세기 초 쉐이커(the Shakers)들의 춤 이해와 상응한다. 쉐이커의 예배는 원형 공동춤으로 이루어지는데, 춤이 신앙과 예배에 대해 갖는 가치는 다음의 열 개 항목으로 요약된다.

① 춤은 성령의 선물이며 따라서 신앙생활에서 간과되어서는 안 된다. ② 춤은 구약에서 선례를 찾아볼 수 있다. ③ 춤은 우리가 살아가고 있는 이 종말의 세대에 적합한바 '기쁨으로부터 솟구치는 자연스런 충동이다.' ④ 예레미야(렘

31:13)는 종말의 때 하나님의 백성들에게 회복될 예배의 형태를 춤이라 하였다. ⑤ 우리는 탕자와 같다. 아버지 집에 돌아왔을 때 그의 귀향은 음악과 춤으로 축하되지 않았던가?(눅 15:25) ⑥ 예배는 수동적일 수 없고 적극적이어야 한다. 입술과 음성뿐 아니라 온몸이 하나님에 대한 찬양에 바쳐져야 할 것이다. ⑦ 온 회중이 함께하는 춤은 하나님 백성을 특징짓는 일치의 심원함을 경험할 수 있도록 하며 이를 표현해 준다. ⑧ 이러한 종교적 춤은 몸의 자연적 속성들을 성화시키며 성의 평등을 표현한다. ⑨ 춤을 통한 몸의 움직임을 통해 예배자는 노래에 담긴 정서와 정신세계에 돌입하게 된다. ⑩ 하늘 예루살렘을 향해 걷는 순례자 그리스도인들은 이 회중적 춤의 공간적 움직임을 통해 애굽으로부터의 해방, 악에 대한 영광스런 전투를 통해 하늘의 주인과 연합한다는 신앙 여정의 본질을 회상하고 재경험할 수 있다.

기독교 예배춤은 이야기 구술의 한 방편으로 혹은 표현행위로 실연되고 있다. 예배춤은 성서봉독을 수반하여 성서의 이야기를 조명하거나 보조해 줄 수 있다. 춤은 설교 혹은 복음선포가 될 수도 있으며 예배문을 구성하는 기도, 시편, 찬송에 대한 몸을 통한 주석 행위가 될 수도 있다. 예수의 부활 혹은 달란트의 비유를 몸이라는 소재와 움직임이라는 형태를 통해 새롭게 해석할 수도 있다. 춤은 그 독특한 예술적 장르를 통해 다른 형식으로는 불가능한 그 자신만의 독특한 경험들을 구성해 낼 수 있다. 춤이 표현의 매체가 될 경우 춤은 감사와 기쁨이라는 추상적 개념에 몸이라는 질량감과 구체적 모양새를 제공하게 될 것이다.

춤은 예배자에게 자신의 전 몸을 통해 예배를 경험하게 할 수도 있다. 춤은 그 자체로 예배의 행위가 될 수 있으며 그 안에서 인간의 육체와 영적 차원을 엮어 주는 일종의 성례가 될 수도 있다. 성례가 신적 은총의 물리적 매체라면 인간의 몸, 춤도 영혼을 일깨우고 전율케 하는 은총과 계시의 매체가 될 수 있다.

예배와 색깔

색감은 한 공동체의 문화적, 심미적, 역사적 구조에 따라 다양하게 발전
해 왔다. 기독교 역시 자신의 종교적 경험을 심미적 색감으로 번역해 왔다.
예배력의 색깔은 먼저 예배 집례복과 장신구들의 색깔과 밀접히 관련하여
발전하였으며, 12세기에 이르러 당시 정교하게 짜여 있던 중세 예배력 속으
로 직조되어 들어간 이후 그리스도인들의 시간 감각과 리듬, 심미적 예배환
경을 채색해 오고 있다. 색깔과 절기의 조합을 교회법으로 묶어 놓은 교단
에서부터 종교개혁의 좌파처럼 예배 집례복, 절기와 함께 예배색 사용을 금
지한 공동체에 이르기까지 색깔에 대한 신학적, 역사적, 목회적, 심미적 접
근이 다양하다. 전통적 서구의 색감과 한국의 심미적 색감과의 차이를 인식
한다면, 한국적 예배색 개발에 보다 관심을 기울여야 할 것이다.

특정한 색깔과 절기 예배는 심미적, 심리적 혹은 역사적 사건들과 관계
해서 피차의 의미를 조명해 왔으며, 이 예배력에 따른 색깔은 신앙인의 삶
의 정서와 리듬을 결정하여 나간다. 붉은 색과 피, 노랑과 역동성, 흰색과
순결, 금빛과 축제성, 보라와 위엄, 초록과 성장, 밝은 청과 희망, 검은 청,
짙은 보라, 검은색과 절망, 흙색과 장례, 이렇게 색을 통한 삶의 해석은 지
극히 자연스러운 인간의 심미적 경험이라 할 수 있다.

기독교 예배와 색깔의 관계 역사는 길고 다양하다. 첫 천 년간 성의와 부

속 장식품들의 색깔은 특별한 예배적 의미를 담고 있었다고 보기 힘들다. 길고 흰 통옷(장백의)이 예배를 위한 옷과 색으로 선호되긴 했으나 그러한 선호도가 단지 교회뿐 아니라 로마제국과 비잔틴 제국 중·상류 사회층의 일반적 심미적 정서의 한 단면에 불과했다. 그렇다면 굳이 이 흰색 속에서 어떤 숨겨진 종교적 의미를 찾으려 하는 것이 어설프게 성급한 감도 없지 않아 있다. 그럼에도 흰색의 장백의와 겉옷이 당대 사회복식 문화의 흐름과 변천 속에서도 예배의 심미적 중심으로 자리 잡기 시작했다는 것은 서서히 예배와 색깔이 결합하기 시작했다는 사실을 보여준다.

10세기 혹은 11세기에 위 알쿠인(pseudo-Alcuin)은 예배집례 복장으로 오직 흰 의복만 입을 것을 주장하였다. 12세기에 이르러서야 색의 의미와 절기 축제가 신학적 해석과 함께 상호 연결되어 가고 있음을 확인할 수 있다. 예배색에 대해 기록을 남긴 첫 인물이라 할 수 있는 예루살렘 소재 어거스틴 파 수도원의 한 수사는 다소 놀라운 방식으로 색과 절기를 맞추었다. 그는 크리스마스와 성모마리아 축제를 위해 검은색을, 현현일과 승천일을 위해 청색을 권면하고 있다.

중세 교회의 부는 예배복장의 모양과 색의 발전을 가져왔는데, 이러한 복장과 색의 발전은 자연스레 중세의 정교한 예배력과 심미적, 역사적, 신학적으로 얽혀 들어갔다. 예배력과 색깔의 결합은 처음에는 지역적이고 비규정적인 것들이었다. 재력이 있는 본당이나 수도원 혹은 대학과 교구교회에 국한되어 있던 것이었다. 일반적으로 예배복장은 색깔과 관계없이 깨끗하고 가장 위엄 있는 복장이면 되었다. 그러나 점차 예배력과 색의 조합이 조직적이고도 정교하게 나타나기 시작했다. 이노센트 3세(1198~1261)는 축제일을 위해 흰색, 순교자 성인들을 위해 붉은색, 참회와 관계된 절기를 위해 검은색, 기타 다른 일상 절기들을 위해 초록색을 예배색으로 지정했다.[59]

모든 로마 가톨릭 교회를 위해 예배색 사용을 공식화한 인물은 피우스 5세로 이때가 1570년이었다. 그가 정한 예배력과 색의 조합은 다음과 같다.[60]

- 대강절에서 성탄 전야까지: 짙은 자주/청색/검은색.

- 성탄일에서 현현일까지: 흰색/금색.

- 현현일 이후 주일들: 초록색.

- 성회수요일: 짙은 자주/청색/검은색.

- 사순절: 예배색을 모두 가려버림.

- 고난주일에서 부활 전야까지: 붉은색/장미색.

- 부활일: 흰색/금색.

- 오순절: 붉은색.

- 삼위일체 주일: 흰색/금색.

- 삼위일체 주일 이후: 초록색.

- 성마리아 기념일: 흰색/붉은색.

- 사도들, 복음사가들, 순교자들: 붉은색.

- 순교자 이외의 성자들: 흰색/노란색.

- 세례와 견진례: 흰색/붉은색.

- 서품이나 결혼: 흰색.

- 장례: 붉은 자주색/청색/검은색.

- 교회봉헌: 흰색.

　동방정교회의 경우 색의 사용은 서방 로마 가톨릭의 범례를 따랐지만 교회력과 색깔의 조합은 저들보다 훨씬 자유스럽고 탄력적이었다.

　16세기 종교개혁 전통 중 개혁교회 전통은 예배와 결합된 색깔의 사용을 금지시켰다. 칼빈주의자나 청교도가 주도하는 지역에서 모든 예배 복장과 채색된 모직물 사용은 금지되었으며, 목사는 오직 시민의 평상복 위에 검은색 설교 가운만을 걸치게 했다. 루터교나 영국국교회와 같은 개신교파들은 전통적 예배복장과 장식, 색깔을 그대로 받아들여 사용하였는데 1570년 로마 가톨릭 예배색 범례를 대체로 따랐다. 1549년 영국국교회 공동기도서(*Book of Common Prayer*)는 모든 교구 사제들에게 장백의와 외투 사용을 지시하고 있다.[61]

예배 운동의 영향 하에서 예배 집례복의 디자인과 장식 그리고 예배색의 사용과 관계해 급격한 변화가 일고 있다. 이 운동에 참여한 자들에 따르면, 만일 예배 절기색들이 어떤 교회법적 규정이 아니라 심미적, 정서와 관계해서 이해되고 경험될 수 있다면 오늘날에도 이런 전통적 색들은 여전히 심리적, 역사적으로 유효한 가치를 지니고 있다는 것이다. 따라서 참회의 기간에 붉은 자주-갈색-회색을, 위엄과 대제사장직의 표현을 위해서는 붉은색-자주와 금색을, 지도자와 순교자들을 위해서는 흰색과 금색을 사용하는 것이 적절하다고 본다.

제2회 바티칸 공의회 이후 로마 가톨릭의 미사예규(1969)는 당대까지 쓰여 온 예배색을 계속 사용할 것을 권면하고 있다.

- 부활일, 성탄일, 수난을 제외한 다른 그리스도 관련 축제일, 마리아 축제일, 순교자가 아닌 성인 축제일, 세례요한, 복음사가, 요한, 베드로와 바울을 위한 축일에는 흰색.
- 수난, 종려주일, 성금요일, 성령강림일, 그리스도와 순교자들의 수난을 기념하는 축일에는 붉은색.
- 대강절, 사순절, 가능하면 장례예배 때 붉은색.
- 다른 연중 예배력을 위해서는 초록색.[62]

새로운 소재, 보다 신선한 색깔의 조합, 색들이 끼치는 심리적 효과에 대한 깊은 연구, 색깔들의 조합이 일으키는 실재에 대한 새로운 경험 가능성 등은 예배에서의 색깔 사용에 보다 적극적이고 진취적인 자세를 요청한다. 교회건물을 신축하는 경우 예배복장, 양탄자, 유리, 성구, 목재의 결과 색깔, 공간구조 등을 통합적으로 조합함으로써 예배의 총체적 환경을 만들어 가는 것도 좋다. 기존 교회에서도 만일 좀 더 창조적으로 색에 접근한다면 보다 의미 있는 예배환경을 경험하게 될 것이다.

생각과 실천을 위한 질문 🖋

• 보다 의미 있는 예배환경을 만들기 위한 색깔의 사용방법을 생각해 보자.

예배와 몸의 언어

인간은 영과 함께 물리적 차원인 몸을 입고 있다. 인간은 문자언어가 매개하거나 담을 수 없는 종교적 체험의 실체를 몸언어를 통해 접하고 표현해 왔다. 종교역사를 살펴보면 인간은 늘 이 몸언어를 중심으로 각별한 의미 세계를 구축해 왔다. 예를 들어 기립의 자세는 부활을, 기도의 자세로 두 팔을 벌려 뻗은 채 서 있는 자세와 무릎 꿇는 자세는 참회를, 앉음은 권위 혹은 집중력 있는 들음을, 완전히 배를 깔고 눕는 자세는 겸비를, 고개를 숙이는 자세는 강복을 준비하는 기다림을 표현한다. 예배에서 자세 혹, 다른 자세로의 전환과 같은 몸언어는 예배의 흐름과 의미, 공동체의 신앙구조를 파악할 때 매우 중요한 실마리가 된다.

다양한 몸의 자세는 찬양, 기도, 설교, 세례, 성찬 등의 예배행위에 구성적 요소로 삽입됨으로 문자 외적 경험세계를 매개하고 담아내는 일을 한다. 문화 인류학자들에 따르면 몸언어는 문화적 가치와 상징체계 안에서 오랜 기간 다듬어지고 채색된 것으로서 특정한 문화공동체의 비밀코드에 속한다. 서구 전통 기독교가 발전시켜 온 예배적 몸언어들이 한국교회 상황에 여과 없이 도입될 수는 없다. 그런 이유로 인해 더욱 언어 외적 의사통신매체로서의 한국문화적 몸언어 개발은 시급하다.

예배에서의 몸언어는 네 부류로 나뉜다. 손가락을 움직이고 주먹을 휘두르고 발을 구르는 경우처럼 몸의 부분적 움직임을 지칭하는 제스처(gesture), 기립, 착석, 무릎 꿇기 등처럼 몸을 부동의 상태로 일정시간 유지시키고 있는 몸의 전체적 모양새를 가리키는 자세(posture), 한 자세에서 다른 자세로 변화되는 과정인 자세전환(posture adjustment), 한 공간에서 다른 공간으로 옮기는 이동(locomotion)이다.

이 중에서 예배를 위한 몸언어의 두 범주인 제스처(몸짓)와 자세에는 어떠한 것들이 속해 있으며 어떤 경험들을 매개하는가? 전통적 기독교의 예배상황을 고찰하면 대략 여덟 가지 예배적 제스처와 다섯 가지 예배적 자세를 구별해 낼 수 있다.

(1) 제스처[63]

눈과 손을 높이 듦

'오란'(oran)이라 불리는 이 고전적 기도의 제스처는 눈과 손을 높이 드는 것이다. 이러한 제스처는 예수 그리스도, 사도 바울, 그리고 교회 공동체의 기도 관습에서 발견된다.

> 예수께서 기도하실 때 "그의 눈을 들어 하늘을 보시고"(요 11:41) 하심, 바울은 공동체에게 권면하기를 "거룩한 손을 들어"(딤전 2:8) 기도하라 하였음. 오리겐은 "몸의 여러 자세가 있지만 손과 눈을 드는 자세가 제일 귀한바 그 이유는 이러한 몸의 자세가 기도에 영혼의 고결함을 불어넣어줄 수 있다."(Peri Euxus, 31)고 함. 터툴리안은 "우리가 손을 드는 것은 고난 받으시는 그리스도처럼 우리의 손을 십자가 위로 올리기 위함이며 이러한 자세를 통해 우리는 그리스도를 고백한다."(De Oratione, 14)고 함.[64]

이후 두 손과 눈을 높이 든 채 드리는 오란 형식의 기도는 점차 사라지고 대신 무릎을 꿇고 손을 모아 드리는 기도의 자세가 발전하였다. 대부분의 경우 오란은 이제 집례자만이 취하는 기도의 자세로 남아 있다. 최근 카리스마적 운동에서는 성찬 시 모든 회중에게 이 오란의 자세를 취하게 한다. 어떤 공동체는 주기도문을 기도할 때 모든 회중에게 오란의 자세를 취하게 한다.

가슴을 침

가슴을 치는 이 극적 행위는 슬픔(나 2:7) 혹은 참회의 표현이다. 바리새인과 세리의 비유에서 세리는 멀리 서서 눈을 들어 하늘의 보지도 못한 채 자신의 가슴을 치며 말한다. "하나님이여 불쌍히 여기소서."(눅 18:13). 십자가에 달리신 예수 그리스도를 바라보고 있는 증인들의 제스처이기도 하다. 전통적 예배순서에서 이 몸동작은 주의 만찬을 준비하는 참회의 순서에 몸언어로 등장한다.

무릎 꿇고 머리 숙임

이 제스처는 존경의 표현이다(빌 2:10). 이 제스처는 11세기 이후 니케아 신경의 성육신 고백('육신을 입으사', incarnatus)에 수반되었으며, 14세기 이후부터는 성별된 떡에 대한 존경을 표현하기 위해 사용되었다. 이 제스처는 고대 로마제국이 저들의 집권자에게 보여 주었던 존경의 의식에서 기원했다. 중세기에는 삼위영가(Gloria Patri)를 찬송하거나 니케아신경 암송 시 성령이라는 말이 나올 때, 그리고 대감사기도의 삼성송(sanctus) 때 이 제스처를 취했다.

십자가 성표 긋기

이 제스처는 2세기 말 북아프리카 터툴리안의 저서에서 처음 그 존재가 언급된다. 터툴리안의 문서가 암시하듯 비예배적 상황에서도 모든 회중이 스스로 십자가 성호를 그었는지에 관해 어떤 역사적 확신에 도달할 수는 없다. 그러나 공공예배의 여러 부분에서 중요한 예배적 제스처로 사용되었다는 사실은 그 후 여러 교부들의 예배관련 자료들을 연구해 볼 때 의심의 여지가 없다. 어거스틴은 이 제스처가 세례의 물, 견진례를 위한 기름, 성찬의 떡에 행해지지 않을 경우 이 성례 속의 은총과 능력이 발현될 수 없다고 함으로써 십자가 성표 긋기가 성례전의 온전한 집행에 구성적 요소로 참여하고 있음을 주장했다. 특히 로마 가톨릭에서는 오늘날까지 이 제스처의 성매적(sacramental) 차원을 높이 평가하고 있다.

성체거양

이 제스처는 로마 가톨릭에서 미사 집례자가 떡을 성별한 후 회중이 볼 수 있도록 떡을 높이 들 때 사용된다. 이 제스처는 신학적 함의와 논쟁으로 채색되어 있으며 종교개혁 시기에는 개혁자들과 가톨릭 상호간 성찬식 사상의 상이점을 극명히 노출시켜 주던 논쟁적 제스처이기도 했다. 1210년 프랑스 파리의 한 감독이 사제들에게 보낸 편지 속에서 이 제스처가 공식적으로 언급된다. 이 편지에서 감독은 '성별'되기 전에는 결코 가슴 이상 떡을 들지 말 것과 제정사의 말씀('이것이 내 몸이니라') 후에는 모든 회중이 볼 수 있도록 가능한 한 높이 떡을 들 것을 지시하고 있다. 이 제스처에 대한 규정 뒤에는 당대 교회 성찬신학의 세 가지 질문인 '떡에 어떤 변화가 언제 생기며, 이 거룩한 변화에 회중은 언제 어떤 식으로 참여하는가?'와 연관되어 있다. 변화와 관계된 당대 성찬사상에 따르면(화체설) 떡의 본체가 그리스도의 몸과 피라는 본질로 바뀔 뿐 아니라 그리스도 그분 자신이 회중에게 손이나 입으로 범접할 수 없는 거룩한 물질이 된다. 이 거룩에 참여하는 방법은 먹거나 마시는 것이 아니라 오직 봄으로써 가능했다. 개혁자들은 '성체거양'이 담고 있는 화체설 교리 때문에 이 제스처를 금지시켰다. 오늘날 개신교에서 떡을 드는 것은 단지 회중의 참여를 위한 상징적 행위 정도로 보면 될 것이다.

떡을 뗌

특별히 영국국교회에 해당되는 것으로 대감사기도 중 성결의 기도(제정사) 낭독 시 취해야 할 제스처를 말한다. 영국국교회 공동기도서(BCP) 1662년 판에 의하면 집례자는 제정사 중 "그가 떡을 떼사"라는 부분을 읽을 때 떡을 뗄 것을 규정하고 있다.

안수

안수는 전통적으로 기름과 더불어 성령임재의 기원과 밀접히 관계되어 있다. 예를 들어 세례 후 물에서 나온 수세자에게 도유(크리스메이션)와 더불어 안수 제스처를 한다. 로마 가톨릭은 안수라는 제스처를 통한 성령임재의 구원을 오직 감독의 권한에 한정시켰으며, 후에 안수를 견진성례(confirmation)의 상징적 제스처로 사용하고 있다.

평화의 입맞춤

예배적 제스처로서 입맞춤은 서방교회 성찬식 참여자 상호간의 인사였다. 분급 바로 전에 이루어지며 세례 받고 거듭난 신앙인들 간의 가장 내밀하고 깊은 친교의 상징적 제스처였다. "그리스도 안에 있는 너희 모든 이에게 평강이 있을지어다."(벧전 5:14) 히폴리투스의 사도전승에 따르면 입맞춤은 감독이 세례의식을 마친 수세자들에게 그리스도 안의 한 형제, 자매라는 뜻으로 했다.

(2) 자세(posture)[65]

다른 예배적 몸언어의 범주에는 다음과 같은 예배적 자세들이 속한다. 동쪽으로 몸을 향함, 서쪽으로 몸을 향함, 무릎 꿇음, 앉음(착석), 서 있음(기립).

동쪽을 향함

이 자세는 회중을 등지고 제단을 향해 서 있는 성찬식 집례자의 자세를 지칭한다. 문자 그대로 제단을 동쪽에 마련한 교회에서는 성찬식을 위한 사제의 자세가 동쪽으로 향하게 되어 있다. 초대 교회 때 세례 후보자가 세례대 앞에서 행했다. "그리스도에 대한 충성의 약속"은 동쪽으로 몸을 돌린 후 하도록 되어 있다.

서쪽을 향함

바실리카의 제단배치와 관계된 용어로서 성찬식 집례자가 성찬상을 넘어 회중을 마주 바라보고 서 있는 자세를 지칭한다. 특히 제2바티칸 공의회에서 강조한 회중의 참여라는 주제와 관계하여 선호되는 집례자의 위치이다. 초대 교회에서는 세례후보자가 세례대 앞에서 사탄을 버리고 저주하기 위한 순서에서 취했던 자세이다.

무릎 꿇음

초대 교회에서 무릎 꿇는 것은 모든 기도자들의 모습은 아니었다. 특별히 참회하고자 하는 자들은 교회의 서쪽 벽에 무릎 꿇고 기도했지만, 본디 기도의 자세는 유대교적 전통을 따라 서서 두 팔을 드는 것이었다. 로마 가톨릭과 영국국교회는 전통적으로 무릎 꿇는 자세를 예배적 기도의 자세로 사용해 왔다. 1552년 영국국교회 공동기도서(BCP)에는 성찬사상과 관계된 로마 가톨릭과의 차별화를 위해 성찬식 시 제단 앞에서 무릎 꿇는 성공회인들의 예배자세에 대해 각별한 신학적 의미를 부여하고 있다. 이 예배집의 설명에 따르면 성공회인들은 로마 가톨릭처럼 제단 위의 실체적 그리스도 임재와 관계해 무릎 꿇는 것이 아니라 바른 영성체를 위한 예비와 겸비의 차원에서 무릎 꿇는다. 예배운동과 관계해서 오늘날 성찬은 서서 받는 것이 통례로 되어 있다.

앉음

예배적 자세로서의 앉음은 본디 성찬식을 집례하는 감독과 사제들에게만 속한 자세였다. 수도사 찬양대들을 위한 의자가 교회건물에 설치되기 전까지 교회 내 회중을 위해서는 노약자를 위한 것 이외에는 의자가 제공되지 않았다. 의자는 교회의 예배공간 구성요소가 아니었다. 중세부터 의자가 제공되었지만 그것도 등받이 없는 벤치 형태였으며 지금과 같은 회중 전체를 위한 의자는 종교개혁에 이르러서야 출현하였다. 앉아 있는 자세 역시 서 있는 자세나 무릎 꿇는 자세처럼 하나의 적극적 예배자세로 재평가 되어야 한다.

서 있음

구약에 따르면 이 기립자세는 제사장직의 수행자세였다(신 18:5). 만인사제직의 이상을 따르는 몇몇 신앙공동체들은 성찬식을 위한 성결의 기도와 분병례 동안 기립의 자세를 취한다. 기립의 자세는 수세기 동안 기도 자세였다. 구약성서, 유대인들의 종교관습(삼상 1:26), 그리고 카타콤의 그림 등에서 확인할 수 있다.

생각과 실천을 위한 질문 ✒

- 우리 교회의 예배에서는 제스처나 자세가 가진 의미가 드러나는지 관찰해 보자.

- 한국문화적인 몸언어의 개발이 예배 안에 내포되어 있는지 논의해 보자.

---

1) Laurence Hull Stookey, *Calendar: Christ's Time for the Church*(Nashville: Abingdon Press, 1996). 3장 "부활절 : 위대한 오십일" pp.53~78. 참조

2) Thomas K. Carroll and Thomas Halton, *Liturgical Practise in the Fathers*(Wilmingon: Michael Glazier, 1988), p.39.

3) Ibid.

4) Ibid., p.45.

5) A. G. Martimort, I. H. Dalmas, P. Jounel, *The Church at Prayer*(Collegeville: The Liturgical Press, 1983), p.13.

6) Ibid., p.33.

7) Ibid., p.33.

8) Ibid., p.32.

9) Ibid.

10) Ibid., p.15.

11) *Liturgical Practice in the Fathers*, pp.49, 50.

12) Ibid., p.53.

13) Ibid., p.54.

14) Ibid.

15) Ibid., p.16.

16) Ibid.

17) A. G. Martimort, I. H. Dalmas & P. Jounel, *The Church at Prayer Vol. IV: The Liturgy and Time* (Collegeville: The Liturgical Press, 1983), pp.158~160.

18) Ibid., pp.165, 166.

19) Ibid., p.168.

20) James F. White, *Documents of Christian Worship*(Louisville: Westminster/ John Knox Press, 1992), pp.88~99.

21) Mary M. Schaefer, "Liturgical Architecture", *The New Dictionary of Sacramental Worship*, p.59.

22) Ibid.

23) Ibid., p.61.

24) Ibid., p.62.

25) Ibid., p.63.

26) James F. White & Susan J. White, *Church Architecture: Building and Renovating for Christian Worship* (Nashville: Abingdon Press, 1988), p.18.

27) Ibid., pp.21~26.

28) Ibid., pp.26~30.

29) Ibid., p.30.

30) Ibid.

31) Ibid., p.109.

32) Edward Foley, "Liturgical Music", *The New Dictionary of Sacramental Worship*, ed. Peter E. Pink (Collegeville: The Liturgical Press, 1990), pp.855~856.

33) Ibid., p.856.

34) Ibid., p.857.

35) Ibid., pp.857, 858.

36) Ibid., pp.858~862.

37) Ibid., p.862.

38) 나형석, 「예배학교실」(서울: 좋은 땅, 2012), pp.284~285.

39) Edward Foley, "Liturgical Music", p.868.

40) Ibid.

41) Ibid.

42) Ibid., p.869.

43) Ibid.

44) Ibid.

45) Ibid., p.99.

46) Ibid., p.100.

47) Ibid.

48) Ibid.

49) Ibid., *Luther's Works*, vol. p.53, (Philadelphia: Fortress Press, 1965), p.323. 재인용.

50) Ibid., p.96. *Sermon* p.34. *The New Chant in the Paschal Mystery*, ed, Adalbert Hammon(Staten Island: Alba House, 1969), p.183에서 재인용.

51) Ibid., p.97.

52) Ibid., p.98.

53) Martha Ann Kirk, "Liturgical Drama", *The New Dictionary of Sacramental Worship*, ed, Peter E. Pink(Collegeville: The Liturgical Press, 1990), p.370.

54) Ibid.

55) 예를 들어 종려주일 종려나무가지를 들고 행진하는 것이나 세족 목요일에 발을 씻는 일 혹은 부활비질(Easter Vigil, 부활전야) 때 세례후보자를 물속에 집어넣었다 꺼내고 옷을 입히는 일들은 예배력의 극적 요소를 잘 보여 주고 있다.

56) Ibid., p.374.

57) J. G. Davies, "Liturgical Dance", *The New Westminster Dictionary of Liturgy and Worship*(Philadelphia: The Westminster Press, 1986), p.206.

58) Ibid., p.207.

59) Gilbert Cope, "Liturgical Colours", *The Westminster Dictionary of Liturgy and Worship*, p.178.

60) Ibid.

61) Ibid., p.179.

62) Ibid., p.180.

63) Robert Vereecke, "Liturgical Gesture", *The New Dictionary of Sacramental Worship*, pp.510~513; Gilbert Cope, "Gestures", *The New Westminster Dictionary of Liturgy and Worship*, pp.247~251.

64) Robert Vereecke, "Liturgical Gesture", pp.510, 511.

65) Gilbert Cope, "Posture", *The New Westminster Dictionary of Liturgy and Worship*, pp.437~440.

교육목회적
예배방법과
모델

예배를 위한 교육방법

교육목회적 예배 기획과 예배 모델

제5장

예배를 위한 교육방법

1. 예배의 구성요소

예배의 역사적 변천과정 속에서 드러난 사실은 많은 예배의 순서들이 가감되었지만, 예배순서에 기본적 구조가 있었다는 것이다. 기본적인 예배순서가 시대의 특성과 문화적 특성 등으로 인해 조금씩 변화되거나 강조되거나 약화되었다. 2장에서 언급한 것처럼, 성서를 기초로 하고 초대 교회와 종교개혁자들의 예배 순서를 전통적인 예배의 순서로 예배의 기본구조를 살펴보면, 예배의 기본구조는 '예배로의 부름-말씀-성찬-세상으로 파송'의 구조를 하고 있다.

개체 교회에서 시행하는 주일예배 순서는 이 구조의 틀에서 개체 교회의 상황에 따라서 확대하거나 보충하는 것이 대부분이다. 이 구조는 계시적인 차원에서 나타낸 구조이고, 실제적인 예배의 구조는 대화적 구조이다. 예배가 하나님의 계시와 그 계시에 대한 인간의 응답과의 만남의 경험이므로 예배구조는 대화적 구조를 갖는다. 예배의 기본 구조인 '예배로의 부름-말씀-성찬-세상으로 파송'의 구조에 인간의 응답인 '아멘'이 연결되는 구조이다.

즉 '예배로의 부름과 아멘-말씀과 아멘-성찬과 아멘-세상으로 파송과 아멘'의 구조이다. 예배는 단순히 하나님의 계시의 사건 혹은 인간이 하나님께 존경을 표현하는 장이 아니라 하나님의 계시에 대한 인간의 응답 과정이 만나야 한다. 그러므로 개체 교회가 드리는 예배는 각 구조마다 또 각 예배 순서마다 회중의 아멘으로 가득 차야 한다.

기독교 역사상 모든 예배는 반드시 어떤 형태를 가지고 있다. 그 형태라는 것은 흔히 우리가 예배순서라고 말하는 그것이다. 즉 예배의 형태란 어떤 요소들을 어떤 순서로 배열한 것을 말한다. 예컨대 전통적으로 한국 교회의 예배는 '예배에의 부름'이나 '묵도'로 시작하고 '축도'로 마친다. 바로 이것이 예배 순서요, 이 순서가 표방하는 것이 예배의 형태이다.[1] 그러므로 예배의 형태에 대한 이해를 갖는 것은 예배를 교육하고 갱신하며 새로운 형태의 예배를 디자인할 수 있는 필수 사항이다.

무엇보다 예배의 기본구조인 "모임-말씀-성찬-파송"의 의미를 알고 예배순서와 요소들의 의미를 파악한 후 교회의 상황과 실정에 맞게 예배를 디자인해야 한다.

모임의 예전(Gathering)에 속하는 요소

예배는 하나님에 의해 시작된다. 하나님은 인간을 부르시며, 인간은 그리스도의 이름으로 하나님의 부르심에 응답하고, 믿음의 공동체로서 모인다. 회중은 모여서 비공식적으로 서로 인사를 나눈 후 침묵의 기도 또는 조용한 묵상으로 준비한다. 이때 예배당에는 교회력 또는 그날 봉독할 말씀에 따른 음악이 흘러나온다. 이 음악은 회중이 하나님과 하나님의 나라에 대한 묵상으로 들어갈 수 있도록 도와주어야 한다.[2]

⑴ 주악과 전주

주악은 시작을 알리는 것이다. 주악이 울리면 회중은 그들이 모인 목적을 생각하고 다른 활동을 멈추고 하나님께 한마음으로 예배드리게 된다. 이러한 이유 때문에 주악은 찬양인도자나 작곡가의 재능이 두드러지는 극적인 곡이기보다는 회중이 묵상하고 기도할 수 있는 조용한 명상곡이어야 한다. 또한 전주는 회중에게 성령의 임재를 증거해 주는 것이므로 전주가 연주되는 동안 회중은 주님의 임재와 부르심에 대하여 감사하는 마음으로 기도하고 있어야 한다. 회중은 교회 안에 들어오면 잡담을 금하고 깊은 명상에 임하도록 훈련되어야 한다.[3]

⑵ 입당송

초대 서방교회에서 입당송은 성직자가 입장할 때 성가대와 신자들이 함께 부르거나 따로 부르는 '이동적인 찬송'이었다. 정교회는 집례자가 제단을 향해 나아가는 입당(enterance)의 행위에 대해 교회가 옛 세상에서 새 세상으로 '이 세상'에서 '장차 올 세상'(히 2:5)으로 이동해 가는(passage) 움직임이며, 예전적 '여정'의 핵심적 움직임이라고 말한다.[4]

오늘날에는 입당송을 부를 때, 반드시 찬송을 부르지도 않고 움직이는 사람도 없다. 대신 입당송은 다음에 이어지는 인사말이나 예배의 시작을 알리는 말을 보강하고 행렬 찬송이 이어질 것이라는 신호가 되고 있다. 입당송과 예배로의 부름으로 예배가 시작된다. 경배와 기쁜 찬송이 예배의 이 부분에서 전달되는 지배적인 분위기다.[5]

⑶ 인사 / 개회선언 / 예배로의 부름

회중이 하나님께 예배드리기 위해 부름을 받는 순서이다. 여기서는 하나님의 현존과 하나님이 행하신 일을 선포하는 찬양을 부르거나 이와 관련된 말씀을 읽는다. 예를 들면 "다 같이 하나님께 예배드립시다."와 같이 간단

할 수도 있고 길수도 있다. 이런 방식은 예배가 오직 하나님 중심성을 갖게 하며, 하나님의 임재하심을 알리고, 사람들에게 경배와 찬양을 돌리게 한다.

종을 치고 "묵도함으로 예배를 시작합니다."라고 했으나, 이제는 대부분의 교회가 "주님의 이름으로 예배합니다."라는 선언이나 그날 주제에 맞는 초청의 말씀 낭독, 혹은 개회 찬양 이후에 예배 인도자의 예배로의 부름 기도를 통해 자연스럽게 시작한다. 그렇게 함으로써 예배의 주도권을 인간이 갖는 것이 아니라 하나님이 소유하시고 계심을 알리는 것이다. 예배로의 부름을 효과적으로 진행하려면, 예배 인도자는 그 내용을 완전히 익힌 후 심중으로부터 우러나오는 부름으로 발전시켜 나가야 한다. 따라서 이 부름을 수행할 때 자연스런 표정으로 회중을 바라보면서 진행해야 한다.

(4) 기원

기원이란 짧은 기도로서 오늘의 예배 속에 성령으로 임재하신 하나님의 권능과 현존을 예배 인도자와 회중이 깨닫도록 해달라는 기도이다. 'invoke'라는 영어 단어는 라틴어 'in(on)+voco(call)'로부터 온 말인데, 그 뜻은 '도움이나 보호를 호소하는 것'을 의미한다. 기원은 전통적으로 성직자가 드렸으나, 오늘날에는 훈련된 평신도가 수행하기도 한다. 기원은 오직 하나님의 높으신 경륜을 감사하고 성령의 임재 속에 하나님의 영광이 나타나기만을 구해야 하며, 효과적인 진행을 위해서 예배의 목적과 주제에 일치하는 내용과 간명하고 적합한 표현이 뒤따라야 한다.[6]

(5) 개회기도

개회기도는 하나님에 대한 경배가 주된 내용이다. 피조물이 창조주이신 하나님 앞에서, 그리고 구원받은 자가 구속자이신 그리스도 앞에서 드리는 예배의 핵심은 경배이기 때문이다.

(6) 찬송

개회찬송은 하나님께 공동으로 드리는 찬양이다. 이 찬송은 감사와 찬양으로 하나님께 경배하는 찬송이어야 한다. 개회찬송을 선곡할 때에는 신중하게 판단하여 가사나 음악이 즐거우며, 경건하고, 강한 느낌을 주는 것으로 한다. 하나님께 예배하도록 부르심을 받은 회중들은, 일어서서 죄인 된 자신들을 거룩한 성전에서 예배하도록 불러 주시고 허락하신 하나님께 찬양으로 응답한다.

회중은 이런 기회를 부여받은 자신의 특권적 삶에 감사하면서 경건한 자세로 찬송을 불러야 할 것이다. 여기서 부를 수 있는 찬송은 하나님을 향하여 드리는 경배와 찬양의 뜻이 담긴 찬송이어야 한다. 개회찬송이 진행될 때 회중은 자리에서 일어나며 경직된 분위기에서 벗어나 축제적인 분위기에서 찬송을 불러야 한다. 하나님을 경배하는 찬송은 예수 그리스도를 우리에게 주신 하나님의 사랑에 대한 감사로서, 기독교 예배에서 매우 중요한 요소이다. 이 개회찬송은 준비찬양이 아니라 그날의 예배 주제를 잘 표현할 수 있는 것으로 한다.[7] 그리고 가능하다면 찬송은 하나님께 대한 개인의 예배보다는 공중 예배를 반영하여 '주여 나를 기억하소서'보다 '기뻐하며 경배하세'를 선곡하도록 한다.[8]

(7) 참회의 기도(Prayer of Confession)

구약의 많은 선지자들이 하나님 앞에 서서 거룩하신 위엄 가운데 계신 하나님을 뵈었을 때, 그들의 반응은 회개였다. "화로다 나여 망하게 되었도다 나는 입술이 부정한 사람이요 나는 입술이 부정한 백성 중에 거주하면서 만군의 여호와이신 왕을 뵈었음이로다"(사 6:5). 이 같은 죄의 고백은 가슴을 치며 "하나님이여 불쌍히 여기소서 나는 죄인이로소이다"(눅 18:13)라고 회개한 세리의 모습에서도 볼 수 있다. 특별히 하나님을 예배하는 예배자들이 죄악을 그대로 품고 있을 때, 거룩한 하나님과의 만남은 불가능하다. 이 기도를 효과적으로 수행하려면 훌륭한 공동기도문을 채택하든가, 혹은 교회력에 알맞은 기도문을 창작하는 일이 필요하다.

(8) 용서의 확언(Word of Forgiveness)

예배에서 이 순서는, 면죄를 선언하는 것이 아니라 예배자들이 그리스도의 구속의 은혜와 죄 사함의 은혜, 하나님의 말씀의 약속에 의하여 확인된 하나님의 특별한 용서와 은혜의 보증을 성서의 말씀을 통해 선언하는 것이다. 하나님께서 주시는 용서의 확신은 예수 그리스도의 이름으로 용서가 선포될 때 명확해진다. 죄를 고백한 후에 회중은 하나님의 용서를 받아들임으로써 그들의 죄가 소멸되며, 하나님이 그들을 새로운 삶으로 인도하셨다는 확신을 가지게 된다.[9] 로마서 8장 1~2절, 요한일서 1장 9절과 이사야 1장 18절, 55장 7절을 주로 사용한다.

(9) 영광송(Gloria Patri)

하나님의 용서가 선언된 다음 인간의 응답으로서 영광송을 부른다. 이것은 우리의 허물을 용서해 주신 하나님을 향하여 그 위대하심과 자비하심을 찬양하는 순서이다. 이것은 초대 교회뿐만 아니라 종교개혁가들도 지켜 온 예배 요소이다. 영광송은 성부, 성자, 성령 삼위일체 되신 하나님께 영광을 돌리는 노래이다. 회중은 일어선 채 부르고, 집례자는 회중을 바라보면서 부르기보다는 제단의 중심을 향하여 선 채 부르는 것이 더 좋다.

(10) 목회기도(Pastoral Prayer)

이 기도는 예배를 인도하는 목사가 하나님 앞에 모여 예배드리는 무리를 위하여 사제적 기능을 펴는 부분이다. 하나님의 백성을 위탁받아 섬기고 살피는 책임을 가진 목양자로서 신자들이 살고 있는 상황에서 발생된 죄와 허물의 용서를 구하고, 전쟁과 질병과 가난과 억눌림의 세계로부터 해방을 하나님께 아뢰고 구하는 기도이다. 목회기도를 진행할 때 주의할 점은, 예배 진행 측면에서 볼 때 회중이 이미 참회의 기도, 용서의 확언, 신앙고백 등을 한 시점에서 적합한 내용을 설정해야 한다는 것이다. 목회기도는 목회기도 대로 특성을 지녀야 한다. 이런 의미에서 목회기도는 하나님의 명확한 기능을 발휘하는, 상황성을 지닌 돌봄의 기도이어야 한다.

말씀의 예전(The Word)에 속하는 요소

모임의 예전을 통하여 예배 공동체로서의 '회중'을 구성한 이후, 이제는 하나님의 말씀을 듣는 순서로 이동한다. 하나님의 말씀을 듣는 순서는 주로 성경봉독과 설교 그리고 이와 관련된 순서들로 이루어진다.

(11) 조명을 위한 기도(Prayer for Illumination)

조명을 위한 기도는 성경봉독과 말씀 선포에 앞서서 이루어진다. 흔히 설교하기 직전에 설교자가 이 기도를 하는 경우가 있는데, 이는 논리적으로 맞지 않다. 조명을 위한 기도에는 말씀을 읽고 선포할 때 성령께서 조명해 주시기를 원하는 내용과, 그래서 말씀을 통하여 인간에게 다가오는 생명의 세계를 회중이 받아들일 수 있도록 하나님께서 역사해 주시기를 바라는 내용이 포함되어야 한다.

(12) 성경봉독(Scripture Lessons of Lections)

한국 개신교회는 최근 교회력에 따라 예배를 계획하기 시작했다. 우리가 성경봉독을 수행할 때에는 교회력에 따른 성서일과, 즉 구약성서, 복음서, 서신을 낭독하는 일을 빼놓을 수 없다. 따라서 성경봉독의 구성도 제1독서(First Reading: 구약성경)과 시편(Psalm), 제2독서(Second Reading: 서신서)와 찬송, 그리고 복음서(Gospel Reading)이다. 예배에서 구약과 신약 모두를 봉독하는 이유는 하나님의 계시의 일치성을 확신할 수 있도록 하기 위함이다.

표준 성서일과[10]는 이들 여러 개의 본문을 공통된 주제에 따라 읽을 수 있게 구성해 놓았으며, 이를 활용하면 성경봉독의 연속성과 그날의 본문에서 공통되는 주제를 발견할 수 있다. 성서일과는 예배를 계획하는 이들을 위해 매우 유용하며, 특히 세계의 교회들이 같은 날에 같은 본문을 공통적으로 사용함으로써 우주적인 교회가 하나의 공동체임을 나타낸다는 장점이 있다.[11]

성경봉독은 목회자나 회중의 대표가 수행하거나 또는 목회자가 읽고 회중이 반응하는 가운데 모두 참여하는 형태로 진행되어야 한다. 공예배의 성경봉독자는 잘 훈련되지 않으면 기대할 만한 효과를 낼 수 없다. 성경봉독할 때에 봉독자는 세 가지를 기억해야 한다. 첫째, 성경을 틀리지 않고 낭독해야 한다. 둘째, 성경만 들여다보지 말고 가끔 회중을 바라보아야 한다. 셋째, 침착하면서도 자애로운 얼굴로 낭독을 해야 한다. 그리고 성경봉독이 끝나면 봉독자가 "이는 하나님의 말씀입니다."라고 말하면 회중은 "아멘"으로 화답한다. 그리고 성경봉독을 할 때 회중을 일어서서 듣게 하면 하나님의 말씀을 생생하게 접할 수 있게 된다.

(13) 설교(Sermon)

설교 시간은 하나님의 말씀을 선포하고 듣는 시간이다. 성경에서 말씀하시는 하나님은 지금도 회중을 향하여 말씀하신다. 설교자는 겸허한 마음과 확신 있는 자세로 말씀을 선포하고, 회중은 진리를 사모하는 마음으로 말씀을 경청해야 한다. 만일 설교의 내용이 예배의 특수목표와 일치하지 않거나 예배의 다른 요소와 조화를 이루지 않는다면, 그 설교는 잘못 계획된 것임에 틀림없다. 설교 시간은 예배가 한 시간 동안 계획되어 있다면 약 25분 정도가 충분하다.[12]

정교회 예전에는 복음의 선포에 앞서 '알렐루야'가 있다. 이는 복음의 선포와 함께 오시는 주님을 보고, 그분의 현존을 알고, 이 영광스런 '파루시아'(parousia) 앞에서 기쁨을 표현하는 이들이 행하는 기쁨 충만한 인사 행위다. '파루시아'를 군이 번역하자면 '그분이 여기 계시다!'이다.[13]

(14) 초청(Invitation)

설교가 있은 후, 회중은 그리스도와 그의 나라의 새로운 백성이 되도록, 그리고 새로운 백성이 되기를 원하는 이들에게 전도하는 제자의 삶으로 부름을 받는다.

(15) 찬송(Hymn, Canticle, Psalm, or Spiritual)

설교 후에는 찬송을 부르는데, 이때 그날 선포된 말씀과 관련된 찬송을 부르는 것이 보통이다. 찬송은 예배 집례자가 인도하거나 혹은 회중 가운데서 누군가가 인도할 수 있으며, 성가대의 찬양을 통해 응답해도 좋다. 특히 'anthem'은 보통 성서로부터 온 말로 된 성가이다. 이 성가는 성가대가 부르는데, 찬양의 응답이나 기독교의 메시지를 노래하는 것을 포함한다. 이 찬양을 듣는 회중은 그 성가의 음악에 심취하기 전에 그 성가의 가사가 주는 메시지에 먼저 마음을 기울여야 한다. 그리고 회중은 성가가 올려 주는 복음과 진리 안에서 다함께 하나님을 찬양해야 한다.

(16) 신앙의 확신(Affirmation of Faith)

회중은 신앙고백을 통하여 말씀선포에 대해 응답하기도 한다. 이미 초대교회에서부터 신앙고백은 공적인 예배에 중요한 항목으로 자리 잡았다. 특히 세례 후보자들은 신앙고백을 통하여 그들에게 믿음이 있음을 공적으로 나타내 보였으며, 그 후에 비로소 세례를 받고 성만찬에 참여할 수 있었다. 그러므로 회중은 신앙고백을 할 때마다 과거에 받았던 세례를 되새김질 하는 것이다.

신앙고백은 믿음의 전통을 표현하는 니케아 신조나 사도신경을 통해 하며, 성서를 근거로 한 찬양이나 적당한 음악 등을 통해 다양한 형태로 표현할 수 있다. 일반적으로 사도신경은 세례 받을 때나 혹은 견신례를 받을 때에 후보자가 회중 앞에서 공적으로 신앙을 표현할 때에 사용하며, 니케아 신조는 전통적으로 성찬을 거행할 때 사용한다.[14] 신앙고백을 할 때, 단순히 "외우겠습니다."라고 인도하기보다 다음과 같이 말하는 것이 바람직하다.

"주님의 성령이 계신 곳에는 언제나 사도들이 세운 참되고 세계적인 하나의 교회가 있습니다. 이제 우리는 그 교회의 거룩한 신앙을 선언하겠습니다." 신앙고백을 드릴 때에는 모든 회중이 다 일어서는 것이 좋다.[15]

(17) 회중기도(Prayer of People)

말씀에 대한 반응으로 회중기도를 드리는데, 이 기도를 통해서 교회와 회중은 세계와 일상의 삶 속에서 역사하시는 하나님의 현존을 인지하고 고백하게 된다. 역사적으로 교회는 시대를 초월하여 전 세계의 교회와 세상과 권세자 및 궁핍한 자와 위험에 처한 이들을 위해 기도하여 왔다. 교회가 이들을 위해 기도하는 이유는 세상을 향하신 하나님의 사랑 때문이다. 하나님은 세상을 창조하셨고 보호해 주신다. 하나님은 예수 그리스도를 보내셨고, 그분은 세상을 위해 죽으셨다. 또한 하나님은 미래를 향하여 세상을 이끌어 가는 일을 지금도 하고 계신다. 하나님을 믿는다는 것은 곧 세상을 향한 하나님의 관심에 동참한다는 것을 의미한다. 그러므로 교회의 기도는 하나님의 사랑만큼이나 넓으며, 교회는 가장 작은 사람을 향한 하나님의 사랑만큼이나 자상하고 특별하게 기도해야 한다.

(18) 중보기도(Intercession)

회중기도와 같은 성격으로서 특히 세계적 지역적 관심사에 대하여 기도한다. 우주적 교회를 위하여, 교회 사역을 위하여, 목회자를 위하여, 세계적으로 빈곤 상태에 있는 모든 이를 위하여, 특별히 궁핍한 이들을 위하여, 세상의 정의와 평화를 위하여, 국가와 민족과 지역 공동체를 위하여, 그리고 그들을 다스리는 자들을 위하여 기도하는 것은 교회가 해야 할 지극히 당연한 기도이다.

(19) 간구의 기도(Supplication)

특정한 이슈와 필요를 가지고 있는 지역 교회가 그리스도께 간구하는 기도이다. 일반적으로 다음과 같은 기도가 여기에 해당된다. 믿음의 문제에 봉착해 있는 이들이 믿음의 확신을 가질 수 있도록, 삶의 변화에 봉착해 있는 이들이 하나님의 도우심과 이끄심을 받을 수 있도록, 비판에 직면해 있는 이들이 지혜를 얻을 수 있도록, 병들고 외롭고 불안한 이들이 치유하심과 평안함을 느낄 수 있도록, 모든 주의 백성이 하나님의 뜻을 따를 수 있도록 기도한다.

(20) 평화(The Peace)

만약 앞에서 평화와 화해를 나타내는 '평화'의 순서가 없었다면 이곳에서 행할 수도 있다. "예물을 제단에 드리려다가 거기서 네 형제에게 원망들을 만한 일이 있는 것이 생각나거든 예물을 제단 앞에 두고 먼저 가서 형제와 화목하고 그 후에 와서 예물을 드리라"는 주님의 말씀(마 5:23~24)에 따라 이 순서는 봉헌 순서보다 앞서 나오는 것이 타당하다.[16]

성찬의 예전(The Eucharist)에 속하는 요소

신약시대부터 주의 날에 성찬을 거행하는 것은 기독교 예배의 표준이었다. 성찬은 예수님께서 직접 제자들에게 베풀어 주신 것이며, 기독교 공의회가 무엇을 결정하기에 앞서, 그리고 모든 종류의 신조가 형성되기 이전에, 심지어는 신약성경이 쓰이기 이전에 그리스도인의 믿음과 삶을 확고히 하는 역할을 하였다. 한마디로 교회가 시작될 때부터 성찬은 주의 날과 함께 존재하였다. 그러므로 성찬은 매주일 예배에 규칙적으로 그리고 자주 거행되어 왔다. 성찬의 예전은 주로 봉헌과 성찬기도 그리고 성찬 참여 등의 요소로 구성되어 있다.

(21) 봉헌(Offering)

하나님은 예수 그리스도를 세상에 주심으로 자기 자신을 드러내셨다. 그러므로 인간은 예수 그리스도에 의해 구속함을 얻는다. 예배에서는 이러한 사실이 선포되고 재현된다. 그러므로 이러한 하나님의 사랑에 대한 반응으로 회중이 받은 은사와 능력과 물질을 하나님께 드리는 것은 지극히 당연하다. 헌금을 드리는 동안에는 알맞은 음악이 흘러나오거나 또는 침묵이 이어질 수 있다. 십일조와 헌금을 모아서 기도와 함께 드린다.

초대 교회 시대부터 봉헌은 성찬을 위하여 포도주와 빵을 준비하는 것을 포함해 왔다. 성찬 거행 전에 빵과 포도주를 하나님의 말씀에 대한 감사의 표시로 성찬대 위에 놓았다. 예배에서 성찬을 거행하지 않을 때는 헌금을 감사의 기도 다음에 행한다. 예배는 축복과 위탁의 말씀 및 찬양으로 끝맺는다.

봉헌순서는 기독교 예전 중 중요한 의미를 갖는 부분이다. 오늘의 예배 속에서 봉헌이란 단순히 헌금을 하는 행위를 지칭하는 데에 그치고 있다. 그러나 역사적으로 볼 때, 이 봉헌의 의미는 단순히 예물을 드리는 것만이 아니라 하나님의 은총 앞에 성도가 드리는 응답적 행위를 총칭하는 말이다. 헌금하는 일은 물질을 드리는 것 그 이상의 일이다. 헌금하는 일은 우리 자신과 우리가 가진 모든 것을 하나님께 바친다는 것을 상징적으로 표현하는 일이다. 그러므로 헌금은 진정으로 하나님의 사역에 이바지하고자 하는 마음을 가지고 드려야 한다.[17]

교부들은 봉헌된 떡과 포도주, 그리고 그들이 하는 봉헌과 축성, 성찬 참여 등 모든 것을 통틀어 '성찬'이라고 불렀다. 이 모든 것이 성찬이었으며 오직 성찬의 틀 안에서만 이해될 수 있는 것들이었다. 성찬 예전이 더 진행되면, 이제 우리는 하나님께 우리의 모든 삶과 우리 자신과 우리가 사는 세상 전체를 봉헌하는 시간을 맞는다. 이 음식과 세상과 삶을 하나님께 바치는 것은 인간으로서의 근본적인 '성찬적' 기능을 행하는 것이며, 인간됨을 성취하는 것이다. 즉 떡과 포도주를 바치는 것은 우리 자신과 우리 삶과 세상 전체를 그분에게 드리는 것이다. 우리의 모든 기쁨과 고통, 모든 아름다움과 좌절, 모든 배고픔과 만족을 그것들의 궁극적 목적이신 분께 바침으로써 마침내 의미 있는 것들이 되게 한다.[18]

(22) 성찬에로의 초대(Invitation to the Eucharist)

성만찬의 직접적인 의미는 그 명칭에서 알아볼 수 있다. 이 예식은 예수께서 그의 제자들과 함께 앉아 직접 제정하셨기 때문에 '주의 만찬'(Lord's Supper)이라고 부른다. 그 후에 이 예식에는 여러 가지 이름이 붙었으며, 가장 대표적인 이름이 성찬인데, 이는 구속사를 통하여 베풀어 주신 하나님의 거룩하신 행위에 대해 감사한다는 뜻이다.

성찬은 하나님께서 구속사에서 행하신 일과 당신의 백성에게 약속하신 일을 교회가 찬미하며, 예수 그리스도의 생애와 죽음과 부활 및 재림의 약속을 기억하고 감사하는 행위이다. 특히 그리스도의 희생의 의미가 빵과 포도주를 통하여 참여자의 마음에 새롭게 각인될 뿐 아니라, 부활의 주님을 경배하고 만나 뵙는 기쁜 잔치이다. 성만찬을 통하여 교회는 그리스도께서 다시 도래하실 때까지 주의 백성에게 현현하시고 힘과 능력을 주시는 그리스도를 경험한다. 그러므로 성찬은 주님의 백성이 말씀과 행위를 통하여 빵과 포도주에 참여할 때마다 하나님의 약속을 더욱 뚜렷하게 보게 되는 사건일 뿐 아니라, 그리스도 안에서 모두 하나가 되고, 장차 완성될 하나님의 나라, 곧 하나님의 미래에 참여하는 수단이다. 환원하면 교회는 주님의 식탁에 모일 때에 영원한 하나님 나라의 만찬에 참여하게 되는 것이다.

(23) 대감사기도(Great Thanksgiving)

목사 또는 집례자가 성서의 적당한 말씀을 인용하면서 회중을 성찬 식탁으로 초대하면 예식이 시작된다. 곧이어 대감사기도가 시작된다. 초대 교회 예배에서는 대감사기도를 성찬 예식에서 가장 중요한 부분으로 인식하였다. 대감사기도는 기본적으로 삼위일체 하나님께 대한 찬송과 기도이다. 그러므로 기도의 내용은 과거, 현재, 미래를 통하여 행하시는 하나님의 전능하신 행위를 찬양하는 것이다. 여기에는 하나님의 창조와 언약의 제정, 율법을 주심, 선지자를 통한 증언, 인간의 실패에도 불구하고 넘치도록 부어 주시는 하나님의 한없는 사랑과 자비와 은혜 등에 대한 찬양이 포함된다. 특히 예수 그리스도의 탄생과 생애와 사역과 죽음, 그리고 부활과 다시 오심에 대한 약속 등, 구속적 사역에 대한 감사가 강조된다. 아울러 함께 모여 그리스도의 말씀과 생애를 다시 상기하는 회중의 무리에 성령께서 함께하사 예수 그리스도의 몸 된 빵을 떼고 잔을 함께 나눌 때에 주님의 피와 살을 경험할 수 있도록 간구한다. 빵과 잔을 나눔으로써 참여자들이 주님과 하나로 연합되고, 나아가서 세상에서 믿음을 지키며 예수를 증거하는 삶을 살 수 있도록 힘을 주시는 것은 성령의 역할이다.[19]

(24) 주기도(the Lord's Prayer)

예배 중 우리가 주기도를 드리는 이유는 무엇인가? 그 이유는 그리스도께서 기도를 통해 보여 주신 자비와 용서에 대하여 믿음으로 응답하고, 또한 그 기도를 함께 나누기 위함이다. 그러므로 주기도를 단순히 암송하는 것으로 그쳐서는 안 된다.[20] 온 회중이 한목소리로 주님의 기도를 합창하는 것도 좋다.

(25) 분병 분잔(Breaking of the Bread)

집례자는 빵을 들고서 그것을 두 쪽으로 나눈다. 그리고 순수한 포도주 또는 포도주스를 잔에 따른다. 만일 미리 따라 놓았다면 이것을 높이 든다. 이러한 모든 동작은 회중이 볼 수 있도록 명확히 해야 한다. 주님께서 하신 제정의 말씀(Word of Institution)이 언급되지 않았다면, 이 순간에 언급한다. 이러한 행위를 통하여 회중은 그리스도의 몸과 흘리신 피가 모든 이를 위한 것임을 기억하게 된다.

(26) 수찬(Communion of People)

테이블에 있는 빵과 포도주는 회중에게 적당한 방법으로 나누어 준다. 원칙적으로 빵과 포도주를 받기 위해 회중이 성찬대 주위에 모여들거나 또는 성찬대 앞으로 걸어 나온다. 집례자는 빵을 적당한 크기로 떼어서 회중의 손에 놓아 주며, 이때 빵을 받는 사람은 오른손을 펴서 역시 활짝 편 왼손 아래에 받친 채로 공손히 집례자에게 내민다. 포도주는 공통의 잔, 즉 하나의 잔에서 마시도록 한다. 만약 공통의 잔으로 마시기를 꺼리는 사람은 받은 빵 조각을 잔 속의 포도주에 찍어서 먹게 할 수도 있다. 회중의 크기에 따라 몇 개의 잔이 사용될 수도 있다. 배찬이 진행되는 동안 회중이 적당한 찬송을 부르거나 또는 성가대가 합창이나 연주를 할 수 있다. 빵과 잔에 참여한 회중은 자리로 돌아가서 말씀과 삶에서 임재하시는 주님을 기억하고 충성을 결단하며 묵상으로 기도하는 것이 좋다. 모든 배찬이 끝난 후에 남아 있는 빵과 포도주는 테이블 위에 놓는다. 집례자는 이 예식을 통하여 예수 그리스도를 회중에게 보내 주신 하나님께 감사드리며, 또한 믿음의 제자로 살아갈 수 있도록 하나님의 능력과 은혜를 구하는 기도를 드린다.[21]

예수가 제정한 예배는 설교 위주의 것이 아니라 성찬식 위주의 예배이다. 초대 기독교 예전의 극치는 성례전이었다. 그중에서도 성찬식은 매주일 거행된 성례전으로서 성도의 신앙과 생활에 새로운 활력소를 불어 넣었고,

자신들의 생명을 그리스도와 연결시키는 살아 있는 신앙의 경험을 계속해 왔었다. 집례자는 성찬을 받는 회중에게 우리를 위하여 살을 찢으시고 피를 흘리신 주 예수 그리스도의 은혜를 기억하고 감사하는 마음과 태도를 갖도록 일깨워 주어야 한다. 따라서 집례자는 회중이 자발적으로 자신을 봉헌하고 위임하는 다짐을 하도록 권면해야 한다.

파송의 예전(Sending)에 속하는 요소

예배가 끝나갈 무렵 위탁의 말씀을 행한다. 집례자는 회중에게 세상으로 나가서 복음 전도, 구제, 정의, 화해 그리고 세상을 화평케 하는 사역을 하도록 위탁한다. 교회 생활에 속하는 광고는 이때 할 수 있는데, 유의해야 할 점은 광고의 내용이 전체 회중과 관련된 것이거나 또는 회중이 선교를 향해 나아가는데 직접적으로 관련된 것에 한해야 한다.

(27) 찬송(Hymn, Canticle, Psalm, or Spiritual)
말씀을 위탁받고 세상을 향하여 나가는데 어울리는 적절한 찬송을 부른다. 예를 들면 '십자가를 질 수 있나'라는 찬송을 다음과 같이 부르며 결단하는 것도 좋다.

목회자 : 십자가를 질 수 있나 주가 물어 보실 때
　　　　죽기까지 따르오리 성도 대답하였다
성　　도 : 우리의 심령 주의 것이니 주님의 형상 만드소서
　　　　주 인도 따라 살아갈 동안 사랑과 충성 늘 바치오리다

(28) 축복과 권면(Charge and Blessing)
예배가 끝나고 공적으로 흩어지는 순서이다. 이때 주 예수의 이름으로

세상을 향해 나가는 사람들에게는 책임을 주는데, 예수께서 세상을 향해 섬기신 것처럼 모든 성도도 선교에 동참하도록 위탁한다. 이는 하나님께서 성도를 파송하시면서 새 날이 올 때까지 성령의 능력으로 복음을 전파하며, 세상의 생명과 평화와 정의를 위해 헌신하며, 피조물을 잘 돌보는 청지기직을 위임하시는 것을 의미한다. 축복은 고린도후서 13장 13절이나, 민수기 6장 24~26절에 있는 축도와 같이 삼위일체의 이름과 그 믿음을 통하여 이루어진다.[22]

예배하는 공동체는 예전적 표현 자체만으로 끝나지 않는다. 예배 공동체는 증인 공동체로 발전되어 나갈 때 진정한 예배생활을 성취할 수 있다. 특히 회중이 세상으로 흩어져 나가기 전에 예수님의 대명령을 다시 기억하고 그 명령을 따르기로 다짐하는 일이 필요하다.

성도가 세상 속에서 하나님의 일을 행할 때, 하나님께서 그들과 함께 행하신다는 축복 아래 그들은 견고히 서게 된다. 이 믿음과 함께 교회를 떠나면서 회중은 화해와 평화의 은혜를 서로 나눈다. 이때 적당한 음악을 연주하면 좋다.

2. 예배인도 방법

예배의 질과 효과는 대부분 인도자의 준비와 그 의식을 그가 어떻게 행하는가에 따라 영향을 받는다. 인도자는 어떠한 계획에 의해서 교회학교 어린이들에게 예배를 드리게 강요할 수는 없다. 그러나 인도자는 예배에 참석하는 사람, 교회학교 어린이이 예배에 참여할 수 있도록 조건과 분위기를 제공해야 한다. 예배의 외적인 형태를 다루는 기술은 각 예배자의 내적인 경험과 조화를 이룰 필요가 있다. 내적인 경험이 없이는 외적인 의식의 형태는 공허하고 의미 없는 것이기 때문이다.

교회학교 예배는 보통 남녀 평신도가 인도하는데, 교수-학습 방법 훈련을 받은 것과 마찬가지로 예배 인도에 대한 훈련도 필요하다. 예배를 진행하는 평신도, 즉 교회학교 교사들이나 예배에 참여하는 어린이 모두 예배의 의미를 제대로 알지 못하고 있다. 또한 교사들에게는 예배에 참여하는 교회학교 어린이들이 예배를 통하여 하나님의 계시와 응답이 만나는 만남의 사건을 경험하게 하는 분위기와 배경을 형성할 기술이 부족하다. 그 결과 교사들이 예배를 인도하고, 예배를 위한 배경과 분위기를 만드는 데 어려움을 겪거나, 심지어는 거의 무관심하게 된다. 그러므로 교사를 교회학교의 평신도 목회자로 본다면, 평신도의 효과적인 목회를 위해서 예배의 기능에 대한 교육과 예배의 배경과 분위기를 형성하는 기술을 교육해야 한다.

예배 인도자로서 교사

교회학교의 예배 인도자는 교회학교 어린이들의 예배 활동과 경험을 촉진한다. 예배를 드리기에 앞서 인도자는 예배의 순서를 준비하고 예배의 배경과 분위기를 마련한다. 예배 인도자는 하나님의 대변인으로서, 성도의 인도자로서의 이중적인 역할을 한다. 먼저 하나님의 대변인으로서 성서와 설교로 하나님의 말씀과 뜻을 선언한다. 교회학교 예배 인도자가 말하고 행하는 것은, 교회학교 어린이에 대한 그 자신의 전달일 뿐만 아니라 자신의 이해와 능력의 최선을 전달하는 것으로 하나님께서 자신을 통하여 말씀하게 허락하시고 있는 것이다.

교회학교 예배 인도자로서 교사는 기도로 생각과 포부를 말로 나타내기 위해서 노력을 하며(이것을 교회학교 어린이들은 아멘으로 긍정한다), 의식상의 행동과 응답을 통한 그들의 표현을 가르치며, 그들의 감정에 알맞은 찬송들을 발표하며, 그리고 그들에게 그들 자신과 그들의 실체를 줄 것을 요구한다.

예배 인도자에게는 여러 가지 자질이 필요한데, 비스(Paul H. Vieth)는 영적인 생명력, 개인적인 자질, 예배의 이해, 인도의 기술, 훈련된 솜씨, 교수 능력 등 6가지로 제시하고 있다.[23]

(1) 영적인 생명력(Spiritual Vitality)

예배 인도자에게 가장 기본이 되는 것은 몸소 예배의 기쁨을 경험하는 것이다. 예배의식에 대한 진실된 이해와 참여는 다른 사람들을 예배의 분위기로 인도해 들어가는 데 도움이 될 것이다.

(2) 개인적 자질(Personal Qualities)

인도자는 진실함과 다정함을 전달하는 매력적인 인격, 자의식을 가지지 않고 다른 사람들을 인도하는 능력, 맑고 가식이 없는 목소리, 그리고 인도하는 어린이들과 쉽게 친숙해지는 것 등의 자격들을 갖추는 것이 도움이 된다.

(3) 예배의 이해(Understanding of Worship)

아무리 가장하려고 해도 자신의 내적인 것이 그대로 드러나기 마련이다. 겉치레, 불성실, 허위로 드리는 예배는 교회학교 어린이들도 쉽게 알 수 있다. 예배 인도자가 갖추어야 할 것 중에 중요한 것은 예배의 본질과 의미에 대한 이해, 예배의식의 목적과 성격에 대한 이해 등이다. 이러한 이해를 기초로 예배의 신학적인 토대 위에 지금 예배하는 교회학교 어린이들에게 적절한 예배의 표현양식에 대해 연구해야 한다. 그러므로 인도자는 그가 예배를 인도하려는 연령층의 어린이들의 능력과 종교적인 어휘, 경험, 그리고 요구를 올바르게 알 필요가 있다. 인도자는 예배를 어린이들의 전체적인 교육 경험과 관련시킬 수 있도록 교회학교의 교과과정을 잘 알아야 한다.

(4) 인도의 기술(Skill in Leadership)

예배를 인도하는 기술의 숙달은 보통 경험에서 온다. 하지만 예배인도의 기술은 인도자의 기능에 대한 이해에 영향을 받고, 인도하는 경험에 대한 자기반성에 의하여 성숙된다. 예배 인도자가 아무리 경건하게 드린다고 할지라도 예배 인도의 기술이 없으면, 예배를 드리는 교회학교 어린이들의 입장에서는 아쉬움이 남는다. 그러므로 예배를 경건하게 드리는 것과 예배인도의 기술이 조화를 이룰 때 만남의 경험으로서 예배가 될 수 있다.

(5) 훈련된 솜씨(Disciplined Workmanship)

예배 인도자는 예배를 인도할 때 하나님 앞에서 부끄러워할 필요가 없는 일꾼이 되기 위해서 최선을 다해야 한다(딤후 2:15). 예배 인도자는 자신이 인도해야 할 각각의 예배를 위해서 철저하게 준비해야 한다. 예배 준비에는 예배의 계획과 내용뿐만 아니라 그 예배의 더 작은 세세한 부분들까지 포함된다.

(6) 교수 능력(Teaching Ability)

기독교교육에서 예배 인도는 가르치는 것도 포함한다. 예배 인도는 모든 어린이에게 예배의 의미와 의식에 대한 이해를 가르쳐 주는 것과 새로운 찬송을 알게 해 주며, 그들이 적절한 행동을 취하게 도와주고, 이야기를 해 주고 효과적으로 말씀을 전달하는 것 등을 포함한다. 그렇기 때문에 예배 인도자는 충분한 교수 능력이 있어야 한다.

예배 인도자의 준비

예배가 교육목회의 중심에 있다고 볼 때, 예배를 철저히 준비하는 것은 기본적인 것이다. 예배를 중요한 교육방법으로 볼 때, 그것을 계획하고 프로그래밍 하는 것은 중요하다. 비스는 예배 인도자인 교회학교 교사가 준비해야 할 것을 6가지로 제시하고 있다.[24]

(1) 예배순서 계획(Planning the Order of Service)

매주 예배를 드릴 때, 예배순서 계획은 주초에 계획해야 한다. 더 좋은 것은 미리 몇 주 전에 기획하고 계획하는 것이 좋다. 일반적인 계획은 주일마다 크게 변화하지 않아도 된다. 이 계획에는 주일예배구조(예배로의 부름-말씀-성찬-세상으로 파송)가 포함되어야 한다. 주일예배의 구조에 따른 예배순서는 같은 것들이 대부분이므로 익숙하게 하는 것도 가치 있는 것이다. 주요한 변화들이 있을 때에는 변화된 것들만 설명하면 된다.

예배 계획은 먼저 중심 주제의 선택이다. 모든 예배의 요소는 이 주제에 맞게 내용들을 결정해야 한다. 언어로 제시하는 설교는 일반적으로 주제와 제목 또는 문제를 자각하도록 하는 수단인데, 이런 주제, 제목, 문제를 중심으로 예배가 조직된다. 이것은 말, 이야기, 녹음, 환등기, 슬라이드 또는 다른 효과적인 방법에 의하여 구현될 수 있다. 찬송은 주제에 어울리고 참가자들의 연령에 적당한 찬송이어야 하며, 기도는 그 내용이 주제와 관련되어야 하고, 예배로의 부름, 세상으로 파송 등에 대한 말들도 선택해야 한다.

주제를 중심으로 계획을 세우는 것은 각각의 예배에 의미와 통일성과 신선함을 주지만, 이것을 하려는 노력이 예배의 기본적인 성격을 파괴하는 정도로까지 나아가서는 안 된다. 주제는 성서 낭독과 설교와 기도에서 표현되며, 주제에 맞는 찬송을 통해서 강조된다. 그러나 주제에 대하여 지나치게 강조하여 예배의 본질이 상실된다면, 예배라기보다는 교육행위로 전락할 수도 있다. 예배의 경험이 아닌 다른 어떤 가르치는 의식이 될 위험이 있다. 예배를 계획할 때는 지정된 시간 내에 끝마칠 수 있도록 주의 깊게 계획해야 한다.

(2) 필요한 자료 준비와 수집(Preparing and Gathering Needed Materials)

계획한 예배에 필요한 모든 자료를 준비하고 수집해야 한다. 교사가 어떠한 이야기를 선택하고, 그것을 효과적으로 이야기하기 위해서 그림이나 물건, 슬라이드 또는 다른 시청각물을 사용해야 한다면, 그것을 확보해야 한다. 준비 단계는 설교와 기도에 더 많은 주의를 기울여야 한다. 구두로 표현할 때는 보통 주제를 똑똑하게 표현하고 해석하는 것이 중요하다. 어린이들이 이해할 수 있는 효과적인 짧은 이야기는 하나의 기술이다.

기도는 예배에서 중요한 순간이므로 지대한 관심을 기울여서 만들거나 선택해야 한다. 종종 목사를 대신하여 예배를 주재하는 평신도가 가장 부적격하다고 느낄 때가 바로 이 순간이다. 그들은 충분한 준비 없이 이 어려운 일을 행하는 경향이 있어서 결론적으로는 기도를 거의 무의미한 경건한 말과 진부한 종교적 어구가 혼합된 잡동사니로 만들어 버린다. 기도가 예배의 주제와 관련되어야 한다고 할 때, 기도 인도자는 자신의 생각을 단순히 어린이들에게 제시하지 않기 위해서 주의를 기울여야 한다.

기도 인도를 준비하는 것은 기도에 무엇이 포함되어야 하고 어떻게 표현할 것인가를 미리 생각해 보는 데 있다. 기도 내용 전체를 쓰지 않는다면 적어도 준비한 내용을 회상하는 데 도움이 될 몇 가지 메모는 해 놓아야 한다. 만약 기도 담당자가 만든 기도가 아닌 다른 어떤 기도문을 선택했다면, 그것은 그 기도문이 자신이 말하고 싶은 것을 더 잘 표현했기 때문일 것이다. 그렇다면 그 기도문을 마치 자신이 만든 기도문인 것처럼 받아들이고 읽을 수 있어야 한다.

(3) 개인적 준비(Personal Readiness)

완전히 준비가 된 예배는 그 각 부분이 철저하게 친숙해질 때까지 연구하고, 되새기고, 시연해 볼 필요가 있다. 준비한 모든 부분이 완전히 자신의 것이 되어서, 그것을 행하는 데 불확실성이나 혼란이 없어야 하며 읽거나 말하는 데 주저함이나 실수가 없어야 한다. 예배를 인도하는 것으로 하나님의 진실한 대행자가 되기 위해서는 기도와 묵상을 통해서 영적으로 자신을 준비해야 한다.

(4) 보조자들을 준비하는 것(Preparing the Assistants)

예배하는 사람들은 그들이 하는 일에 대하여 가르침을 받을 필요가 있다. 오르간 연주자는 찬송가를 몇 장 부른다든가 또는 예배와 관계있는 지시가 적혀 있는 것의 사본을 가져야 한다. 만약 교회학교 교사나 어린이들이 예배의 한 부분을 맡아야 한다면, 그들이 해야 하는 것을 알려 주어야 하며, 어린이들의 경우에는 보통 예행연습을 하는 것이 필요하다. 안내하는 일과 헌금을 거두는 일, 그리고 비슷한 다른 봉사들을 어린이들이 돌아가면서 하게 된다면, 그러한 일들을 수행하는 적절한 방법을 가르쳐야 한다.

(5) 장소 준비(Preparing the Room)

예배를 드리는 장소는 그 예배의 공기와 분위기에 중요한 공헌을 하게 된다. 인도자가 모든 준비가 완전히 되어 있다는 것을 확인하기 위해서는 예배 장소에 일찍 도착하는 것을 규칙으로 해야 한다. 어떤 인도자들은 토요일에 이러한 일들을 유의해 보는 것을 관례로 삼고 있다.

예배가 예배당이나 단순히 예배만을 드리기 위해서 고안된 장소에서 행해질 때는 배경이 아주 안정되었을지 모르나, 살펴야 할 세부 사항들이 여전히 있기에 이러한 세부 사항들을 중요하게 생각하며 준비해야 한다. 만일 예배실이 아닌 곳에서 예배해야 할 경우에는 예배라는 목적을 위하여 방을 다시 정리해야 하는 부수적인 문제가 있다.

(6) 학생을 준비시키기(Preparing the Pupils)

예배자들의 편에서 볼 때, 예배를 드릴 때에는 경건하면서도 무엇인가를 기대하는 태도가 필요하다. 그러므로 교회 학교 예배의 인도자는 예배의 분위기를 확립하기 위한 간단한 시간을 할애하는 것이 좋다. 어린이들에게 곧 예배를 드리게 될 것이라고 일깨워주는 말을 하는 것은 분위기 조성에 도움이 된다. 필요할 때, 곧 드릴 예배에 대한 설명은 참여를 더욱 높일 것이다. 때때로 주제를 강조하는 것은 바람직하다. 이 모든 것은 실제로 예배가 시작되기 전에 이루어져야 한다. 그런데 무엇을 하든 지나치게 도를 넘어서면 안 되고, 조용하게 하거나 집중을 요하면서 부정적인 훈계를 하기보다는 예배에 적극적인 공헌을 할 수 있는 것이어야 된다.

예배를 위한 교육

예배와 교육은 기독교교육의 교과과정에서 본질적인 요소들이다. 교회학교의 예배의식과 교회의 연합예배에 참여하여 얻는 경험은 의미심장한 교육의 기본이 된다. 이렇게 경험만을 통하여서도 많은 것을 배울 수 있지만 교육과 해석에 의하여 수반되는 경험은 교육적으로 보다 더 효과적이라고 한다. 예배를 위한 교육은 이해와 태도, 그리고 인도하는 것을 포함한다. 더 나은 이해를 하기 위해서는 다음과 같은 질문들에 대답하기 위해서 노력해야 할 것이다.

하나님은 어떤 분이신가? 그것이 예배에 무엇을 의미하는가? 어떻게 예배할 것인가? 예배의식의 의미와 목적은 무엇인가? 기도는 무엇인가? 찬송은 무엇인가? 왜 우리는 헌금을 해야 하는가? 전체적인 기독교교육 교과과정은 예배에 대한 교육에 도움이 된다. 성서에 대한 연구, 기독교 신앙, 기도 그리고 예배에 관한 특별한 단위들, 이 모든 것은 어린이들의 이해를 넓히고, 그들의 참여를 높여 줄 자료들을 획득하는 데에 도움을 준다.

(1) 예배를 위한 훈련 제공(Provision for Training)

예배에서 예배와 훈련이라는 두 가지 기능은 따로 분리해야 한다. 만약 각 부가 20분에서 25분 동안 모인다고 가정을 하면, 훈련을 위해서는 5분에서 10분간 그리고 예배를 위해서는 10분에서 15분간으로 구분을 하고, 어떤 특정한 주일에는 필요에 따라 다양성 있게 시간을 비율적으로 조정하면 된다.

학생들이 모임 장소로 들어오면 인도자는 그날 예배에 필요한 찬송가를 가르친다. 시간적인 여유가 있을 경우에는 예배력, 예배 특정 순서의 의미와 참여 자세에 대해 교육한다.

예배교육이 끝나면 전주, 촛불점화와 같은 예배준비 순서에 이어 예배를 드린다. 예배를 위한 교육은 훈련 내용에 따라 예배 전이나 후에 실시하면 될 것이다.

대부분 교회학교 운영시간이 제한되어 있다는 점을 고려할 때, 이런 예배 훈련으로 인해 그렇지 않아도 짧은 반 모임 시간이 그나마 축소되지 않겠는가라는 질문이 생길 수 있다. 그래도 예배 훈련은 필수적이다. 그러므로 교회학교는 학생 지도 계획에 예배 훈련 시간을 반드시 포함시켜야 된다. 보통 교회학교 운영시간이 한 시간 정도라면 예배와 훈련은 20~25분 가량, 분반 모임 시간은 35~40분인 셈이다. 만일 그 시간이 충분하지 않다고 생각한다면, 전체 시간을 70~75분 정도로 늘리는 것도 하나의 방법이라고 본다. 혹은 낭비되는 시간이 없도록 시간 계획을 정확히 짜도록 한다. 매주 예배 훈련을 행할 수 없다면 상대적으로 시간적 여유가 많은 계절학교를 이용해도 될 것이다.

(2) 종교적 언어 교육(Education of Religious Language)

기독교교육이 하는 일 가운데 하나는 어린이들이 어휘를 획득하도록 도와주는 것이다. 종교적 언어는 의미로 가득 차 있어서 현대의 어린이가 들지도, 말해보지도 못한 낯선 많은 낱말들이 있다. 그러한 낱말들은 의미를 전달하기 위해서 사용되는 상징들이다. 이러한 언어의 상징을 어린이들에게 가르쳐야 하고, 자주 사용하게 해야 한다. 종교적 언어로서의 예배 상징들을 교육하는 데 다양한 방법이 있다.

추상적인 낱말들, 예를 들면 부권(父權) '형제의 우애', '경의', '성약'(成約)의 의미에 대해서는 실례를 들어 교육하면 될 것이다. 낱말 상징들에 부가해서 상징적 의미를 갖는 사물들과 사진들과 행위들이 있다. 종교의 가장 심오한 진리들이 산문체의 말로써는 정의할 수 없는 영역에 있으며, 시류나 상징들을 사용한 언어를 필요로 한다. 상징들은 그것들 자체를 넘어서서 어떤 궁극적인 영적인 개념이나 존재를 나타내는 감각의 구체적인 표현이다. 상징들은 예배를 위한 배경을 풍부하게 하고 미화시키는 것을 도와줄 뿐만 아니라 생각과 감정들을 자극시켜 준다.

그런 의미에서 교회교육 과정을 통해 종교적 어휘로서의 모든 예배 상징들을 학생들에게 이해시키고 친숙하게 만드는 것은 생각과 감정이 수반되어야 할 풍성한 예배 경험을 위해 필수적이라고 생각한다.

예를 들면, 십자가는 기독교와 하나님의 속죄의 사랑과 구원을 의미한다. 촛불은 예수 그리스도, 세상의 빛, 선한 목자를 상징한다. 그리스도 수난상은 예수 그리스도의 본성과 사역을, 펼친 성경은 하나님의 말씀을 의미한다. 제단, 강단 혹은 성경봉독대 위의 깃발은 교회력을 생각나게 한다.

상징적 행위들의 의미를 예를 들면 다음과 같다.

기립은 존경을, 고개를 숙이고 팔을 모으며 무릎을 꿇는 것은 기도를 위한 겸손과 묵상을, 제단을 향한 행진은 하나님 앞에 나아가는 것을, 퇴장은 세상에서의 봉사적인 생활로 나아가는 것을 가리킨다.

교회학교 어린이들은 여러 가지 상징적인 활동들을 일상생활에서 자주 경험하고 있기 때문에 상징들에 대한 개념을 알 수 있다. 교회학교 예배 인도자가 할 일은 예배에서 사용될 상징들의 의미를 교회학교 어린이들이 연상하게끔 도와주는 것이다. 인도자는 상징들을 어린이들에게 알리고, 그것들이 종교적인 실체와 어떻게 연관되어 왔느냐에 대한 단서를 제공하며, 그리스도인에게 그 상징들이 갖는 의미가 무엇인가를 말해 주어야 한다. 그렇게 하면 어린이들은 자신의 종교적인 경험을 가지고 상징들에 대한 계속적인 연상을 통하여 점점 더 깊이 있게 종교 상징의 의미를 쌓아 가게 될 것이다.

(3) 예배의 의미를 가르치는 것(Teaching the Meaning of Worship)

예배의 의미를 가르친다는 것은 적절한 태도와 행위에 대한 안내를 포함한다. 어린이들은 그들이 수동적인 청중이 아니라 능동적인 참가자여야 된다는 것, 하나님 앞에서 경건히 기대하는 분위기를 조성하기 위해 노력해야 한다는 것, 그들의 생각이 하나님을 향하게끔 스스로 훈련해야 한다는 것, 예배에 공인된 방법들 -찬송을 부르기 위해 기립하는 것, 기도를 위해 고개를 숙이는 것, 찬송과 응답, 통성기도, 그리고 그들의 참여를 고려한 예배의 다른 부분들에 진심으로 참여하는 것 등- 이 있다는 것을 이해해야 한다.

(4) 의식의 해석(Interpreting the Liturgy)

예배는 순서에 따라, 즉 어떤 요소들의 의미 있는 배열 형태에 따라 드린다. 인도자는 참여하는 학생들에게 예배의 각 요소의 의미와 왜 요소들이 그런 형태나 디자인으로 배열되었는지 그 목적에 대해 설명해 줄 필요가 있다. 그럼으로써 학생들은 이해를 가지고 순서에 참여하게 될 것이며, 그런 형식의 예배순서만이 열어 줄 수 있는 예배 경험에 들어갈 수 있게 될 것이기 때문이다.

만일 예배의 요소와 순서에 어떤 변화가 생기게 된다면, 왜 그 요소가 그 곳에 위치하게 되었는지 변화의 배경을 미리 안내하고 충분히 납득시켜야 될 것이다. 그럴 경우에만 참여자들이 이해를 가지고 적극적으로 예배에 참여할 수 있을 것이기 때문이다.

(5) 찬송 지도(Teaching Hymns)

찬송은 종교적인 희망, 헌신, 위탁을 표현하는 수단이므로 예배에는 필요 불가결한 요소이다. 찬송은 표현의 수단으로서 교육적 기능도 수행한다. 교회는 찬송을 통해 회중에게 성서의 내용과 신학적 함의, 그리고 특정 예배순서의 과제를 교육시켜 왔다. 낱말에 음악을 결합시킴으로써 찬송은 메마른 의미에 감정의 생명을 불어 넣는다.

어린이들에게는 상대적으로 적절한 찬송을 골라 부를 수 있게 해야 한다. 만일 어린이들에게 찬송의 말과 곡을 가르쳐 스스로 그것을 즐길 수 있도록 돕지 않는다면, 이는 어린이들이 마땅히 받아야 할 교회의 오래되고 소중한 유산을 가로채는 일이 될 것이다.

(6) 음악(Music)

찬송과 더불어 기악은 예배 경험을 풍부하게 하는 기능을 한다. 그런 의미에서 음악 감상 훈련은 필요하다. 예를 들어 어린이들에게 오르간 연주 감상의 기회를 주어 보라. 오르간 연주자와 협의해 기회를 마련하든지, 여의치 않을 경우 음원을 사용해도 좋을 것이다. 다양한 기악의 소리와 음색에 노출되고 민감하게 반응할 수 있는 센스가 클수록 어린이들의 의미 있는 예배 경험의 가능성은 높아진다고 할 수 있다. 어린이 찬양대 인도자는 어린이들의 이런 음악적 감수성을 높이는 교육적 과제를 세워야 할 것이다.

그렇게 볼 때 한 사람의 훌륭한 반주자는 예배를 인도하고 예배를 위해 어린이들을 훈련시키며 그들의 음악적 예배 경험을 풍성하게 하는 데 매우 귀중한 자산이라 할 수 있다. 이러한 과제의 중대성에 비추어 볼 때 교육적 과제에 대한 인식이나 준비가 없는 자에게 음악적 리더십을 맡겨서는 안 될 것이라 본다.

(7) 기도(Prayer)

예배의 한 요소인 기도의 본질과 의미를 가르치는 훈련이 필요하다. 어린이들의 기도는 하나님과의 의사교환이다. 인도자가 어린이들을 위하여 기도를 의미 있게 만드는 데에 필요한 몇 가지를 제안한다.

- 어린이들에게 기도에 당연히 포함되는 것, 즉 찬양, 고백, 감사, 기원, 순종, 헌신을 가르쳐라.
- 기도 인도자가 기도를 하거나 낭독할 때 참석한 모든 사람의 희망과 기원을 표현하기 위해서 애쓰고 있다는 것과 어린이들은 그 기도가 마치 자신들의 기도인 양 인도자의 모든 생각을 따라야 한다는 것을 이해하도록 도와주어라.
- 어린이들이 기도 인도자가 드린 기도를 영적으로 받아들인다는 확언으로써 규칙적으로 또는 때때로 함께 '아멘'을 하게 하라. 또한 때때로 어린이들이 인도자에게 기도에 포함시키고 싶은 것을 제안하게 하여 기도하는 것을 돕도록 하라.
- 개인이나 단체를 격려하여 예배에 포함될 그들 자신의 창조적인 기도문을 만들도록 하라.
- 묵상기도를 하는 순간들은 마음이 방황하는 때가 아니라 개개인이 그 자신의 기도를 드리는 때임을 어린이들에게 가르치라.
- 어린이들이 주기도문을 포함한 고전적인 기도문 연구를 통하여 기도문의 언어를 배우게 도와주어라.
- 자신의 기도문들을 잘 계획하고, 아름답고도 위엄을 갖춘, 간단하면서도 직접적인 언어로 표현하게 하라.

⑻ 헌금

왜 우리는 예배에서 헌금을 하는가? 이 우리의 선물의 목적은 무엇인가? 우리는 하나님을 사랑하기 때문에 헌금을 드리며, 모든 면에서 그의 뜻을 행하기 위해서 노력한다. 우리의 선물을 통하여 우리는 세계와 우리 자신을 포함한 모든 것이 하나님께 속해 있다는 우리의 신앙을 표현한다. 즉 하나님께서 우리를 위해서 행하신 것에 대해 감사하면서 헌금을 드려야 한다.

헌금의 용도를 이해하고 정확히 인식하며 특수한 목적에 사용해야 한다. 교회가 인간들 가운데서 하나님의 뜻을 행하려고 노력할 때, 교회의 일과 사명에 대한 교육과 밀접하게 관련이 된다. 우리는 교회가 존재하고 봉사할 수 있도록 선물을 드린다. 즉 그 선물들은 교회의 유지, 특정계획, 선한 사업, 그리고 교회의 사명을 완수하기 위해서 필요한 것이다. 즉 헌금은 교회의 일을 하기 위해서 드리는 것이며, 또한 이것은 어린이들에게 그들 자신과 그들의 교회를 동일시하도록 교육하는 것의 한 부분이다.

3. 올바른 예배 태도

예배 인도자

예배 인도자는 목회자만을 지칭하는 것이 아니다. 예배를 드릴 때 예배 순서를 맡은 자, 즉 사회, 성경 봉독, 기도 인도, 성가대, 헌금 봉헌 등의 순서를 맡은 자를 의미하는 것이다. 다른 말로 하면 예배위원, 봉사위원을 의미하는 것이다. 교회학교 예배의 경우는 목회자가 예배를 집례하는 경우보다 목회적 사명을 띤 교사들이 예배를 진행하는 경우가 대부분이다. 때로는 어린이들이 예배를 인도하는 경우도 있다. 그러므로 예배 인도자는 목회자만이 아니라 예배순서를 맡는 모든 사람들을 총괄해 지칭하는 말이다.

먼저, 예배 인도자들은 그들이 인도하는 예배와 자신들이 맡은 역할에 대하여 충분한 이해와 기술을 갖고 있어야 한다. 시스템은 어느 한 부분이 문제가 생기면 전체에 문제가 생긴다. 예배를 하나의 시스템에 비유할 때, 예배의 어느 한 부분에 문제나 실수가 생기면 그로 인해서 예배에 참여한 회중의 시선이나 마음이 다른 곳으로 옮겨져서 하나님과 올바른 만남의 경험을 할 수 없다. 그렇기 때문에 예배 인도자는 자신의 역할에 대한 이해와 기술을 갖추어야 한다.

둘째, 예배 인도자는 영적인 생명을 갖추어야 한다. 예배의식에 대한 진실된 이해와 헌신하는 태도는 다른 사람들을 영적인 예배의 분위기로 인도해 들어가는 데 도움이 될 것이다.

셋째, 여러 사람들과 쉽게 친숙해지는 능력을 갖추어야 한다. 예배에 참여하는 회중과 쉽게 친숙하고 편안한 모습을 보여 자연스럽게 친화적인 분위기로 만드는 자질을 갖는 것이 바람직하다.

넷째, 예배에 대한 이해를 갖추어야 한다. 예배의 본질과 의미, 예배 목적과 성서에 대한 바른 이해, 예배의 구조, 예배의 주제와 말씀 등에 대한 분명한 이해를 갖추어야 한다.

회중

예배를 드릴 때 회중도 올바른 예배 태도를 가지고 있어야 한다. 교회학교 예배의 경우 올바른 예배 태도를 단순히 조용히 하고 잘 앉아 있어야 하는 것으로 가르치는 경우가 대부분이다. 예배 시간에 조용히 하고, 선생님 말씀을 잘 듣고, 기도 시간에 손을 잘 모으고, 고개를 숙이고 조용히 듣는 태도가 왜 올바른 예배 태도인지를 가르쳐 주어야 한다. 이것에 대한 내용은 다음 장에서 자세히 다룰 것이다.

예배에 참여하는 회중의 태도를 다음의 10가지로 정리할 수 있다.[25]

① 예배자는 하나님께 영광을 돌리는 일이 인생의 가장 큰 목적임을 알고 예배에 참여해야 한다. ② 예배자는 하나님의 구원 은총에 대하여 마음을 열고 응답하는 자세를 가져야 한다. ③ 예배자는 단순히 복을 받으려는 마음을 앞세우지 말고 자신을 하나님께 바치려는 마음을 가져야 한다. ④ 예배 출석 시에는 몸을 청결히 하고 복장을 단정히 하며 기도하는 마음을 가져야 한다. ⑤ 공중 예배는 모든 사람을 위한 모임이므로 어린아이들과 함께 온 가족이 다 함께 참여해야 한다. ⑥ 하나님의 전에 들어오면 하나님께 대한 경의와 경축의 태도로 마음을 바쳐 예배해야 한다. ⑦ 예배순서의 각 요소는 다 중요하므로 찬송, 기도, 고백, 찬양, 말씀선포, 응답, 봉헌 순서에 자발적으로 열심을 다해 참여해야 한다. ⑧ 미신적이고 운명론적인 예배심성을 버리고 창조주시며, 역사의 주관자이시고 인류의 구원자이신 하나님의 승리를 경축하는 예배를 드려야 한다. ⑨ 회중 예배는 산만하게 모인 군중의 예배가 아니라 회중의 예배가 되어야 하므로 그리스도 안에서 모두 다 하나가 되어야 한다. ⑩ 예배자는 말씀과 성례전을 통하여 하나님의 은총을 받은 후 세상의 구원과 화해를 위한 하나님의 선교(삶을 통한 예배)에 과감하게 동참해야 한다. 또한 예배자의 바람직한 태도는 경외감, 희생의 정신, 하나님을 가까이 만나려는 태도, 복종의 정신, 내용 있는 감정, 경축의 태도, 자기반성과 자기교화와 재 헌신의 태도, 마음의 예배이다.[26]

예배에서 중요한 점은 이미 설정된 예배제도를 추종하는 것이 아니라, 그 예배 안에서 생명력 있는 일이 발생하는 데에 있다. 이런 의미에서 예배는 하나의 형식이 아니라 경험이다. 따라서 회중은 하나님과 동반적 경험을 나눌 수 있어야 한다. 나아가 예배는 회중을 하나님의 존재와 영광에 노출시킴으로써 자신이 하나님의 자녀라는 자의식과 사명감을 갖도록 훈련시키는 기능도 한다. 하나님이 교회에 요구하시는 것은, 사람들의 입맛에 영합하면서 '종교적 상품과 서비스를 파는 행상'이 되는 것이 아니라, '사명을 띠고 파송된 사람들의 몸'이 되는 것이다.[27]

1) 조기연, 「예배 갱신의 신학과 실제」(서울: 대한기독교서회, 1999), pp.188~189.

2) Ibid., pp.188~190.

3) Carol M. Noren, *What Happens Sunday Morning*(Westminster: John Knox Press, 1992), 김원주 역, 「예배를 어떻게 드려야 합니까?」(서울: 생명의 말씀사, 1994), p.102.

4) Alexander Schmemann, *For the Life of the World*, 이종태 역, 「세상에 생명을 주는 예배」(서울: 복있는 사람, 2008), p.43.

5) Carol M. Noren, *What Happens Sunday Morning*, p.102.

6) 박은규, 「예배의 재발견」(서울: 대한기독교출판사, 1988), p.308.

7) Ibid., p.190.

8) Carol M. Noren, *What Happens Sunday Morning*, p.103.

9) 조기연, 「예배 갱신의 신학과 실제」, p.190.

10) The Consultation on the Common Texts, *The Revised Common Lectionary* (Nashville: Abingdon Press, 1992).

11) 조기연, 「예배 갱신의 신학과 실제」, p.192.

12) 박은규, 「예배의 재발견」, p.315.

13) Alexander Schmemann, *For the Life of the World*, p.47.

14) Ibid., p.192.

15) 박은규, 「예배의 재발견」, p.311.

16) 조기연, 「예배 갱신의 신학과 실제」, pp.194~195.

17) Ibid., p.196.

18) Alexander Schmemann, *For the Life of the World*, pp.49~50.

19) 조기연, 「예배 갱신의 신학과 실제」, p.198.

20) 박은규, 「예배의 재발견」, p.310.

21) 조기연, 「예배 갱신의 신학과 실제」, p.199.

22) Ibid., p.200.

23) Paul H. Vieth, *Worship in Christian Education*, 김소영 역, 「기독교교육과 예배」(서울: 대한예수교장로회총회 교육국, 1983), pp.78~81.

24) Ibid., 81~87.

25) 박은규는 자신의 저서인 「예배의 재구성」(서울: 대한기독교출판사, 1993)에서 예배 회중이 가져야 할 태도를 열 가지로 정리하고 있다.

26) 박은규, 「예배의 재발견」, p.183.

27) Marva Dawn, *A Royal 'Waste' of Time*, 김병국, 전의우 역, 「고귀한 시간 낭비 '예배'」(서울: 이레서원, 2004), p.161.

제6장

교육목회적 예배 기획과 예배 모델

1. 예배 기획

예배는 하나님의 부르심과 계시에 대한 인간의 감사와 찬양을 통한 응답이므로 그 어떤 행사도 예배보다 선행될 수 없다. 따라서 모든 모임에서 하나님의 부르심에 대한 응답인 예배가 중심이 될 때, 생명력 있는 모임이 될 것이다.

이런 점에서 교육목회를 위한 예배는 적지 않은 과제를 안고 있다. 특히 예배를 기획하고 실행할 때 무엇보다도 예배의 요소와 예배에 임할 대상을 고려해야 한다.

교육예배 설계: 기본

예배를 설계하는 모형은 기본적으로 5단계의 요소와 14단계의 하위단계를 거쳐 계획되어야 한다.

| 1단계
예배 전
활동 | → | 2단계
예배
활동 | → | 3단계
예배자
참여 | → | 4단계
예배
평가 | → | 5단계
예배 후
활동 |

(1) 예배 전 활동

예배 전 활동은 예배가 진행되고 예배순서를 정하기 전에 미리 준비해야
할 내용으로, 예배의 주제 말씀을 선정하는 것과 선정된 주제 말씀을 가장
잘 표현할 수 있는 예배방법을 결정하는 일, 예배에 참여하는 예배자들의
특성을 분석하는 것이 포함된다.

(2) 예배 활동

예배 활동은 예배를 위해서 필요한 구체적인 전략을 짜는 것으로 예배진
행 콘티(continuity)라고 할 수 있다. 즉 예배 진행을 위한 모든 전략을 짜는
단계다. 먼저 예배에 들어갈 요소들을 결정하고, 그 요소들의 순서를 결정
한 다음, 예배요소들에 따른 담당자들을 정한다. 담당자가 정해지면 예배요
소에 시간을 할당한다. 시간 할당의 경우, 전체 예배 시간을 고려해야 한다.
그리고 난 후에 예배요소에 들어가는 준비물이나 도구들을 확인한다.

(3) 예배자 참여

예배자 참여는 예배가 진행되었을 때에 예배에 참여하는 사람이 예배 행
위에 참여하여 은혜를 받도록 하기 위해 계획하는 단계이다. 여기는 예배에
참여하는 사람이 예배에 적극적으로 참여하게 동기유발을 어떻게 할 것이
고, 참여방법은 어떻게 할 것이며, 참여했을 때 어떻게 피드백을 줄 것인지
를 결정하는 단계다.

⑷ 예배 평가

예배 평가는 예배가 끝나고 난 후에 예배를 통해 의도된 것을 잘 성취했는지 확인하는 단계다. 여기서는 평가를 어떻게 할 것인지, 의도된 목적을 잘 달성했는지 평가하는 것으로 현재의 교회학교 교육에서 가장 취약한 부분이다. 체계적으로 평가해야 교육적으로 의미 있는 예배가 될 수 있다. 예배를 하나님의 계시와 인간의 응답이라는 만남과 하나님의 계시에 감사와 찬양과 아멘으로 응답하는 구조로 보면, 예배 가운데 만남이 일어났는지를 확인하는 것은 좋은 평가가 될 수 있다.

⑸ 예배 후 활동

예배를 통하여 하나님의 계시를 만났고 그것에 응답을 했다면, 그 이후의 삶은 아멘으로 화답한 것을 실천하는 것이다. 개인적으로 예배에 참여한 사람들이 어떻게 삶에서 살아갈 것인지를 제시하고, 공동체가 전체적으로 예배에서 받은 은혜를 어떻게 일상에서 실천할 것인지 나눌 수 있도록 전략을 세우는 것이다.

교육예배 설계: 세부요소[1]

예배를 설계하는 모형에서 5단계의 기본요소를 뒷받침하는 14단계의 세부요소들은 다음과 같다. ① 주제말씀 ② 예배방법 ③ 예배자 분석 ④ 예배요소 결정 ⑤ 예배순서 결정 ⑥ 담당자 선정 ⑦ 시간할당 ⑧ 도구와 준비물 결정 ⑨ 동기유발 방법 ⑩ 참여방법 ⑪ 피드백 ⑫ 평가 ⑬ 개인 ⑭ 전체

5단계 기본요소와 14단계의 세부요소를 따라 예배를 계획하면 교육목회적인 교육예배를 설계하는 데 용이하다. 예배요소를 결정한 다음, 순서대로 배열하고, 순서가 결정된 요소에 따라 활동내용이나 담당자를 결정하고, 소요시간과 준비물, 그리고 예배장소 등을 결정해야 한다. 예배설계의 5단계

기본요소와 14단계의 세부요소를 조직화하여 제시하면 다음과 같다.

표 18. 교육예배의 설계

설계의 기본요소	세부요소	내용
1. 예배 전 활동	1) 주제말씀	이사야 53장
	2) 예배방법	특별예배(연극, 뮤지컬, 워십댄스, 찬양, 활동 포함)
	3) 예배자 분석	전교인(어린이부터 성인), 세대 간의 관계성 및 다양한 관심을 포함하는 것이 필요
2. 예배활동	4) 예배요소 결정	브레인 스토밍(brain storming)이나 커뮤니케이션(communication)을 통해 예배활동 계획서의 요소들로 결정한다.
	5) 예배순서 결정	
	6) 담당자 선정	
	7) 시간할당	
	8) 도구와 준비물 결정	
3. 예배자 참여	9) 동기 유발 방법	다양한 연령층이므로 함께할 수 있는 것을 중심으로 하여 동기를 유발-활동(손도장 찍기, 소그룹 게임), 율동 따라 하기, 비디오 상영(교인들 출연), 활동(기도문 봉헌, 그림 그리기), 찬양
	10) 참여방법	활동내용을 제시하여 자연스럽게 예배참여를 이끈다.
	11) 피드백	활동에 대하여 서로 나누도록 해서 자연스럽게 피드백을 받도록 한다. 또한 찬양하면서 신앙에 대한 질문, 예를 들어 '하나님은 살아계시는가?'라는 질문을 제시하여 구체적으로 생각하게끔 한다.
4. 예배평가	12) 평가	전체적으로 예배의 참여도, 결과물, 감격의 모습, 개인적 면담 등으로 예배에 대하여 평가한다.
5. 예배 후 활동	13) 개인	개인의 기도, 혹은 영성일기를 쓴다.
	14) 전체	어려운 이웃이나 선교지를 위한 구제용품 보내기에 동참

2. 어린이 예배 모델

예배 교육 프로그램에는 여러 영역이 필요하다. 먼저 예배에 대한 내용, 예배에 대한 예절, 예배순서, 예배방법 등을 교회학교 어린이에게도 자세하게 가르쳐야 한다. 유치원 어린이들은 예배를 드릴 수 없다고 일반적으로 생각하지만, 대강절을 비롯한 교회력의 중요한 절기 때 이루어지는 예배에서 보면, 유치원 어린이들도 감격을 느끼고, 찬양을 부르고, 설교를 대신한 드라마의 주요 배우 이름을 배운다. 이러한 절기 예배를 드리고 나면, 유치원 어린이들은 예배에 대한 성숙된 이해와 참여를 한다. 대강절을 비롯한 다양한 예배를 통한 교육적인 의미를 발견할 수 있다. 그러므로 교회학교 어린이에게도 예배에 대한 바른 교육과 그것을 위한 다양한 프로그램을 제시해야 한다.

교회력과 교회건물

교회학교의 예배 교육에서 중요한 것은 교회력 교육이다. 교회는 교회력에 의해서 움직여지는데, 사실 교회학교 어린이들은 교회력을 전혀 알지 못하는 경우가 많다. 교회력 이해와 재조명, 그리고 그에 따른 각양의 프로그램은 매해마다 인간과 친구로 이 땅에 오신 예수 그리스도와 관련된 구조와 경험을 제공하는 장이 될 수 있다. 교회력이 없다면 예수 그리스도의 사건과 가르침은 힘이 없는 에피소드처럼 될 것이다. 교회력을 통해서 예수 그리스도의 사건과 가르침은 힘을 얻게 된다.

교회학교 어린이들은 여러 부분에서 궁금증이 많다. 예배를 드리러 와서는 여러 가지 알지 못하는 것에 대하여 궁금해 한다. 성인들은 어느 시간, 어느 장소에서 드리는 것으로 예배를 개념화하지만, 어린이는 구체적 세계에서 산다. 추상적인 개념은 아직 아무런 의미가 없다.

교회 건물은 교회학교 어린이들에게 궁금증의 대상이 된다. 예배에 참여하는 어린이들이 되고, 예배를 통한 계시와 응답의 만남의 장이 되려면 교회 건물과 관련된 것들을 가르쳐야 한다. 성전 부분의 이름들이나 그 기능들, 즉 십자가의 의미, 일곱 촛대의 의미, 왜 강대상을 쓰는지 등을 교회학교 어린이들에게 가르쳐야 한다.

대체로 강대상에 올라가는 어린이들은 교사들에게 혹은 교회의 어른들에게 혼나는 경우가 많다. 그럴 때 교회학교 어린이들은 궁금하다. 왜 올라가지 않아야 하는지? 교회에서 쉽게 그냥 넘기는 것들을 교회학교 어린이들은 궁금해 한다. 그러한 것을 알게 될 때 만남의 경험으로서의 예배를 만들 수 있을 것이다.

어린이의 경우 성전의 개념이 없기 때문에 그 개념을 이해시키기 위해서는 어린이들이 가지고 있는 개념인 집의 개념으로 이해를 시켜야 한다. 성전이라는 말보다는 하나님의 집, 또는 하나님께 예배하는 집으로 설명하는 것이 어린이들을 위한 올바른 설명이다.

예배의 순서와 상징

교회학교 어린이들도 예배를 어떤 방법으로 왜 하는가를 배워야 한다. 개체 교회의 교회학교에서 드리는 예배는 어린이를 위한 신학적인 조명 없이 개체 교회의 성인들이 하는 예배순서를 그대로 답습하는 경우가 대부분이다. 지금 교회학교에서 드리는 예배가 어떤 의미가 있는지를 가르쳐야 한다. 예배가 어떻게 구성되었는지? 그 의미는 무엇인지? 예배 한 순서 한 순서가 어떻게 형성되고 어떤 의미를 가지고 있는지를 가르쳐야 한다. 또한 예배 중에 하는 말들은 왜 하는지? 어떤 의미에서 그러한 말들을 하는지에 대해서도 교육해야 한다. 일반적으로 교회학교 예배의 인도자는 교회학교 교사들이다. 그래서 예배 때마다 예배를 인도하는 사람의 특성에 따라 말이 달라지는 경우가 있는데, 그것은 바른 예배 교육이 이루어지지 않았기 때문이다. 더불어 예배에서의 행동들, 즉 왜 일어서고, 왜 앉고, 왜 눈을 감는지 등에 대한 교육도 이루어져야 한다.[2] 이러한 것들이 이루어지지 않기 때문에 교회학교 예배 시간에 눈을 뜨고 장난하거나 돌아다니는 행동들에 대하여 설명하지 못하는 일이 생긴다. 또한 상징에 대한 교육이 되어야 한다. 교회에서 사용하고 있는 상징들, 간단한 예로 강단 휘장 색의 의미가 무엇인지, 절기마다 바뀌는 강단색의 의미는 무엇인지, 왜 바꿨는지에 대한 교육이 필요하다. 왜 십자가를 붙여 놓았는지, 왜 성가대가 가운을 입는지 등에 대한 교육이 있어야 한다.

어린이 예배의 문제

어린이 예배의 문제들은 크게 둘로 나누어진다. 하나는 전통 예배구조에 따른 문제이고, 다른 하나는 전통예배를 탈피한 축제적 분위기의 이른바 메빅(MEBIG), 윙윙(Wingwing), 와우큐키즈(WOW-Q-KIDS), 앤프렌즈(nFRIENDS), 어와나(AWANA) 등의 기획예배들이다. 전통예배의 문제는 예배의 일반적 문제가 되고, 축제 분위기의 예배는 전통예배를 극복하려는 의도는 있으나 예배신학적인 면에서 문제가 된다.

⑴ 예배의 일반적인 문제

동기부여

일반적으로 어린이 예배가 재미없다는 점을 들 수 있다. 설교는 딱딱하고 지루하며 어린이의 문화를 외면한 예배가 이루어진다. 어린이 예배는 구성원이 어린이이므로 발달심리학적인 차원과 집중할 수 있는 시간을 고려해야 한다.[3] 이러한 문제는 오늘의 축제분위기를 이끄는 어린이를 위한 열린 예배 혹은 현대예배를 시도하게 한다.

참여도

어린이 예배는 대부분 교사들 중심과 성인예배의 구조를 축소한 순서로 이루어지기 때문에 어린이들이 적극적으로 참여할 수 있는 예배가 이루어지지 않고 있다.[4] 기도와 성경봉독 그리고 어린이 찬양대가 참여하지만 어린이들은 수동적이며 교사 중심의 예배로 이루어진다. 오늘의 어린이 예배가 부서별 혹은 학년별로 모이는 집단성이 두드러지기에 예배의 회중성과 통합의 경험을 저해한다.

시간과 공간

대부분의 어린이 예배는 주일 오전 9시와 11시에 나누어 드린다. 오전 9시 예배는 어린이 혼자 오는 예배로 지역공동체적 성격을 지닌다. 또한 부모들의 주거지 이동으로 지역교회가 아닌 교우들의 분포로 인해 주일날 부모와 어린이가 오전 11시 예배에 와서 각각 어린이와 성인예배로 분리된다. 이때 시간과 공간의 문제가 제기된다. 어린이 예배의 장소는 교육관에서 이루어지기 때문에 경외감과 거룩함이 감소하는 예배의 분위기를 갖게 된다.

예배의 구조

어린이 예배는 예배 후에 성경공부(분반학습)와 특별활동이 이어진다. 어른들처럼 주일예배로 끝나는 것이 아니기에 어린이 주일예배는 마치 1부 예배 혹은 성경공부 전에 준비하는 예배(혹은 기도회)로 단축될 수 있다. 이것은 교회학교에서 교육을 강조하기에 예배를 소홀히 하게 된다. 이러한 모순은 교육목회의 관점에서 예배가 모든 양육행위에 통합을 이룰 수 있는 구조를 상실하게 한다.

예배의 집례

어린이도 하나님께 예배드리도록 지음 받았다. 그러므로 어린이 주일예배도 예배신학적인 구조가 뒷받침되어야 한다. 예배의 순서도 4가지 구조(예배로의 부름, 말씀, 성찬/교제, 세상으로의 파송)에 의해 어린이 문화와 발달심리학적 접근에 의해 구성되어야 한다. 따라서 어린이 예배도 집례자의 예배인도가 있어야 한다. 이 문제는 교회의 크기와 목회자에 따라 차이가 있으나 어린이 예배를 소홀히 여기는 경우가 많다. 목회자가 존재함에도 불구하고 어린이 예배에 대해 무관심한 채 '대 예배' 혹은 성인예배에 전적으로 몰두하고 있다는 점은 매우 안타까운 현실이다. 이를 해결하기 위해서는 교육담당 사역자와 평신도 교사들의 훈련과 마음가짐, 준비가 필요하다.

설교

어린이 예배구조에서도 성인예배와 마찬가지로 설교를 중요한 부분으로 인식한다. 이러한 인식도 문제지만 설교의 내용과 전달방법에도 어려움이 있다. 설교는 말씀의 선포지만 어린이들에게는 단순한 성서말씀의 교육적 전달로 그치는 경우가 많다. 또한 교사들이 순서적으로 메시지를 전달하기 때문에 주제, 전달방법, 내용에 문제가 있다. 설교가 '착한 어린이 만들기'의 도덕적 훈화와 지나친 흥미중심의 이야기 전달에 국한하게 되면 말씀선포의 의미가 충분히 드러날 수 없다.

(2) 축제분위기 예배의 문제

전통예배에 대한 대안으로 제시되는 축제분위기의 예배는 크게 메빅(MEBIG), 윙윙(Wingwing), 와우큐키즈(WOW-Q-KIDS), 엔프렌즈(nFRIENDS), 어와나(AWANA) 예배가 있다. 이 예배들은 어린이 문화의 친밀감, 집중력과 흥미, 축제적 분위기, 어린이의 참여, 교회학교 성장주의 등의 이유로 외국에서 수입, 혹은 한국교회에서 자체적으로 변형한 예배들이

다. 메빅은 1997년 일본 삿포로 아이린 채플 그리스도교회로부터 삼일교
회가, 윙윙은 2002년 삼일교회가 자체적으로 개발하였다. 와우 큐 키즈는
2002년 미국 교회학교 사역단체의 것을 '낮은 울타리'가 N세대 예배프로그
램으로 받아들였고, 엔프렌즈는 2006년 명성교회가 메빅의 토착화 예배프
로그램으로, 어와나는 1990년 미국 시카고의 청소년 신앙교육프로그램을
송용필 목사가 온누리교회를 중심으로 시작하였다.[5]

　이러한 예배들은 하나같이 ① 게임을 중요한 도구로 사용하며 ② 어린이
가 즐거워하는 예배 ③ 영감이 넘치는 예배 ④ 메시지 반복전달과 집중력을
이끌어내는 예배 ⑤ 어린이와 교사가 함께 리더가 되는 협동예배 ⑥ 어린
이 문화와 신체리듬에 맞는 예배 ⑦ 철저히 그리고 즐겁게 준비하는 기획예
배이다. 이 예배들은 축제의 분위기와 함께 교회학교 성장에 지대한 관심을
갖는다. 그러나 이러한 예배프로그램에도 다음과 같은 문제가 있다.

게임

　게임은 흥미와 놀이로 어린이 신체적 리듬을 강조한다. 게임은 예배 전
의 프리게임과 예배순서 가운데 게임이 있다. 게임을 위해 어린이들을 양편
으로 가르기도 하고, 승패에 따라 시상도 한다. 어와나는 120분 예배에 게
임이 40분을 차지하며 게임과 동시에 예배가 시작된다. 축제분위기 예배는
게임이 어린이들의 흥미와 집중력, 능력을 이끌어낸다고 주장한다.[6] 게임
을 통해 어린이들의 가면을 벗어버리게 한다고 강조하지만 예배 전의 게임
과 파워댄스(윙윙), 통제수단으로 호루라기 사용 문제(와우 큐 키즈)는 예배의
경건성에서 문제가 된다. 어린이들이 게임과 예배를 구분하고 스스로 자신
을 예배의 참여자로 조정할 수 있는가가 의문이며, 팀별 게임은 과도한 경
쟁을 유도하기 때문에 기독교적 가치관과 상반된다고 비판을 받는다.

설교

설교의 효과와 기대감을 위해 캐릭터가 등장한다. 게임과 함께 흥미를 위한 메시지 전달의 캐릭터(깜짝 맨, 큐 맨) 등장은 메시지의 효과를 극대화한다지만 예배가 극적 효과에 의존함을 볼 수 있다. 설교는 계시적이며 선포성을 갖고 있어야 한다. 대부분의 설교는 10~15분 정도이다. '와우 큐 키즈' 예배는 말씀의 시간으로 드라마, 동화 영상, 과학 실험 등으로 설교와 관련된 내용을 전달한 후 5~10분의 마무리 설교를 하고 결단의 기도를 한다. 이는 미국 윌로우크릭 교회의 예배 설교와 유사한 것으로 해석되며, 어린이들에게는 단순한 설교의 메시지는 적당하지 않다고 본다.

기획과 준비

예배를 위해 준비하고 교육하는 일은 대단히 중요하다. 그러나 축제분위기의 예배는 준비를 위해 과도한 재정을 사용해야 하기에 대형교회 중심으로 이루어진다는 점이다. 재정의 부담은 멀티미디어 준비와 예배를 위한 캐릭터 준비, 게임과 행운권 추첨 선물 등이다. 또한 철저한 준비를 위해 리허설을 갖는다고 할 때 예배를 프로그램으로 기획한다는 점이다. 뿐만 아니라 기획을 위해 영상장비 지원(프로젝터, 스크린, 무선마이크, 노트북)과 회원가입 교회에 지급되는 CD는 예배를 영상에만 의존하게 한다. 그야말로 축제분위기의 예배는 드림의 예배, 말씀의 예배라기보다는 보는 예배로 정착하게 한다는 문제가 있다.

어린이 통합예배

(1) 어린이 예배의 신학적 의미

어린이 예배라고 어른과 다를 것이 없다. 예배의 본질적인 면은 같으나 은혜의 수단(means of grace)이 다를 뿐이다. 예배의 문제에서 언급하였듯이 어린이 예배라고 흥미와 놀이 혹은 훈화의 성격으로 일관되어서는 안 된다고 본다. 예배에는 예배의 정신이 있다. 예배의 위기는 예배의 본질에서 벗어날 때이다.[7] 예배는 예배 주체자에 따라 크게 셋으로 나누어진다. 예배의 주체자를 하나님으로 보는 것과 인간으로 보는 것, 그리고 하나님과 인간의 만남으로 보는 것이다. 하나님을 주체자로 보는 예배는 계시를 강조한다. 예배의 주체자를 인간으로 보는 차원은 인간의 응답을 강조하기에 의무적으로 드리는 예배가 된다.[8] 그러나 주체자를 하나님과 인간으로 동시에 보는 예배는 그 속에서 교육목회적 차원을 끌어내는 단서를 제공한다.[9]

예배의 형태와 강조점은 연령층에 따라 달리 표현되지만, 본질적인 예배 경험은 하나님의 계시적인 오심과 인간의 신앙적인 응답으로 표현된다. 연령과 신앙공동체의 특성에 따라 다양한 형태의 모든 예배는 오심과 응답 사이에서 생겨나는 만남의 사건이다. 그러므로 만남의 사건과 경험은 신앙적 경험이 되며 동시에 배움의 사건이다. 이런 차원에서 예배를 통한 교육목회의 신학적 의미를 찾을 수 있다.

(2) 어린이 예배의 구조

어린이 예배의 순서에도 "예배로의 부름–말씀–성찬–세상으로 파송"이라는 기본적인 구조로 시행되어야 한다. 그러나 시대적, 문화적, 연령층의 특성으로 인해 기본구조의 틀은 조금씩 변화되거나 약화되었다. 그러나 "예배로의 부름–말씀–성찬–세상으로 파송"의 구조는 성서적이며, 초대 교회와 종교개혁의 전통으로서 계시적인 차원이며 실제적인 예배는 대화적 구조를 포함하고 있다. 이러한 구조를 토대로 어린이 예배를 구성해야 한다.

(3) 예배의 교육적 의미

예배는 본질상 신앙의 사건이며 경험이다. 하나님의 오심의 경험이며 동시에 결단과 봉헌의 경험이다. 그러므로 예배가 곧 교육은 아니다. 다만 예배 경험은 교육적 의미를 가진다. 이러한 관계가 올바로 설정될 때 교육목회는 예배의 교육적 의미와 실천을 이야기할 수 있다. 이것은 세 가지의 의미를 지닌다.

신앙을 나누는 교육

예배의 경험을 통하여 신앙을 배우는 일이다. 예배를 통한 배움은 예배 경험이 어린이와 어른들의 영적 성장을 형성할 때 교육이 된다. 어린이들은 예배 경험의 참여자로서, 어른들은 예배의식과 분위기에 참여함으로써 신앙공동체의 신앙을 배운다. 세례예식, 결혼예식, 장례예배, 성례전 등 특수한 예배를 통해서도 회중은 하나님과의 만남뿐 아니라 특수한 계절이 주는 신앙적 의미를 배우게 된다. 여기서 어린이와 어른은 예배의 경험을 통하여 공동체로 형성된다. 예배를 통한 배움을 위해 어린이들을 직접 예배의 응답자로 참여케 하여 직접 예배 경험을 갖게 해야 한다고 주장한다. 이것은 어린이를 신앙인의 모습으로 변화시키며 또 성장시키는 교육적 의미이다.10)

예배를 위한 교육

예배를 위하여 의도적인 교육을 실시하는 일이다. 이것은 예배를 위한 교육(education for worship)이다. 윌리엄 윌리몬(William H. Willimon)은 예배가 온 회중의 행위라면, 모든 사람에게 예배에 어떻게 참여하고 또 무엇을 배워야 하는지 가르쳐야 한다고 주장한다.11)

언제 일어서야 하고, 언제 무릎을 꿇으며, 언제 그리고 왜 아멘으로 응답하여야 하며, 교독문은 어떻게 낭독해야 하는가를 배우게 하는 것이다. 어린이와 어른이 함께 드리는 통합예배는 어린이와 어른들의 예배 행위를 통해서 서로 배우게 된다. 어린이는 어른에게서 예배의 전통을, 어른들은 어린이로부터 순수한 제사의 마음을 배운다. 이러한 예배의 행위는 예배 후에도 부모 혹은 교사를 통하여 서로 질문하고 대답을 통하여 확인된다. 더욱이 성만찬의 참여뿐만 아니라 세례와 성례전의 의미를 알게 하는 교육은 교육목회의 소중한 과정이다.

예배 중심의 교육

예배를 교육 프로그램에서 예배 중심으로 바꾸는 일이다. 예배를 교사와 어린이들의 신앙경험과 배움의 핵심으로 삼는다. 어린이들의 언어와 신앙표현에 따라 예배의식은 과감히 개혁되어야 하지만 어른들을 단순히 모방하는 일은 무의미하다. 예배의 구조에 따라 카리스마(찬양과 기도), 케리그마(선포와 교육), 성례전(영적 교제 포함)의 의미가 예배 안에서 이루어져야 한다. 왜냐하면 어린이에게도 이성적 판단을 넘어 하나님을 향한 열린 자세로 나아가는 경험이 필요하기 때문이다. 어릴 때부터 어른들과 함께 예배를 이해하며 경험하는 어린이는 예배 가운데 자신들의 역할을 자연스럽게 받아들인다.[12] 이 일을 위하여 어린이가 이해하고 경험하는 예배의식에 사용될 기도와 설교 등을 성실히 준비해야 한다. 예배 중심의 교육은 분반공부에 앞서서 1부 프로그램이 아닌 예배가 중심이 되는 경험을 의미한다. 어린이들도 하나님을 만나고, 그분의 음성을 듣고, 그분께 응답하는 신앙의 배움이 있어야 한다. 그러므로 어린이 통합예배는 예배의 경험을 이끄는 의식이어야 하며, 동시에 의도적인 가르침을 통하여 예배의 경험을 교육적 경험으로 이끌어 갈 예배 중심의 교육이 되어야 한다.

어린이 통합예배의 실제

⑴ 통합예배의 특징

예배를 통해 신앙을 배워가는 점은 중요하나 예배가 신앙교육의 수단이 되는 것은 금물이다. 어린이와 어른이 함께 예배드리는 점에서 통합예배는 예배의 경험을 충분히 가질 수 있다. 이러한 점에서 어린이 통합예배는 다음과 같은 특징을 지닌다.

① 통합에는 3부분이 있다. 분리, 부분통합, 완전통합이다.[13] 여기서는 부분통합으로 성인들의 전반부 예배에 어린이들이 참여하고 어린이의 설교에는 성인들이 참여한다.

② 어린이와 어른의 통합예배를 '어린이 통합예배'라고 부르는 점은 어린이가 주체가 되고 어른과 함께 나누는 경험을 극대화시킨다. 통합예배의 어린이는 초등학교 1학년부터이며 어린이들에게는 즐거움과 경험의 초대이다. 예배를 통한 어린이의 경험은 넓으며 보고, 읽고, 듣고, 순서를 따르며, 노래 부르고 확인하는 예배의 경험을 이룬다.

③ 어린이 설교는 연속적인 성경의 인물 혹은 사건의 해석으로 교육적인 의미를 지닌다. 설교는 하나님 말씀의 선포로 하나님의 은혜를 경험하는 기회가 되기에 일방적인 교훈보다는 질문하고 대답을 통한 고백을 내면화하게 한다. 이때 예배와 설교는 분리가 아니라 통합이라는 면에서 어른들도 어린이 설교에 참여한다. 그러므로 설교는 어린이를 포함한 회중의 차원에서 이루어져야 한다.[14]

④ 어린이 예배에 빔 프로젝트를 사용하여 시청각적이며 정보화 시대의 문화적인 교류의 특징을 갖게 한다. 뿐만 아니라 시각적인 기능은 거룩함의 현존을 깨닫게 하고 공동체적 성격을 드러낸다.[15]

⑤ 예배순서에서 성찬과 세례의식은 어린이가 참여하고 경험하도록 돕는다.[16]

⑥ 예배 집례자는 성의를 입은 성인예배의 집례목사로서 동시에 말씀도 선포한다. 강단과 배너, 성의와 스톨의 색깔은 교회절기에 맞게 설치하고 착용해야 한다. 이는 복음을 시각적으로 선포하는 것으로 어린이나 어른에게 예배의 다른 차원을 경험할 수 있도록 돕는다.

⑦ 어린이 통합예배의 환경과 분위기는 성인과 어린이에게 각각 영향을 준다. 찬양과 신앙고백, 대표기도 참여, 어린이 설교는 모두에게 생동감이 넘치게 한다.

(2) 어린이 통합예배의 순서 : "예배공동체 – 주일 낮 예배순서"

예배준비 : 어린이들은 교육관에 모인 후 본당에 입장하여 교사와 함께 예배실 앞자리
에 앉는다. 입장할 때 예배실 뒤편에 마련된 헌금함에 미리 준비한 예물을 봉헌한다.

경배와 찬양 : 다 같이

어린이와 어른이 함께 찬양한다. 마지막 찬양은 일어나서 지정곡을 부른다.

예배로의 부름 : 다 같이

집례자가 예배로의 부름으로 주일예배로 초청한다.

신앙고백 : 다 같이

사도신경을 고백한다.

교독문 : 다 같이

교독문은 빔 프로젝트를 이용한다.

기도 : ○○○ 장로 / ○○○ 어린이

성인대표가 먼저 기도하고, 어린이 대표도 기도를 인도한다.

어린이 설교 : ○○○ 목사

대표기도가 끝나고 찬양대의 기도송 때 설교목사가 어린이들 앞으로 나아간다. 설교
가 끝나면 어린이들에게 헌금기도와 축복기도를 한다.

찬송 : 다 같이

"예수 사랑하심을"(563장)이란 찬송을 함께 부른다. 한 절은 영어로 불러도 좋다. 2절
후렴을 부를 때 어린이들은 예배실을 떠나 교육관으로 간다. 이때 성인들은 박수를 치
면서 어린이들을 축복하는 마음을 담아 찬송을 부른다. 이후로 성인 중심의 예배를 진
행한다.

■ 성찬을 거행할 때(어린이 설교 후)

성찬 제정사 : 집례자

예수께서 잡히시던 밤 (떡 그릇을 손에 쥔다.) 떡을 가지사 찬양과 감사드리시고 쪼개어 (떡을 쪼갠다.) 제자들에게 주시며 말씀하셨나이다. 받아먹으라. (손을 모든 떡 위에 얹는다.) 이것은 너희를 위하는 나의 몸이니라. 이 일을 행하여 나를 기억하라. 저녁식사 후 (잔을 손에 든다.) 마찬가지로 잔을 가지사 감사드리시고 저들에게 주시며 말씀하셨나이다. 너희 모두 이 잔에서 마시라. 이것은 (성별되어야 할 포도주가 든 모든 잔들 위해 손을 놓는다.) 죄사함을 위해 너희들과 모두를 위해 흘릴 나의 피 곧 새 언약의 피니라. 마실 때마다 이 일을 행하여 나를 기억하라.[17]

■ 성찬분급

분급을 위해 나오는 어린이는 오른손 위에 왼손을 십자가 모양으로 가로질러 포갠다(연약한 지체를 받들어 섬긴다는 의미). 집례자는 떡을 쪼개어 왼손 위에 찍듯이 얹어 준다(예수님의 십자가 못 박힘을 의미). 그리고 손 위의 떡을 포도주에 찍어 먹는다.
성찬을 받은 후 어린이들은 예배실을 떠나 교육관으로 간다. 이후로 성인 중심의 예배를 진행한다.

이러한 통합예배는 개인주의화 되어가고 있는 현대사회에서 여러 세대가 어울려 함께 경험하는 만남의 예배이다. 통합예배는 교회의 부흥과 양적 성장의 도구가 아닌 하나님과의 만남의 경험과 삶의 나눔이 있는 예배이다. 예배와 교육은 분리가 아닌 통합으로 예배에서의 교육적 의미를 개발해야 한다. 교회학교는 교육목회의 차원에서 교회 존재양식이 예배에서 통합될 수 있다는 점을 고려해야 한다.

따라서 예배가 곧 교육 자체는 아니더라도 예배를 통한 신앙교육은 확대되어야 한다. 신앙은 신앙공동체를 통해 전달되고 성숙되기에 통합예배는 교육목회의 한 패러다임이 될 수 있다. 지금까지 교회의 예배가 성인 중심의 구조였다면, 어린이 통합예배를 통해 더욱 신앙공동체적이며 간 세대 경험(inter-generational experience)을 할 수 있는 교육목회적인 방향으로 나아갈 수 있을 것이다.

3. 청소년 예배 모델

청소년기는 아동에서 성인으로 성장하면서 신체적, 심리적 변화가 이루어지는 시기이다. 이 시기를 '중간기' 또는 '주변기'라고 부른다. 인간이 출생하여 하나의 독립된 인격체로 성장하기까지 신체적 변화는 물론이고 정서적, 지적, 도덕적, 사회적, 그리고 영적 측면에서 변화가 이루어져야 한다. 청소년기는 이러한 변화가 가장 급속히 일어나는 시기이므로 하나의 인간으로 바람직한 성장을 위해 부모나 교사, 교회에서는 특별한 관심을 기울여야 한다. 청소년 예배를 위해서는 청소년의 특성들을 고려해서 접근해야 한다.

청소년의 일반적인 특징

(1) 급격한 신체적 변화
청소년기의 가장 중요한 특징 중 하나는 신체적 변화이다. 청소년기의 시작은 사춘기이다. 이때는 제2차 성징(性徵)이라 부르는 여러 현상이 나타나기 시작하고 신체적, 성적 성숙이 급속하게 이루어진다. 남자 아이는 뼈와 근육의 발달, 가슴과 어깨의 확대, 체모 발생, 몽설(夢泄), 목의 팽대, 여드름 등과 같은 현상을 보이고, 여자 아이는 초경, 골반 부위 확대, 둔부 확장, 유방 발달, 체모 발생, 피부 윤택 등 여러 가지 변화가 나타난다. 뿐만 아니라 남녀 모두 성기관이 발달하여 생식 기능이 가능하게 되고, 신장과 체중이 급격히 늘어난다. 그러나 불균형적으로 발달한 신체는 청소년에게 매우 심각한 고민거리가 되기도 한다. 예배자는 자신의 앞에 앉아 있는 아이들이 그러한 과도기에 있음을 늘 기억해야 할 것이다.

(2) 불안한 정서

급속하고 불균형적인 신체 변화로 말미암아 정서적으로 매우 불안정한 상태에 놓이게 된다. 특히 초경이나 몽설, 체모와 여드름 발생은 수치심을 동방하게 되어 주변 사람들을 기피하는 현상을 보이기까지 한다. 지금까지 가지고 있던 자아관, 타인에 대한 태도, 생활방식 등에도 변화를 가져와서 고민하거나 고독을 느끼기도 한다.

일반적으로 청소년의 정서는 성적인 색채를 띠고, 강렬하며, 일관성이 없고, 감정의 변화와 자극에 민감한 반응을 보이며 충동적이다. 죽음, 운명, 역경, 실패 등에 대한 추상적 공포가 발달하고, 정서를 직접 표출하기보다는 내적으로 식히는 경향도 있는데, 심하면 이상행동을 유발하게 된다. 이러한 것 때문에 청소년기를 '질풍과 노도의 시기', '행동의 중용이 없는 시기', '불안의 시기' 등으로 일컫기도 한다.

(3) 지적인 변화

심리발달에 따르면 청소년기는 형식적 조작기에 들어가는 시기이다. 아동기에는 현실세계에서 실제로 나타나는 것만 배우고, 또 구체적인 내용만으로 사고하던 것이 청소년기가 시작되면서 현실세계의 구체적 내용도 그대로 파악하게 되고 앞으로의 가능성까지도 모든 행동의 논리적 근거로 찾으려는 궤변적인 경향을 나타낼 때도 있다.

이상적이고 절대적이던 부모의 모습이 청소년기의 추상적이고 가정적인 사고를 기초로 할 때, 여러 가지 불안하고 결함 있는 모습으로 바뀌게 된다. 또 현 사회체제나 기성세대에 대해 비판적인 태도를 보이고, 자기 나름의 이상적인 체제를 건설하기 위해 사고하며 행동한다. 그러나 아직 지적인 사고가 충분히 통합적으로 발달하지 못하여 외골수로만 빠지게 되고, 소위 궤변이 궤변을 낳음으로써 부모나 기성세대와 마찰을 가져오게 된다. 청소년들은 어떤 가정적인 가능성과 즉각적으로 떠오르는 생각을 확신하고, 이에 대해 곰곰이 개념을 발달시키고, 이를 추상적으로 추리하는 능력을 습득해 나가기도 하므로, 부모나 교사는 청소년들의 궤변을 무조건 부인하지 말고 그러한 능력의 긍정적인 측면을 인식하는 것이 중요하다.

(4) 영적인 방황기

십대 청소년기는 각종 선험연구들에 따르면 절대로 그냥 지나칠 수 없을 만큼 종교적 각성과 영적 문제에 민감한 시기이다. 한 영국 신문에서는 영국의 모든 기독교인 가운데 75퍼센트가 14세 이전에 예수님을 영접하였으며, 14~21세 사이는 20퍼센트, 21세 이후에 예수님을 영접한 사람은 겨우 5퍼센트에 지나지 않았다는 사실을 발견했다. 청소년들은 실제적인 종교를 원한다. 추상성의 탐구가 아니라 구체적이고 적극적인 신앙 형태를 구비하도록 해야 한다. 그리고 이들은 구원에 대한 준비가 되어 있다. 신앙에 대한 확신을 가지며, 헌신의 길에 들어서는 청소년들도 생긴다. 반면에 종교적 의심과 회의가 생기는 시기이기도 하기에 자신의 문제를 해결하지 못하고 방황하는 경우도 있다. 그리고 이 시기는 종교적 열정을 가지고 헌신한다. 자신의 장래에 대해 결단하는 시기이기도 하며, 바른 삶을 영위하기 위한 노력을 한다. 또 독자적인 신앙 성장을 위하여 노력한다. 실로 이때의 위험은 신앙에 몰입하거나 신앙에서 떠나는 양상을 보이기가 쉽다. 그러므로 신앙에 대한 각별한 지도가 요청되는 때이다. 예배를 기획할 때, 이러한 청소년의 특성들을 고려하여 기획해야 한다.

청소년을 위한 현대 예배

청소년들은 다양한 문화 속에서 살고 있다. 오늘날의 청소년들은 네트워크를 통한 다양한 문화에 쉽게 노출되어 있다. 그러나 문화가 네트워크상의 문화이지 실제 내면적으로는 고독한 문화 속에서 개인주의화 된 삶을 살고 있다. 이러한 청소년들에게 현대적으로 청소년들의 문화를 접목시켜 예배를 드리는 것은 중요하다.

청소년 문화와 접목된 예배들이 많이 시행되고 있는데, 그것들의 대부분은 구도자 예배의 스타일을 통한 열린 예배의 틀을 가지고 있다. 청소년을 위한 열린 예배의 첫 번째 형태로는 한국에서 1980년 말부터 두란노의 경배와 찬양과 예수 전도단의 찬양예배가 있다. 찬양 예배는 음악세대인 청소년들에게 찬양을 통하여 그들의 문을 열게 하고, 더 나아가 쉽게 그리스도와 만날 수 있는 만남의 장을 열기 위함이다. 이것은 일반적으로 쉽게 접근할 수 있다고 느껴서인지 모르지만 많은 교회에서 청소년과 청년 사역의 중추로 여긴다.

두 번째의 형태가 드라마 예배이다. 드라마를 통해서 메시지를 전달하는 예배이다. 이 예배도 청소년을 위한 예배 형태로 자주 교회에서 사용하고 있다. 열린 예배라는 표현은 이 드라마 예배를 지칭하는 말이다. 이 예배를 위해서는 아주 세밀한 기획이 필요하다. 기획되지 않으면 올바른 메시지 전달이 불가능하기 때문이다.

세 번째의 형태는 종합적 형태의 예배이다. 찬양 예배의 의미를 가미하면서 드라마를 통해 설교를 전하고, 그날 예배의 주제에 따라 다양한 방법을 적용하는 예배이다. 철저한 주제중심의 문화예배이다. 단순하게는 절기 때 행하는 발표회와 같은 유형의 예배이다.

이러한 예배의 형태는 구도자 예배(seeker service)에서 파생되어 나온 예배의 형태이고 개념들이다. 그러나 문화화된 청소년은 개인주의화 되어서 오히려 공동체적인 예배를, 참여하는 예배를 접목시키는 것이 더 효과적인 예배가 될 수 있다. 지금까지의 열린 예배는 관람자적인 입장에서 예배의 문화화를 접목시켰지만, 앞으로의 열린 예배는 참여를 끌어내는 예배가 되어야 한다. 형식을 지금의 구도자 예배의 형식인 찬양, 드라마, 종합예술을 받아들이지만, 예배에 참여한 회중이 그 예배에서 아멘의 응답을 할 수 있어야 한다.

예배의 본질이 하나님의 계시와 인간의 응답의 만남이므로 현대의 문화적 열린 예배의 틀 속에서도 동일한 계시와 응답의 만남의 사건이 일어나서 그 만남의 경험을 통한 신앙 양육과 전승이 이루어져야 한다. 또한 형식을 다양화하였다고 해도 열린 예배는 '예배로의 부름-말씀-성찬-세상으로 파송'이라는 구조로 이루어져야 한다.

오늘날의 청소년들에게 문화적인 접근을 하는 열린 예배에서 부족한 것이 성례전인데, 청소년들에게 전통적인 의식이 담긴 성례와 통과의례 등을 통하여 공동체성을 회복할 수 있도록 하는 것도 청소년의 신앙 양육을 위해서 중요하다.

다음은 청소년을 위한 성찬예배의 모델이다. 이를 토대로 청소년의 예배를 재구성할 수 있다.

표 19. 청소년 성찬예배

모임

환영
집례자 : 주님께서 여러분과 함께
회　중 : 목사님과도 함께
집례자 : 부활의 주님께서 우리와 함께 계십니다.
회　중 : 주님을 찬양합시다.

찬양(찬송가 67장 1, 2절)

1. 영광의 왕께 다 경배하며 그 크신 사랑 늘 찬송하라
   예부터 영원히 참 방패시니 그 영광의 주를 다 찬송하라
2. 능력과 은혜 다 찬송하라 그 옷은 햇빛 그 집은 궁창
   큰 우레 소리로 주 노하시고 폭풍의 날개로 달려가신다

죄의 고백

은혜의 주님, 마음을 쏟아 주님을 사랑하지 않았음을 고백하나이다. 순종하는 교회이지 못했나이다. 주님의 뜻을 가볍게 여기고 행하지 않았나이다. 주님의 사랑을 거절하고 이웃을 사랑하지 못했나이다. 궁핍한 자들의 호소에 귀 기울이지 않았나이다. 저희를 용서하옵소서. 저희를 자유케 하사 즐거움으로 주님께 순종하게 하옵소서. 예수 그리스도의 이름으로 기도하옵나이다. 아멘.

자비송(299장 1절)

죄의 고백 후 반주 첫 음에 따라 회중은 다음의 찬송을 통해 간구한다.

하나님 사랑은 온전한 참사랑 내 맘에 부어 주시사 충만케 하소서

용서의 말씀

용서의 말씀은 선포행위이다. 큰 소리로 선언하며 회중 역시 큰 소리로 응답한다.

복음의 말씀을 들으시기 바랍니다. 우리가 아직 죄인되었을 때에 그리스도께서 우리를 위해 돌아가셨습니다. 예수 그리스도의 이름 안에서 우리가 용서받았습니다.
하나님께 영광을 돌립니다. 아멘.

삼위영가(4장)

성부 성자와 성령 영원히 영광 받으옵소서
태초로 지금까지 또 길이 영원무궁 성삼위께 영광 아멘

성령임재를 위한 기도

주님이시여 성령의 능력 안에서 저희의 영과 마음을 여시옵소서. 성경의 말씀이 읽혀지고 해석될 때 오늘 저희에게 하시는 말씀을 기쁨으로 이해하고 받아들이게 하옵소서. 저희의 귀를 여사 들을 때 기쁨 충만하게 하옵소서. 예수 그리스도의 이름으로 기도합니다. 아멘.

막혀진 내 귀 여시사 주님의 귀한 음성을
이 귀로 밝히 들을 때에 내 기쁨 한량없겠네
깊으신 뜻을 알고자 엎드려 기다리오니
내 귀를 열어 주소서 성령이여(366장 2절)

복음서 봉독(마 6:1~60)

봉독자 : 오늘 주시는 주님의 말씀입니다.
회　중 : 아멘 아멘 아멘 아멘(찬송가 644장)

말씀선포

설교 후 설교자는 회중과 아래의 글로 문답한다.

오늘 주시는 주님의 말씀입니다.
주님께 감사드립니다.

세례갱신 : 사도신경

전능하사 천지를 만드신 하나님 아버지를 믿습니까? 아멘.
성령으로 잉태하사 동정녀 마리아에게 나시고 본디오 빌라도에게 고난을 받으시고 십자가에 못 박혀 죽으시고 장사한 지 사흘 만에 죽은 자 가운데서 다시 살아나시며 하늘에 오르사 전능하신 하나님 우편에 앉아 계시다가 산 자와 죽은 자를 심판하러 오실 독생자 우리 주 예수 그리스도를 믿습니까? 아멘.
성령을 믿습니까? 아멘.
거룩한 공회, 성도의 교제, 죄를 사하여 주시는 것, 몸이 다시 사는 것, 그리고 영원히 사는 것을 믿습니까? 아멘.

성찬

봉헌

예배당 뒤 헌금함에 헌금한다. 이때 성찬의 떡과 포도주를 함께 봉헌한다.

봉헌송(통일찬송 69장 1, 2절)

나 가진 모든 것 다 주의 것이니 그 받은 귀한 선물을 다 주께 바치네
풍성한 은혜를 주 내게 주시니 그 축복하심 감사해 첫 열매 드리네 아멘

성찬으로의 초대

예수님을 구주로 믿고 그의 뜻에 따라 살기를 결심하며
생명의 양식을 받아먹기를 원하는 여러분을
이 거룩한 은혜의 자리로 초대합니다.
성부 성자 성령 삼위일체이신 하나님
영원히 찬양과 영광을 받으옵소서.

감사기도

주님께서 여러분과 함께
목사님과도 함께
여러분의 마음을 높이
저희의 마음을 높이 듭니다.
주님께 감사합시다.
주님께 감사함이 저희의 마땅한 본분입니다.

전능하신 창조주 하나님
언제 어디서나 주님께 감사함이
지극히 당연하고도 기쁜 일이옵나이다.
저희를 당신의 형상대로 창조하시고
생명의 숨결을 불어 넣으사
당신의 영광을 드러내게 하셨나이다.

때때로 저희들 주님으로부터 멀리 떠나고
말씀의 법도를 벗어나 살 때에도
주님은 한결같이 저희를 사랑하시고
구원의 바른 길로 이끌어 주셨나이다.

저희들 하나님의 자녀 된 본분을 다하지 못하고
죄로 인해 탄식하며 살아왔으나
하나님께서 예수 그리스도를 보내 주시사
저희를 죄에서 구원하시고
길과 진리와 생명을 찾게 하셨나이다.
또한 저희를 그리스도 안에서 선택하시고
그리스도의 몸된 교회로 세워 주시사
하나님의 구원 역사를 선포하게 하셨으니 감사드리나이다.
더욱이 그리스도의 성찬상으로 불러 주사
떡과 포도주를 먹고 마시며
주님의 임재를 맛보게 하셨나이다.
그러하기에
이 땅 위의 온 백성과 하늘의 거룩한 성도
또한 천군 천사들과 함께
주님의 이름을 소리 높여 찬양하나이다.

거룩 거룩 거룩 전능하신 하나님
하늘과 땅에 가득한 그 영광
지극히 높은 곳에서 호산나
주님의 이름으로 오시는 분을 찬양합니다.
지극히 높은 곳에서 호산나

오 거룩하신 주님, 사랑이 많으신 하나님
예수 그리스도 안에서 이루신
당신의 놀라운 사역을 기억하면서
찬양과 감사 중에
그리스도 안에서

저희 자신을
거룩한 산 제물로 드리나이다.

거룩하신 하나님
일찍이 주님께서 세상에 보내주셨던 성령을
지금 다시 보내 주옵소서.
성령이시여 이 떡과 포도주 위에 임하시고
이 봉헌물을 성별하여 주사
이것이 저희들에게 영원한 생명의 양식 되게 하옵소서.
또한 여기 모인 저희 위에도 함께하사
이를 먹고 마실 때 저희 능히 그리스도의 새로운 몸 되게 하옵소서.

마라나타! 성령이여 임재하옵소서.
그리고 속히 이 일들을 이루어 주옵소서.

그리스도께서 최후의 승리 속에 다시 오실 때까지
우리 모두 천국 잔치에 참여할 때까지
그리스도와 하나 되게 하시고
서로 서로 하나 되게 하시며
온 교회가 하나 되게 하옵소서.
하나님의 아들이신 예수 그리스도를 통하여
위로의 거룩하신 성령과 더불어
모든 영광과 존귀가 영원토록
전능하신 하나님 아버지께 있나이다.
아멘.

주님의 기도(635장)

평화의 인사

주님의 평화가 여러분과 함께
목사님과도 함께
[주의 사랑으로 사랑합니다. 서로에게]

화해와 평화의 징표로 서로 인사를 나눕시다.
주님의 평화가 함께하시기를 바랍니다.

분병

나눔

성찬 후 감사기도

사랑과 은총이 풍성하신 하나님, 그리스도를 저희에게 생명의 양식으로 주시니 감사하옵나이다. 성령의 도우심으로 저희가 하나 되어 주님의 공의와 진리를 위해 힘쓰고 하나님 나라의 유업을 함께 나누게 하옵소서. 예수 그리스도의 이름으로 기도하옵나이다. 아멘.

파송

파송의 말씀

그리스도의 일꾼 된 여러분! 성령의 도우심으로 이 세상에서 선교와 봉사의 산 예배를 드리시기 바랍니다.
아멘. 주님! 우리와 동행하여 주옵소서.

축복

[주님의 몸에 연합하여 그분의 산 예배에 참여하기 위해 이 세상으로 나아가는 여러분!]

주님의 은총이 여러분께
목사님과도 함께
하나님의 사랑이 여러분께
목사님께도 함께
성령의 하나 되게 하시는 은총이 여러분께
목사님께도 함께

파송: 응답송(505장)

온 세상 위하여 나 복음 전하리 만백성 모두 나와서 주 말씀 들으라
죄 중에 빠져서 헤매는 자들아 주님의 음성 듣고서 너 구원 받으라
전하고 기도해 매일 증인되리라
세상 모든 사람 다 듣고 그 사랑 알도록

후주

1) Marva Dawn, *A Royal 'Waste' of Time*, 김병국, 전의우 역, 「고귀한 시간 낭비 '예배'」(서울: 이레서원, 2004), p.97.

2) 이 부분에 대해서는 본 저서의 6장에 잘 설명하고 있다.

3) 박은규, "종교적 심성, 인간 및 신앙발달에 입각한 어린이예배 갱신의 과제", 「신학과 현장 Ⅰ」, pp.61~97

4) Gobbel, A Roger & Hubber, Phillip C. 「어린이 예배의 설계」, 박동근 역(서울: 대한기독교서회, 1984), p.9.

5) 최옥기, 「어린이 예배에 관한 연구」(목원대학교 석사논문, 2007)

6) 우치코시 곤베이, 「메빅 대 폭발」, 장지홍 역(서울: 에벤에셀, 2000), pp14~15.

7) 한미라, 「기독교교육학자의 관점에서 본 예배의 위기와 성서적 대안」(기독교교육정보 20, 2008), pp.39~68.

8) Paul H. Vieth, 김소영 역, 「기독교교육과 예배」(서울: 대한예수교장로교총회 교육국, 1983), p.24.

9) 은준관, 「기독교교육 현장론」(서울: 한들출판사, 2007), pp.165~167.

10) Donald E. Miller, *Story and context: An introduction to Christian Education*(Nashville: Abingdon Press, 1988).

11) William H. Willimon, "The Relationship of Liturgical Education to Worship Participation,"(*Religious Education* 69), pp.9~24.

12) 남호, 「목회전문화와 한국교회 예배」(서울: 감리교신학대학교 출판부, 1994)

13) 이희능, "장애인과 비장애인 통합교육에 관한 기독교적 접근", (기독교교육정보 9, 2004), pp.113~145.

14) James A. Carr, *The Children's Sermon: Act of Worship for the Community of Faith* (New York: Peter Lang, 1993).

15) 남호, 「예배를 통한 교육목회(레이투르기아)」(서울: 기독교대한감리회 교육국, 2008), pp.105~123.

16) Peter C. Bower, "*Children as Participants in Corporate Worship,* "(in *Reformed Liturgy & Music* 26), p.2~46.

17) 나형석, 「교회는 무엇을 위해 기도하나」(서울: 좋은 땅, 2012), pp.212~213.

예배 갱신의
모델

북미 감리교회 성찬순서

기독교대한감리회 성찬순서

예배를 갱신하기 위해서는 먼저 예배의 형식을 개혁해야 하며, 그것을 위해 예배에 꼭 필요한 요소가 무엇이고, 그 순서가 어떠한지를 파악해야만 한다. 2천 년 기독교 예배의 역사 가운데서 많은 예배 요소가 생겨났고 또 그중 많은 것이 지금은 사라지고 없다. 현재 한국 교회가 사용하는 예배 형태는 19세기 미국에서 형성된 예배 형태가 지배적이며 교단에 따라 예배 요소들을 취사선택하고 있다. 따라서 예배를 갱신하고 개혁하려는 교육목회의 디자이너들은 먼저 자신이 속한 교단의 예배 전통과 회중의 성향을 고려하여 예배 형식을 구성하는 것이 필요하다.

여기서는 웨슬리안 전통에 따라 구성된 북미 메소디스트를 위한 성찬예배순서와 기독교대한감리회의 새 예배서에 나타난 성찬예배를 제시하면서 순서와 요소에 나타난 의미를 분석하고자 한다. 그리고 협성대학교에서 실시한 성찬예배를 모델로 제시한다. 예배순서의 〈후주〉는 예배행위에 대한 설명이다.

1. 북미 감리교회 성찬순서

존 웨슬리는 미국이 독립하면서 영국과 국교로부터 소외되어 특히 성찬의 유익에서 제도적으로 배제된 북아메리카 감리교도들을 위해 1784년 일명 "북아메리카에 있는 메소디스트를 위한 주일예배문"(*The Sunday Service of the Methodist in North America*)이라는 예배서를 발간하여 보냈다. 이 예배서는 세 가지를 담고 있었는데, 첫째 성공회 공동기도서 개정판, 둘째 39개조 신앙조항 개정판, 셋째 새로운 교회에서 감독직 및 장로목사를 세우기 위한 안수식이었다. 이 예배서에는 한 해 각 주일을 위한 기도들, 서신과 복음서들이 함께 제공되고 있는데 매 주님의 날 그리고 기회가 주어지는 대로 성찬에 참여해야 한다는 웨슬리의 권면을 반영하고 있다.

웨슬리 성찬사상에서 의심할 수 없는 것은 "북아메리카에 있는 감리교도들을 위한 주일예배문"이 성공회 기도서 전통과 그것이 담고 있는 성찬교리 안에서 주조되었다는 사실이다. 즉 웨슬리는 전통의 안정과 지속성 그리고 성령의 역동성을 조화시키려 했음을 발견할 수 있다.

성찬예배

깨끗한 흰색 린넨 탁보를 씌워 아침, 저녁 기도를 드렸던 그곳에 식탁을 놓으라. 장로목사는 식탁에 서서 주기도문 그리고 그날의 기도를 드리라. 회중은 무릎을 꿇는다.

주기도문[1]

하늘에 계신 우리 아버지여, 이름이 거룩히 여김을 받으시오며, 나라이 임하옵시며, 뜻이 하늘에서 이룬 것 같이 땅에서도 이루어지이다. 오늘날 우리에게 일용할 양식을 주옵시고, 우리가 우리에게 죄 지은 자를 사하여 준 것 같이 우리 죄를 사하여 주옵시고, 우리를 시험에 들게 하지 마옵시고, 다만 악에서 구하옵소서. 대개 나라와 권세와 영광이 아버지께 영원히 있사옵나이다. 아멘.

기도(collect)

저희의 마음을 들여다보시고 저희의 모든 소원들을 아시며 숨겨진 어떤 비밀도 드러내시는 전능하신 하나님이시여! 당신의 성령으로 저희 마음의 생각들 정하게 하옵소서. 그리하여 저희들 그리스도 우리 주님을 통하여 온전히 당신 사랑하게 하시고, 합당하게 당신의 거룩한 이름 찬미하게 하옵소서.

십계명 낭독[2]

이제 목사는 회중에게 몸을 돌려 십계명을 한 조항씩 읽는다. 회중은 계속 무릎을 꿇은 채 아래와 같이 십계명이 한 조항씩 읽혀질 때마다 과거 그 계명을 범한 것에 대해 자비를 구하고 앞으로 그것을 잘 지킬 수 있도록 해 달라고 은총을 구한다.

집례자 : 하나님께서 이렇게 말씀하셨습니다. 나는 주 너의 하나님이니 너는 나 외에 는 다른 신들을 네게 두지 말라.

회　중 : 주여, 자비를 베푸소서. 저희의 마음을 주장하사 이 법 지킬 수 있게 하소서.

집례자 : 너를 위하여 새긴 우상을 만들지 말고 또 위로 하늘에 있는 것이나 아래로 땅에 있는 것이나 땅 아래 물속에 있는 것의 아무 형상이든지 만들지 말며 그것들에게 절하지 말며 그것들을 섬기지 말라. 나, 네 하나님 여호와는 질 투하시는 하나님인즉 나를 미워하는 자의 죄를 갚되 아버지로부터 아들에 게로 삼사 대까지 이르게 하거니와 나를 사랑하고 내 계명을 지키는 자에게 는 천 대까지 은혜를 베푸느니라.

회　중 : 주여, 자비를 베푸소서. 저희의 마음을 주장하사 이 법 지킬 수 있게 하소서.

집례자 : 너는 네 하나님 여호와의 이름을 망령되게 부르지 말라. 여호와는 그의 이름 을 망령되게 부르는 자를 죄 없다 하지 아니하리라.

회　중 : 주여, 자비를 베푸소서. 저희의 마음을 주장하사 이 법 지킬 수 있게 하소서.

집례자 : 안식일을 기억하여 거룩하게 지키라. 엿새 동안은 힘써 네 모든 일을 행할 것이나 일곱째 날은 네 하나님 여호와의 안식일인즉 너나 네 아들이나 네 딸이나 네 남종이나 네 여종이나 네 가축이나 네 문안에 머무는 객이라도 아무 일도 하지 말라. 이는 엿새 동안에 나 여호와가 하늘과 땅과 바다와 그 가운데 모든 것을 만들고 일곱째 날에 쉬었음이라. 그러므로 나 여호와가 안식일을 복되게 하여 그날을 거룩하게 하였느니라.

회　중 : 주여, 자비를 베푸소서. 저희의 마음을 주장하사 이 법 지킬 수 있게 하소서.

집례자 : 네 부모를 공경하라. 그리하면 네 하나님 여호와가 네게 준 땅에서 네 생명 이 길리라.

회　중 : 주여, 자비를 베푸소서. 저희의 마음을 주장하사 이 법 지킬 수 있게 하소서.

집례자 : 살인하지 말라.

회　중 : 주여, 자비를 베푸소서. 저희의 마음을 주장하사 이 법 지킬 수 있게 하소서.

집례자 : 간음하지 말라.

회　중 : 주여, 자비를 베푸소서. 저희의 마음을 주장하사 이 법 지킬 수 있게 하소서.

집례자 : 도둑질하지 말라.

회　중 : 주여, 자비를 베푸소서. 저희의 마음을 주장하사 이 법 지킬 수 있게 하소서.

집례자 : 네 이웃에 대하여 거짓 증거하지 말라.

회　중 : 주여, 자비를 베푸소서. 저희의 마음을 주장하사 이 법 지킬 수 있게 하소서.

집례자 : 네 이웃의 집을 탐내지 말라. 네 이웃의 아내나 그의 남종이나 그의 여종이
　　　　나 그의 소나 그의 나귀나 무릇 네 이웃의 소유를 탐내지 말라.

회　중 : 주여, 간구하옵나니 자비를 베푸소서. 저희의 마음을 주장하사 (능히) 이 법
　　　　지킬 수 있게 하소서.

그리고 아래와 같이 기도한다. [왕을 위한 기도]

왕을 위한 기도

기도합시다.

전능하시고 영원하신 하나님, 이 땅의 군왕들의 마음이 당신의 법과 다스림 아래
있어야 되며, 당신께서는 실로 저들의 마음을 당신의 거룩한 지혜에 가장 잘 어울
리도록 주장하고 바꾸신다고 당신의 거룩한 말씀을 통해 배웠나이다. 겸손히 간
구하오니 당신의 연방 지도자들 그리고 주지사들의 마음을 주장하시고 다스리시
사 저들로 생각들, 말들, 행위들을 통해 당신의 명예와 영광을 구하게 하시고 저들
의 책임 하에 둔 당신의 백성들을 풍족함, 평화 그리고 경건함 속에 보호할 수 있
도록 하옵소서. 오, 자비로우신 아버지여, 당신의 사랑하는 아들 우리 주 예수 그
리스도를 통하여 그리하소서. 아멘.

그날의 기도

그날의 기도가 이어진다. 이어서 목사가 서신서를 읽는다. 이렇게 말한다.

"서신 [혹은 서신 중 당일에 배정된 성경 본문] (　) 몇 장 몇 절에 있습니다." 서신 읽기가 끝난 후 다음과 같이 말한다. "서신은 여기까지 읽겠습니다." 다음에 복음서를 읽게 하라. 이렇게 말한다. "거룩한 복음은 (　)서 몇 장 몇 절에 있습니다."

설교

성경구절을 읽으며 구제금(alms)을 모은다.

그리고 설교가 이어진다. 설교 후 목사는 아래의 구절들 중 하나 혹은 몇 개를 읽는다. (마 5:16, 마 7:12, 마 7:21, 눅 19:8, 고전 9:11, 고전 9:13~14, 고후 9:6~7, 갈 6:6~7, 갈 6:10, 딤전 6:6~7, 딤전 6:17~19, 히 6:10, 히 13:16, 요일 3:17, 잠 19:17, 시 41:1)

이 구절들을 읽는 동안 맡은 자들은 회중에게서 가난한 자들을 위한 구제금(alms) 그리고 기타 목적을 위해 드리는 것들을 거두게 하라. 그리고 그것을 목사에게 전하고 그는 그것을 식탁에 올려놓는다.

그리고 다음과 같이 말한다.

지금 이 땅 위에서 분투하고 있는 그리스도의 교회(Christian's Church militant)를 위해 기도합시다.

그리스도의 교회를 위한 기도[3]

거룩하시고 영원하신 하나님! 거룩한 사도들을 통해 저희에게 모든 사람을 위해 기도하고 간구하며 감사를 드리라고 가르치신 분이여! 겸손히 간구하옵나니 지극한 자비로써 저희가 당신 거룩한 왕께 봉헌하는 [구제금과 봉헌물(구제금과 봉헌물이 없을 때는 읽지 않는다)] 기도들을 받아주옵소서. 간구하옵나니 모든 교회(universal church)를 늘 진리, 화해, 일치의(truth, unity, concord) 영으로 채워 주옵소서. 그리하여 당신의 거룩한 이름을 고백하는 모든 자들이 당신의 거룩한 말씀의 진리에 동의하고 일치와 거룩한 사랑 안에서 살아갈 수 있도록 허락하옵소서. 또한 모든 그리스도교 왕들, 군주들, 치리자들 특히 당신의 종들인 미합중국(United States)의 최고 통치자들을 구원하시고 보호하옵소서. 그리하여 저들의 치세 하에서 저희가 경건하고 평화로운 삶 살 수 있게 하옵소서. 저들 아래서 공직을 수행하는 모든 자들이 진리를 따라 공정하게 정의를 섬기고 사악함과 불의는 벌하며 하나님의 참된 종교와 덕을 지켜 나갈 수 있게 하옵소서. 오, 하늘에 계신 아버지여 모든 복음의 사역자들에게 은총을 베푸사 자신들의 삶과 교리를 통해 당신의 진실되고 살아 역사하시는 말씀을 증거하고 바르고 정당하게 당신의 거룩한 성례들을 행할 수 있게 하옵소서. 당신의 모든 백성에게 하늘의 은총을 내리사 온유한 마음과 마땅히 드려야 할 경외심을 가지고 당신의 거룩한 말씀을 듣고 받아들이며 저들이 사는 모든 날들을 통해 거룩함과 의로움으로 당신을 진실로 섬길 수 있게 하옵소서. 오, 주님, 지극히 겸허한 마음으로 당신의 선하심을 간구하옵나니 이 덧없는 삶에서 걱정, 슬픔, 빈곤, 병으로 고통 중에 있는 모든 자들을 위로하시고 구원하옵소서. 또한 당신에 대한 믿음과 경외 안에서 이 세상을 떠난 당신의 모든 종들로 인해 당신의 거룩한 이름에 찬양을 드리나이다. 간구하옵기는 저희에게 은총을 주사 능히 저들의 선한 모범들을 따를 수 있게 하옵소서. 저희의 유일한 중보자시며 대언자이신 예수 그리스도를 보사, 오, 아버지여 저희에게 이런 일을 허락하옵소서. 아멘.

목사는 성찬을 받기 위해 나오는 자들을 향해 다음과 같이 말한다.

성찬으로의 초대사

전능하신 하나님 앞에서 참으로 진실되게 죄를 회개하고 이웃을 사랑하고 자비로써 대하며 하나님의 명령을 따르며, 이제부터 그분의 거룩한 길들을 따라 걸음으로 새로운 삶을 살고자 하는 여러분이여, 가까이 나아오십시오. 이 거룩한 사크라멘트를 받아 위로를 삼으십시오. 겸손히 무릎 꿇고 전능하신 하나님 그리고 그분의 이름으로 함께 모인 그분의 거룩한 교회 앞에서 겸손히 고백하십시오.

목사는 성찬을 받고자 하는 모든 사람의 이름으로 이 공동 고백(the General Confession)을 한다. 그와 모든 회중이 겸손히 무릎 꿇고 있는 가운데 집례자는 말한다.

무릎 꿇고 있는 가운데 공동고백 / 회개기도

전능하신 하나님, 우리 주 예수 그리스도의 아버지, 만물의 창조자, 그리고 인류의 심판자시여, 저희가 생각, 말, 그리고 행위를 통해 당신 거룩하신 왕에 대해 범하고 있는 통탄할 만한 그 많은 죄들과 악함, 그럼으로써 당신의 진노와 의분을 불러 일으키고 있는 그 많은 죄들과 악함, 저희 자인하고 통회하나이다. 저희가 진실로 회개하며 마음으로부터 이 모든 잘못된 행위로 인해 슬퍼하나이다. 이것들을 기억한다는 것 자체가 저희에게는 괴롭고 고통스러운 일이나이다. 이 죄의 짐을 견딜 수 없나이다. 가장 자비로운 아버지여 저희를 불쌍히 여기소서. 저희를 불쌍히 여기소서. 당신의 아들 우리 주 예수 그리스도를 보사 지나간 모든 죄를 용서하옵소서. 그리하여 이제부터 예수 그리스도 우리 주를 통해 삶을 새롭게 함으로 당신을 섬기고 기쁘시게 하며 당신의 이름의 영광과 명예를 높일 수 있게 하옵소서. 아멘.

위로의 말씀

사제는 일어나 회중을 향해 몸을 돌린 후 이렇게 말한다.

전능하신 하나님, 하늘에 계신 우리 아버지, 그 헤아릴 수 없는 은총으로 진실된 회개와 참된 믿음을 가지고 자기에게 나아오는 모든 자를 용서하시겠다고 약속하신 전능하신 하나님, 하늘에 계신 우리 아버지! 저희에게 자비를 베푸시옵소서. 저희의 모든 죄를 사하시고 죄로부터 구원하시옵소서. 그 가득한 선함으로 저희를 군세고 강하게 하옵소서. 그리하여 저희를 영생으로 인도하시옵소서. [이 모든 일들을] 예수 그리스도 우리 주님을 통해서 하옵소서. 아멘.

회중은 모두 일어선다. 사제가 다음과 같이 말한다.

우리 구주 그리스도께서 자기에게 나오는 모든 자들에게 주시는 위로의 말씀을 들으시기 바랍니다.
마태복음 11:28; 요한복음 3:16

사도 바울이 주신 말씀을 들읍시다.
디모데전서 1:15

사도 요한이 주신 말씀을 들읍시다.
요한1서 2:1~2

이제 목사가 말한다.

수르숨 코르다(마음을 드높임)

목사 : 여러분의 마음을 높이
응답 : 저희의 마음을 주님께 둡니다(Unto).
목사 : 우리 주 하나님께 감사를 드립시다.
응답 : 그리함이 바르고 마땅한 일이나이다.

목사 : 언제 어디서나, 오, 주님, 거룩한 아버지, 전능하시고 영원하신 하나님, 당
      신께 감사드림이 바르고 마땅하며 은혜 입은 저희의 의무이나이다.

특별히 지정된 것이 없다면 절기에 따른 시작기도(the Proper Preface)가 바로 이어진다.
아니면 바로 아래의 찬양을 드린다.

절기에 따른 시작기도[4]

찬양(Sanctus)

따라서 천사들과 대 천사 그리고 하늘의 모든 거룩한 회중과 더불어 저희 이렇게
당신의 영광스러운 이름을 찬송하고 높이며 당신을 찬양하나이다. 거룩, 거룩, 거
룩, 만군의 주 하나님, 하늘과 땅에 당신의 영광이 가득하나이다. 높은 곳에서 호
산나. 주님의 이름으로 오시는 이여 찬양 받으소서. 오, 주님 높은 곳에서 당신께
영광.

겸손히 나아가는 기도(Prayer for the humble access)

이제 목사는 하나님의 식탁으로 몸을 돌려 무릎을 꿇고 성찬 받을 모든 자들의 이름으로 기도한다.

오, 자비로우신 주님 저희 자신의 의가 아니라 당신의 그 수많은 귀한 은총들에 의지하여 감히 당신의 식탁으로 나아오나이다. 저희 당신의 식탁 아래 떨어진 [떡] 부스러기조차 주워 먹기에 합당치 못한 자들이나이다. 그러나 당신은 본질이 자비하신 주님이시나이다. 그러하오니 은혜로우신 주여 허락하사 이 거룩한 신비들을 통해 당신이 사랑하시는 아들 예수 그리스도의 몸을 먹고 그분의 피를 마실 수 있게 하옵소서. 그리하여 저희 늘 그분 안에 거하고 그분은 저희 안에 거해 저희의 죄 된 몸들 그분의 몸으로 정결케 되게 하시고 저희의 영혼들 그분의 가장 보배로운 피로써 씻김 받게 하옵소서. 아멘.

이제 목사는 아래와 같이 성별의 기도(Prayer of Consecration)를 드린다.

성별의 기도

저희를 구원하시기 위해 자비로써 당신의 독생자 예수 그리스도로 십자가 죽음 감당하게 하신, 오, 하나님 하늘에 계신 아버지여! 당신의 아들께서는 그곳에서 올린 단 한 번의 봉헌으로 세상의 죄를 위해 넉넉하고도 완전하며 부족함이 없는 희생물과 봉헌물을 드려 저희를 대속하셨나이다. 그리고 자신이 다시 올 때까지 자신의 보배로운 죽음을 영원히 기억하라 제정하셨고 또한 자신의 거룩한 복음 안에서 그리할 것을 저희에게 명령하셨나이다. 저희의 기도를 들으소서. 오, 자비로운 아버지여, 간구하옵나니 당신의 아들 우리 주 예수 그리스도의 거룩한 제정에 따라 그의 죽음과 수난을 기억하며 당신이 만드신 이것 떡과 포도주를 받는 저희, 가장 찬양 받으실 그분의 몸과 피에 참여하는 자 되게 하소서. 그분 잡히시던 밤 (집례목사는 떡 그릇을 손에 쥔다.) 떡을 가지사 찬양과 감사드리시고 쪼개어 (떡을 쪼갠다.) 제자들에게 주시며 말씀하셨나이다. 받아먹으라.(손을 모든 떡 위에 얹는다.) 이것은 너희를 위하는 나의 몸이니라. 이 일을 행하여 나를 기억하라. 저녁식사 후 (잔을 손에 든다.) 마찬가지로 잔을 가지사 감사드리시고 저들에게 주시며 말씀하셨나이다. 너희 모두 이 잔에서 마시라. 이것은 (성별되어야 할 포도주가 든 모든 잔들 위해 손을 놓는다.) 죄 사함을 위해 너희와 모두를 위해 흘릴 나의 피 곧 새 언약의 피니라. 마실 때마다 이 일을 행하여 나를 기억하라.

분급5)

이어 집례자가 먼저 떡과 포도주를 받고 그곳에 다른 성직자들이 있을 경우 같은 방식으로 그들에게 주라. 그리고 순서대로 회중의 손에 놓아 주라. 떡을 다 나누어 준 후 다음과 같이 말하게 한다.

당신을 위한 우리 주 예수 그리스도의 몸이 당신의 몸과 영혼을 보존하여 영생에 이르게 하실 것입니다. 그리스도께서 당신을 위해 돌아가셨다는 사실을 기억하면서 이것을 받아먹으십시오. 당신의 마음속에서 믿음과 감사함으로 그분을 먹으십시오.(feed on him thy heart by faith and thanksgiving)

잔을 준 후 집례자는 다음과 같이 말한다.

당신을 위해 흘리신 우리 주 예수 그리스도의 피가 당신의 몸과 영혼을 보존하여 영생에 이르게 하실 것입니다. 그리스도의 피가 당신을 위해 흘렸음을 기억하며 이 잔을 마십시오. 그리고 감사하시기 바랍니다.

성별된 떡과 포도주가 모자랄 경우 장로는 성별의 기도를 반복해 드림으로 필요한 만큼 더 성별할 수 있다.

분급이 끝난 후 집례자는 식탁으로 돌아가 그곳에 성별 된 것 중 남은 것을 두고 깨끗한 린넨 보자기로 덮어 둔다.
그리고 장로목사는 주기도문을 말하고, 회중은 그를 따라 모든 간구들을 반복해 말한다.

주기도문6)

하늘에 계신 우리 아버지여, 이름이 거룩히 여김을 받으시오며, 나라이 임하옵시며, 뜻이 하늘에서 이룬 것 같이 땅에서도 이루어지이다. 오늘날 우리에게 일용할 양식을 주옵시고, 우리가 우리에게 죄 지은 자를 사하여 준 것 같이 우리 죄를 사하여 주옵시고, 우리를 시험에 들게 하지 마옵시고, 다만 악에서 구하옵소서. 대개 나라와 권세와 영광이 아버지께 영원히 있사옵나이다. 아멘.

그리고 아래와 같이 기도하게 한다.

성찬 후 감사기도[7]

오, 주님, 하늘에 계신 아버지, 당신의 겸비한 종들 원하오니 아버지의 선하심과 자비하심으로 저희가 드리는 이 찬양과 감사의 희생제물을 받으시옵소서. 겸손히 간구하옵기는 당신의 아들 예수 그리스도의 죽음의 공로에 의해 그리고 그분의 피에 대한 믿음을 통해 저희와 모든 당신의 전 교회들이 죄의 용서 그리고 그분의 수난이 가져다주는 유익들을 얻게 하옵소서. 그리고 여기서 저희들, 오, 주님 저희 자신, 저희의 영혼 그리고 몸을 당신께 합당하고 거룩하며 살아 있는 제물로 (reasonable, holy, and lively sacrifice) 내어 드려 봉헌하나이다. 겸손히 비옵기는 이 성찬에(the holy communion 거룩한 교제) 참여한 저희들 모두 당신의 은혜와 거룩한 복으로 충만하게 하옵소서. 많은 죄로 인해 감히 저희들 당신께 어떤 희생의 제물도 드리기에 합당하지 않으나 간구하옵기는 저희가 [은혜를 입어 드려야 할 이 마땅한] 의무와 섬김을 받아 주시옵소서. 저희의 공로는 헤아리지 마옵시고 다만 저희가 지은 죄만을 용서하옵소서. 예수 그리스도 우리 주님, 그분에 의해(by), 성령께서 주실 일치 안에서(in the unity of the Holy Ghost) 그분과 더불어(with), 모든 영광과 찬양이 당신, 오, 전능하신 아버지께 영원히 있나이다.

이제 이렇게 기도하게 한다.

높은 곳에 영광(Gloria in Excelsis)[8]

지극히 높은 곳에 계신 하나님께 영광. 이 땅에 그분의 선의를 입은 자들에게 평화가. 당신을 찬양하나이다.

찬미드리나이다.

송축하나이다.

영광 돌리나이다.

당신의 장엄한 영광으로 인해 당신께 감사드리나이다.

주 하나님, 하늘의 왕,

오, 하나님, 전능하신 아버지,

주 예수 그리스도, 독생자,

주 하나님, 하나님의 어린양, 아버지의 아들이여,

이 세상의 죄를 지신 분이여, 저희에게 자비를 베푸소서.

이 세상의 죄를 지신 분이여, 저희의 기도를 들으소서.

아버지 우편에 앉아 계신 당신이여, 저희에게 자비를 베푸소서.

당신만이 거룩하신 분, 당신만이 주님,

당신만이 지극히 높으신 분이기 때문이나이다.

성령과 더불어 아버지의 영광 안에서 당신 예수 그리스도여. 아멘.

필요하다고 판단될 경우 목사에게 즉흥기도를 하게 하라. 후에 회중을 아래와 같은 축복
하에서 떠나게 하라.

즉흥기도

축도

모든 이해를 넘어서는 하나님의 평안이 여러분의 마음과(heart) 영혼을(minds) 하
나님 그리고 그의 아들 주 예수 그리스도에 대한 지식과 사랑 안에 계속 있게 해
주시길. 그리고 전능하신 하나님 아버지, 아들 그리고 성령이 주실 복이 여러분 중
에 지금 그리고 언제나 함께하시길. 아멘.

2. 기독교대한감리회 성찬순서

예배 갱신을 위해 기독교대한감리회의 성만찬의 구조와 순서를 살펴보자. 먼저 성찬의 구조는 예수님께서 제정하신 대로 집례자가 떡을 드사(떡과 잔을 취하여) 축사하시고(성찬 제정사, 기념사, 성령 임재의 기원), 떡을 떼어(분병례), 나누어 주시는(분급) 기본적 구조를 지니고 있다. 성찬은 하나님의 구원 역사에 대한 기억과 감사와 찬양의 표현이요, 그리스도의 은혜로우신 구속의 재연이며, 나아가 믿는 이들의 친교이고 앞으로 참여할 하나님 나라 잔치의 예증이다.

기독교대한감리회의 성만찬 예전의 순서는, 성찬으로의 초대 - 시작기도 - 삼성창 - 성만찬 제정사 - 기념사 - 성령 임재의 기원 - 영광찬양 - 주님의 기도 - 평화의 인사 - 분병례 - 분급 - 성만찬 후 감사기도의 순서이다. 이 순서들 각각의 의미를 살펴보면 다음과 같다.[9]

성찬으로의 초대(Invitation)[10]

집례자 : (성만찬대 앞으로 나아가) 예수 그리스도를 구주로 믿고 그의 뜻에 따라 살기를 결심하며 생명의 양식을 받아먹기를 원하는 성도를 이 거룩한 은혜의 자리에 초대합니다.

회　중 : 성부, 성자, 성령 우리 주 하나님, 영원히 찬양과 영광을 받으옵소서.

성만찬 보좌위원들은 성만찬대의 보를 걷은 후, 진설된 떡과 포도주 그릇의 덮개를 연다.

떡과 포도주를 성별하는 감사기도(The Great Thanksgiving)[11]

여기서부터는 "축사하시고"의 순서에 해당하는 부분들로, 시작기도에서부터 마침 기원까지 연결된다.

집례자 : 주님께서 여러분과

회　중 : 또한 목사님과 함께하시기를 바랍니다.

집례자 : 마음을 드높여

회　중 : 하나님께 올립니다.

집례자 : 하나님의 구원 역사에 감사를 드립니다.

회　중 : 바르고 마땅한 일입니다.

시작기도(Preface)[12]

집례자 : 전능하신 창조주 하나님, 언제 어디서나 주님께 감사드림이 지극히 당연
하고도 기쁜 일입니다.

회　중 : 저희를 하나님의 형상대로 창조하시어 생명의 숨을 불어넣으사 주님의
영광을 드러내게 하셨습니다.

집례자 : 때로는 저희가 주님에게서 멀리 떠나고 말씀의 법도를 벗어나 살 때에도

회　중 : 주님은 저희를 한결같이 사랑해 주시고 구원의 바른 길로 이끌어 주셨습
니다.

집례자 : 저희가 하나님의 자녀 된 본분을 다하지 못하고 죄로 인하여 탄식하며 살
아왔으나

회　중 : 하나님께서는 예수 그리스도를 보내 주셔서 저희를 죄에서 구원하시고
길과 진리와 생명을 찾게 하셨습니다.

집례자 : 또한 저희를 그리스도 안에서 선택하시고 그리스도의 몸 된 교회로 세워
주셔서 하나님의 구원 역사를 선포하게 하심을 감사드립니다.

회　중 : 더욱이 그리스도께서 성만찬 예전을 제정하시사 저희가 떡과 포도주를
먹고 마실 때마다 주님의 임재를 맛보게 하셨습니다.

집례자 : 그러하기에 이 땅 위의 온 백성과 하늘의 거룩한 성도, 또한 천군 천사들
과 함께 주님의 이름을 소리 높여 찬양하오니

삼성창(Sanctus, 거룩 거룩 거룩)[13]

다함께 : 거룩 거룩 거룩 전능하신 하나님, 하늘과 땅에 가득한 그 영광, 지극히 높
은 곳에서 호산나! 주님의 이름으로 오시는 이는 복된 분이십니다. 지극

히 높은 곳에서 호산나!

집례자 : 거룩하신 하나님, 복되신 성자 예수님, 그리스도의 은총과 사랑을 힘입어
저희가 구원의 확증을 받고 성령과 함께 약속의 소망 속에서 살아갑니다.

삼성창 후 기도(Post-Sanctus)[14]

제정사(Institution Narrative)[15]

집례자 : 주님께서 당신의 몸을 내어 주시던 밤, 떡을 손에 드시고, (떡을 두 손으로
든다.) 감사기도를 드리신 다음, 떼어 제자들에게 주시며 말씀하셨습니
다. "받아먹어라. 이는 너희를 위해 내어주는 나의 몸이니, 먹을 때마다
나를 기억하여라."(떡을 내려놓는다.)

식후에, 주님께서는 잔을 드시고,(잔을 두 손으로 든다.) 감사기도를 드리
신 후에, 제자들에게 돌리시며 말씀하셨습니다. "이 잔을 마시라. 이는 죄
사함을 얻게 하려고 많은 사람을 위해 흘린 새 언약의 피니, 이를 행할 때
마다 나를 기념하여라." (잔을 내려놓는다.)

기념사(Anamnesis)[16]

집례자 : 오! 거룩하신 주, 사랑이 많으신 하나님, 저희를 죄와 부끄러움에서 구원
하시려고 아들을 세상에 보내사 십자가에 못 박으시고 죽임을 당하게 하
셨으나 죽은 자 가운데서 살리시어 부활의 영광을 얻게 하시고 저희의
주요, 그리스도가 되게 하셨습니다. 예수 그리스도는 영광 가운데 하늘
에 오르셨으며 거기서 대제사장으로서 이 땅을 위해 간구하시며 마지막
날 심판 주로 다시 오실 것을 저희가 믿고 기다립니다.

회　중 : 구원의 주 하나님, 저희를 항상 인도하시는 대제사장 예수 그리스도의 이
름으로 기도하오니 온 땅에 주님의 구원을 베풀어 주옵소서.

성령 임재의 기원(Epiclesis)[17]

집례자 : (떡과 잔 위에 손을 얹고) 거룩하신 하나님, 일찍이 주님께서 세상에 보내셨던 성령을 지금 다시 보내 주시사 진설된 떡과 포도주 위에 임하셔서 이 식탁을 성별하여 주옵소서. 또한 성령께서 여기 모인 저희 위에 함께하사 이 떡과 포도주로 영원한 생명의 양식이 되게 하시며, 이를 먹고 마심으로 그리스도의 새로운 몸을 입어, 세상을 변화시키는 능력이 되게 하옵소서.

회 중 : 오! 주님, 어서 오셔서 이를 이루소서.

영광 찬양(Doxology)[18]

집례자 : (양팔을 올리고) 그리스도께서 최후의 승리 속에 다시 오실 때까지 우리 모두 천국 잔치에 참여할 때까지

회 중 : 그리스도와 하나가 되게 하소서. 서로 서로 하나가 되게 하소서. 온 교회가 하나가 되게 하소서.

집례자 : 하나님의 아들 예수 그리스도를 통하여 위로의 거룩하신 성령과 더불어 모든 영광과 존귀가 영원토록 전능하신 하나님 아버지께 있사옵니다. (양팔을 내린다.)

회 중 : 아멘

주님의 기도(Lord's Prayer)[19]

집례자 : 이제, 하나님의 백성으로서 주님께서 가르쳐 주신 기도를 함께 드립시다.

회 중 : 하늘에 계신 우리 아버지…

평화의 인사(Peace Giving)[20]

집례자 : 주님의 평화가 여러분과 함께

회 중 : 또한 목사님과 함께하시기를 바랍니다.

집례자 : 이제 화해와 평화의 징표로 서로 인사를 나눕니다. (모두 전후좌우의 성도가 함께 인사를 나눈다.)

회 중 : 주님의 평화가 함께하시기를 바랍니다.

분병례(떡을 뗌, Breaking the Bread)[21]

집례자 : (떡을 두 손으로 들고 떼면서) 이 떡이 하나이듯, 여기 모인 우리도 하나입니
다. 하나의 떡을 함께 나누기 때문입니다. 이로써 우리는 모두 그리스도
의 한 몸에 참여합니다. (떡을 내려놓는다.)

회 중 : 아멘.

집례자 : (잔을 두 손으로 든 후) 이 잔을 함께 나눌 때에도
우리는 그리스도의 피에 동참하게 됩니다.(잔을 내려놓는다.)

회 중 : 아멘.

분급(떡과 잔을 나눔, Giving the Bread and Cup)[22]

먼저 집례자가 떡과 함께 포도주를 먹고 마시거나, 혹은 떡을 떼어 포도주에 담갔다가 먹
는다. 그리고 먼저 성만찬 보좌위원들에게 떡과 포도주를 분급한 후, 이어서 예배자들에
게 분급한다. 분급은 예배자들을 강단으로 나오게 하되, 경우와 상황에 따라서는 자리에
앉힌 채 할 수도 있다. 분급하는 동안 반주자는 성만찬 찬송을 연주하고 예배자들은 조용
히 찬송을 부르거나, 혹은 조용히 기도를 드린다.

집례자 : (떡을 주면서) 이는 '그리스도의 몸'입니다.
(혹은 "하늘의 떡, 예수 그리스도입니다."라고 말한다.)
(잔을 주면서) 이는 그리스도의 피입니다.
(혹은 "구원의 잔, 예수 그리스도입니다."라고 말한다.)

회 중 : (받는 이는 목례를 하면서) 아멘.
(왼손은 위로, 오른손은 아래로 십자형을 만들어 떡을 받은 후, 오른손으로 떡을
집어 포도주에 담갔다가 먹거나, 또는 떡과 함께 포도주 잔을 받아먹고 마신다.)

성찬 후 감사기도(Post-Communion Prayer)[23]

(성만찬 분급이 끝난 후, 다함께 한 목소리로) 사랑과 은총이 풍성하신 하나님 그리스
도를 통하여 저희를 구원하시고 생명의 양식 주심을 감사합니다. 성령의 도우심
으로 저희가 하나 되어 주님의 공의와 진리를 위해 힘쓰고 하나님 나라의 유업을

함께 누리게 하옵소서. 우리 주 예수 그리스도의 이름으로 기도합니다. 아멘.

---

1) 성찬을 받기 전 주기도문을 하는 것은 예수 그리스도를 받아먹게 되면 "주기도문에서 구하라고 하신 것들 우리가 정말 구해야 될 것만 가르쳐 주심(하나님 나라 임하시고, 일용할 양식, 죄 용서, 시험, 악에서 구원, 모든 것을 통해 당신이 영광 받으시길 등)이 이루어질 줄 믿습니다."는 의미를 갖게 될 수 있다.

2) 십계명은 하나님께 오도록 은혜와 선물로 주신 법이다. 이것을 지키지 못해 예수 그리스도를 보내 주셨다. 따라서 성만찬에서의 십계명 낭독은 율법을 완성시켜 달라는 의미이다. 즉 회중과 모든 피조물이 예수 그리스도와 연합하여 율법을 이룰 수 있는 힘을 달라는 뜻이다. 이는 예수 그리스도와의 연합만이 율법을 완성할 수 있는 길이며, 계명을 이룰 수 있는 힘을 얻을 수 있기에 앞으로 나와 성찬을 받으라는 깊은 의미의 초청이 될 수 있다.

3) 미합중국(United States)은 대한민국으로 고쳐 기도한다. 이 기도는 세례 받고 유혹과 투쟁 속에 있는 교회(militant church)를 위한 기도라고 할 수 있다.

4) 절기에 따른 시작기도는 성탄절, 부활절, 승천일, 성령강림절, 삼위일체 축일 등 절기에 따라 다른데 아래의 책을 참고하라. 나형석, 「교회는 무엇을 기도하나」(서울: 좋은 땅, 2012), pp.210~211.

5) 이것이 당신에게 무슨 일을 할 것인지 말해 주면서, 믿음과 감사로 먹으라고 권한다.

6) 성찬을 받아먹은 다음 행하는 주기도문은 예수 그리스도와 연합된 후의 기도문이라고 할 수 있다. 즉 내 안에 계신 그분의 기도에 내가 참여하는 의미를 가진다.

7) 여기에 나타난 '봉헌'의 의미는 그리스도가 내 안에 있고 내 안에 얹히면서 비로소 봉헌이 가능하다는 것을 드러낸다. 즉 예수 그리스도와 하나 되어야만 봉헌할 수 있다는 것이다. 또한 의무와 섬김을 언급하는데 당신의 섬김으로 인해 우리의 섬김이 가능하고, 나를 제물로 드린다는 것은 당신의 은혜를 입었기 때문에 가능하다는 것을 나타내는 기도문이다.

8) 이 찬양은 성만찬을 다 받아먹고, 우리 안에 예수 그리스도가 연합된 후 시행된다. 따라서 우리 안에 예수 그리스도가 탄생된 듯한 느낌과 이야기가 있는 노래이다.

9) 신앙과 직제위원회, 「기독교대한감리회 새 예배서」(서울: 기독교대한감리회 홍보출판국, 2002), pp.48~50. 기독교대한감리회, 「예문 1」(서울: kmc, 2006), p.32, 40~43.

10) 이제부터 집례자는 성례의 시작을 알림과 동시에 회중을 성찬으로 초대한다. 이 초대의 순서는 회중을 초청하는 인사의 말로서 초대 교회 때부터 있어 온 순서다. 이 초대의 말씀은 교회력과 절기에 맞추어 행한다.

11) 이것은 성만찬의 '축사하시고' 부분에 해당하는 것으로, 시작기도에서부터 마침기원까지 연결된다. 예수 그리스도께서 하늘을 우러러 축사하신 대로 감사기도를 하는데 그 기도의 내용은 교회력과 절기에 따라 바꿀 수 있으나, 그 기도의 순서들은 어느 하나도 빠뜨릴 수 없는 중요한 내용들이다.

12) 전통적으로 '감사기도의 서언'으로 알려져 있는데, 성부 하나님이 행하신 놀라운 구원 역사를 서술하는 내용이다. 이 감사 내용은 교회력과 절기에 따라 조금씩 달라진다. 왜냐하면 절기에 따라 성부 하나님께서 우리에게 행하신 구원의 역사가 다른 면으로 조명될 수 있기 때문이다.

13) 성부 하나님의 거룩하심을 세 번 말함 – 성부 하나님께 대한 놀라움과 거룩하심을 다함께 소리 높여 찬미하는 것으로, 성부께 대한 감사의 절정이다. 이 찬미는 전통적으로 가락을 붙여 노래해 왔다.

14) 예수 그리스도에 대한 감사의 기도는 성자 예수님을 보내 주신 하나님의 구원 역사에 대하여 드린

다. 이 성자께 대한 감사기도의 핵심 내용은 예수께서 우리를 위하여 십자가에서 당하신 고난과 죽으심이다. 여기서 성자 예수님에 대한 감사기도를 간략히 하거나 생략하고, 이어서 직접 성찬 제정사를 할 수도 있다.

15) 축사하시고 부분의 핵심을 이루는 순서로 예수님께서 떡과 포도주로 최후 만찬을 베푸시던 모습을 재현한다. 이 성만찬 제정사를 꼭 해야 하는 이유는 현재 행하고 있는 성찬이 주님의 명령으로 제정된 것임을 알려 주기 위함이다. 이 성찬은 주님이 제정하시고 명령하신 것으로 그리스도교 예배의 가장 존엄한 전통으로 이어져 왔으며, 이 예식을 통하여 주님의 희생의 실재를 새롭게 경험하고 재현하는 의미가 선포되는 것이다

16) 이 성찬이 그리스도의 구속과 사랑의 역사라는 것을 기억하고, 또 그 구원의 역사가 지금 여기서도 현존하는 것을 증언하면서, 나아가 그 신비의 의미를 되새기는 감사와 영광의 말씀을 드린다.

17) 성찬에서 성령 임재의 기원은 대단히 중요한 순서다. 왜냐하면 그리스도를 기념하는 것은 성령 임재에 의해서만 가능하기 때문이다. 성령은 그리스도를 성찬의 현장에 임재하게 하시고, 예수님께서 최후의 만찬 때에 말씀하셨던 성찬 재정의 말씀들을 현존하는 살아 있는 말씀으로 만들어 준다. 그러므로 성령 임재의 기원에서는 성령께서 성찬에 임재하셔서 떡과 포도주, 그리고 회중을 성별시켜 달라는 내용의 기도를 해야 한다.

18) 끝으로 영광을 돌리는 순서이다. 이와 같은 구원의 성취에 대하여 삼위일체 하나님께 영광을 드림으로 감사기도를 마친다.

19) 주님이 가르치신 기도는 그리스도인이 주님의 살과 피를 받기 전에 하나님 나라의 은총과 영광이 지상에 충만하기를 갈망하며 일용할 양식을 구하고, 우리의 잘못을 용서해 주시기를 청하며, 모든 유혹으로부터 보호해 달라는 내용이다. 이 기도는 모든 그리스도인들을 그리스도의 몸에 연합하게 하고, 같은 성령 안에서 새 생명이 주어진다는 것을 기억하게 해 준다. 이러한 그리스도인들의 일치를 통하여 주님께서 가르치신 기도를 함께할 수 있으며, 그리스도의 평화를 새롭게 창출하고 서로 화해와 우정의 징표를 교환할 수 있는 것이다.(말씀 중심의 예배일 경우 '오늘의 기도' 후에 '주님이 가르치신 기도'를 하도록 한다. '주님이 가르치신 기도'를 찬송으로 부를 수도 있다.)

20) 예배자들은 제단에 예물을 바치기 전에 원수와 화해하라는 예수님의 말씀을 상기하며, 떡과 포도주를 받기 전에 "주님의 평화가 당신과 함께하시기를 빕니다."라는 인사를 나눈다. 이 순서는 서로의 사랑과 화해를 도모하며, 나아가서는 교회와 전 인류의 평화와 일치를 간구하는 것이다.(말씀 중심의 예배일 경우 '봉헌' 전에 '평화의 인사'를 하도록 한다.)

21) 성찬의 세 번째 '떡을 떼어' 부분으로서 집례자는 그리스도께서 떡을 떼어서 나누어 주시고, 잔을 돌리신 행위를 재연한다.

22) 성찬의 '나누어 주시며' 부분으로 집례자와 보조자들이 떡과 포도주를 예배자들에게 나누어 준다. 이때 "이는 그리스도의 몸입니다." "이는 그리스도의 피입니다." 혹은 "하늘의 떡, 예수 그리스도입니다." "구원의 잔, 예수 그리스도입니다."라고 말한다.

23) 성찬을 먹고 마심으로 구속의 은총을 확증하고, 하나님 나라의 기쁨과 평화와 영광을 체험한 예배자들이 그리스도의 일꾼으로 다시 세상으로 나아가기 위하여 기도한다. 여기서 세례의 일치와 성찬의 기쁨을 감사하며, 이미 주어진 화해의 의미를 깨닫도록 서로를 위해서 기도하고 장차 하늘나라의 잔치에 모두 참여할 것을 기원한다.

김재은, 「교육목회」, 서울: 성서연구사, 1998.

나형석, 「교회는 무엇을 위해 기도하나」, 서울: 좋은 땅, 2012.

나형석, 「예배학교실」, 서울: 좋은 땅, 2012.

남 호, 「목회전문화와 한국교회 예배」, 서울: 감리교신학대학교 출판부, 1994.

남 호, 「예배를 통한 교육목회(레이투르기아)」, 서울: 기독교대한감리회 교육국, 2008.

박은규, 「예배의 재발견」, 서울: 대한기독교출판사, 1988.

신경혜, "예배의식을 통한 기독교교육", 이화여자대학교 석사학위 논문.

우치코시 곤베이, 「메빅 대 폭발」, 장지홍 역, 서울: 에벤에셀, 2000.

윤응진, 「예배와 교육」, 서울: 대한예수교장로회 총회, 1999.

은준관, 「기독교교육 현장론」, 서울: 대한기독교출판사, 1988.

은준관, 「기초교육」, 서울: 대한기독교서회, 1988.

은준관, 「신학적 교회론」, 서울: 연세대학교출판부, 1995.

이회능, "장애인과 비장애인 통합교육에 관한 기독교적 접근", 「기독교교육정보」 제9집, 2004, 한국기독교교육정보학회.

임영택, 「기독교 신앙과 영성」, 서울: 도서출판 솔로만, 1995.

임영택, 「교육목회실천」, 서울: kmc, 2006.

임영택, "어린이 통합예배모형", 「기독교교육정보」 제24집, 2009. 한국기독교교육정보학회.

조기연, 「예배 갱신의 신학과 실제」, 서울: 대한기독교서회, 1999.

최옥기, "어린이 예배에 관한 연구", 목원대학교 석사학위 논문, 2007.

한미라, "기독교교육학자의 관점에서 본 예배의 위기와 성서적 대안", 「기독교교육정보」 제20집, 2008, 한국기독교교육정보학회.

Abba, Raymond. 「기독교 예배의 원리와 실제」, 허경삼 역, 서울: 대한기독교서회, 1974.

Bower, Peter C. *Children as Participants in Corporate Worship*, Reformed Liturgy & Music.

Bushnell, Horace. *Christian Nurture*, New Heaven: Yale University Press, 1967.

Carroll, Thomas K. & Halton, Thomas. *Liturgical Practice in the Fathers*, Wilminton: Michael Glazier, 1988.

Carr, James A. *The Children's Sermon: and Act of Worship for the Community of Faith*, New York: Peter Lang, 1993.

Cope, Gilbert. "Liturgical Colours. " *The Westminster Dictionary of Liturgy and Worship*. Philadelphia: The Westerminster Press, 1986.

Cope, Gilbert. "Gestures." The New Westminster Dictionary of Liturgy and Worship. Philadelphia: The

Westminster Press, 1986.

Cope, Gilbert. "Posture." *The New Westminster Dictionary of Liturgy and Worship.* Philadelphia: The Westminster Press, 1986.

Dawn, Marva. *A Royal Waste of Time,* 김병국, 전의우 역, 「고귀한 시간 낭비 '예배'」, 서울: 이레 서원, 2004.

Danielou. *The Bible and the Liturgy.* Notre Dame: University of Notre Dame Press, 1956.

Davies, J. G. "Liturgical Dance." *The New Westminster Dictionary of Liturgy and Worship.* Philadelphia: The Westminster Press, 1986.

Eliade, Mircea. *The Sacred and the Profane: The Nature of Religion.* New York: Jarcourt, Brace & World, Inc, 1959.

Foley, Edward. "Liturgical Music." *The New Dictionary of Sacramental Worship,* ed. Pink, Peter E. Collegeville: The Liturgical Press, 1990.

General Board of Education of the UMC. ed. *Work Book: Developing Your Educational Ministry,* 오인 탁 역, 「교육목회 지침서」, 서울: 장로회신학대학출판부, 1980.

Gobbel, A Roger & Hubber, Phillip C, 「어린이 예배의 설계」. 박동근 역, 서울: 대한기독교서회, 1984.

Harris, Maria. *Fashion Me a People,* 고용수 역, 「교육목회커리큘럼」, 서울: 한국장로교출판사, 1997.

Kirk, Martha Ann. "Liturgical Drama". *The New Dictionary of Sacramental Worship.* ed. Pink, Peter E. Collegeville: The Liturgical Press, 1990.

Luther's Works, vol. p.53. Philadelphia: Fortress Press, 1965.

Martimort, A. G, Dalmas, I. H. & Jounel P. *The Church at Prayer.* Collegeville: The Liturgical Press, 1983.

Miller, Donald E. *Story and Context: An Introduction to Christian Education.* Nashville: Abingdon Press, 1988.

Neville, Gwen Kennedy & Westerhoff III, John H. *Learning through Liturgy.* New York: The Seabury Press, 1978.

Noren, Carol M. *What Happens Sunday Morning.* 김원주 역, 「예배를 어떻게 드려야 합니까?」, 서 울: 생명의말씀사, 1994.

Richard, Lawrence O. *A Theology of Christian Education,* 문창수 역, 「교육신학과 실제」, 서울: 정 경사, 1991.

Rood, Wayne R. *Understanding Christian Education.* Nashville: Abingdon Press, 1970.

Schaefer, Mary M. "Liturgical Architecture." *The New Dictionary of Sacramental Worship.* ed. Pink, Peter E. Collegeville: The Liturgical Press, 1990.

Schmemann, Alexander. *Of Water and the Spirit.* New York: St. Vladimir's Seminary Press, 1974.

Schmemann, Alexander. *For the Life of the World*, 이종태 역, 「세상에 생명을 주는 예배」, 서울: 복있는 사람, 2008.

Stookey, Laurence H. *Calendar: Christ's Time for the Church*. Nashville: Abingdon Press, 1996.

Thurian, Max and Wainwright, Geggrey. *Baptism and Eucharist: Ecumenical Convergence in Celebration*, Geneva: World Council of Churches, ed. Grand Rapids: Wm. B. Eerdmans, 1983.

Turner, Victor W. *The Ritual Process: Structure and Anti-Structure*. NY: Aldine Publishing Company, 1969.

The Consultation on the Common Texts, *The Revised Common Lectionary*. Nashville: Abingdon Press, 1992.

Vereecke, Robert. "Liturgical Gesture." *The New Dictionary of Sacramental Worship*. ed. Pink, Peter E. Collegeville: The Liturgical Press, 1990.

Vieth, Paul H. 「기독교 교육과 예배」, 김소영 역, 서울: 대한예수교장로회총회 교육국, 1983.

Vorgrimler, Herbert. *Sacramental Theology*, tran. Linda M. Malony. Collegeville: The Liturgical Press, 1992.

Westerhoff III, John H. *Will Our Children Have Faith?*. NY: The Seabury Press, 1976.

Westerhoff III, John H. ed. *A Colloquy on Christian Education*. Philadelphia: Pilgrim Press Book, 1972.

Westerhoff III, John H. "The Liturgical Imperative of Religious Education. "in *The Religious Education We Need*, Lee, Micheal J. ed. Birmingham: Religious Education Press, 1977.

Webber, Robert E. ed. "The S Action of Christian Worship" in *The Complete Library of Christian Worship*. vol. 6. Peabody: Robert E. Hendrickson Publishers, 1993.

Westerhoff Ⅲ, John H. & Willimon, William H. *Liturgy and Learning through the Life Cycle*. NY: The Seabury Press, 1980.

White, James F. *Introduction to Christian Worship*. Nashville: Abingdon Press, 1980.

White, James F. *Documents of Christian Worship: Descriptive and Interpretive Sources*. Louisville: Westminster/ John Knox Press, 1992.

White, James F. & White, Susan J. *Church Architecture: Building and Renovating for Christian Worship*. Nashville: Abingdon Pres, 1988

Willimon, William H. "The Relationship of Liturgical Education to Worship Participation". *Religious Education*, 69.

World Council of Churches. ed. *Baptism, Eucharist and Ministry: Faith and Order Paper* No.111. Geneva: World Council of Churches, 1982.

예배·교육·목회

초판 1쇄 2014년 7월 30일

임영택, 나형석 지음

발 행 인   전용재
편 집 인   손인선

펴 낸 곳   도서출판 kmc
등록번호   제2-1607호
등록일자   1993년 9월 4일

(110-730) 서울특별시 종로구 세종대로 149 감리회관 16층
(재)기독교대한감리회 출판국
TEL. 02-399-2008 FAX. 02-399-4365
http://www.kmcmall.co.kr

인   쇄   리더스커뮤니케이션

ISBN 978-89-8430-655-4 03230

값 15,000원

이 도서의 국립중앙도서관 출판시도서목록(CIP)은 서지정보유통지원시스템 홈페이지(http://seoji.nl.go.kr)와
국가자료공동목록시스템(http://www.nl.go.kr/kolisnet)에서 이용하실 수 있습니다.(CIP제어번호 : CIP 2014021151)